사람과 프로그래머 #7
프로그래머의 길을 생각한다

KB181696

성공하는 프로그래밍 공부법

박재성, 고종범, 남재창, 박지현 지음

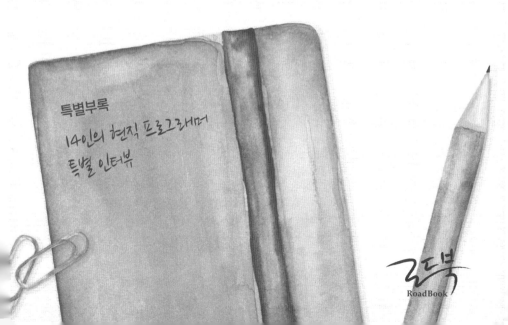

특별부록

14인의 현직 프로그래머
특별 인터뷰

로드북
RoadBook

성공하는 **프로그래밍 공부법**

지은이 박재성, 고종범, 남재창, 박지현 **1판 1쇄 발행일** 2018년 9월 10일 **1판 3쇄 발행일** 2021년 6월 3일
펴낸이 임성춘 **펴낸곳** 로드북 **편집** 장미경 **디자인** 이호용(표지), 심용희(본문)
주소 서울시 동작구 동작대로 11길 96-5 401호
출판 등록 제 25100-2017-000015호(2011년 3월 22일) **전화** 02)874-7883 **팩스** 02)6280-6901
정가 17,000원 **ISBN** 978-89-97924-41-7 93000

이메일 chief@roadbook.co.kr **블로그** www.roadbook.co.kr

성공하는 프로그래밍 공부법

박재성, 고종범, 남재창, 박지현 지음

나는 아들과 같이 등교한다. 같이 등교한다고 해봤자 5분 남짓한 짧은 시간이다. 대부분의 시간을 스마트폰과 게임에 빠져있는 아들과 진지한 대화를 할 수 있는 유일한 시간이다. 나의 삶에 정말 소중한 시간이다. 아들은 등교할 때 가끔씩 "학교 가기 정말 싫다"라는 말을 반복한다. 왜 싫은지 물어보면 "재미없는 학교 수업을 듣기 위해 앉아 있는 것이 힘들다"라는 답변이 돌아온다. 그럼 재미없는 수업 중에는 딴 짓을 하거나, 다른 생각을 하거나, 네가 하고 싶은 과목의 공부를 하거나, 그것도 아니면 그냥 자면 되지 라고 말하면 "그럼 선생님이 상처를 받을 수도 있고, 선생님에게 나쁜 학생으로 찍힐 수도 있잖아. 난 그러고 싶지 않거든"이라는 이야기를 한다.

나는 거대한 교육 시스템 속에 아들을 밀어 넣은 후 현재의 시스템이 싫으면 그 틀을 혼자 힘으로 깨고 나오라고 이야기한다. 기존 시스템을 깬다는 것이 얼마나 힘든 일인지 알면서도 아들에게 요구하고 있다. 나도 학창시절 그런 용기를 내지 못했으면서 아들에게 요구하고 있다. 어떻게 내가 학교를 다니던 30년 전과 달라진 것이 거의 없는가. 아들에 대한 연민과 안타까운 마음이 고스란히 전해진다.

유현준 건축가는 "우리는 12년간 교도소에 있었다"라는 이야기를 한다. 자동차, 비행기, 전화기 등은 100년의 시간을 지나면서 엄청난 진화를 거듭해왔다. 그런데 유독 학교 건물은 100년 전과 똑같은 모습이고, 담장이 있는 대표적인 건축물로 학교와 교도소를 꼽을 수 있다는 이야기다. 둘 다 담을 넘으면 큰일이 나는 것 또한 같다. 이런 건물 속에서 이루어지는 교육 방식 또한 100년 동안 큰 변화가 없었다. 나의 할아버지가 받았던, 아버지가 받았던, 내가 받았던, 현재 아들이 받고 있는 교육이 별반 차이가 없다.

이론 중심의 획일적인 교육 방식으로 우리는 12년 이상을 학습하며 성장한다. 12년 이상의 이론 중심 교육의 병폐 때문인지 우리는 이론적인 기반 지식이 부족한 상태에서 무엇인가를 만들고 경험하는 순간 어딘지 모를 불안감을 느낀다. "내가 이렇게 학습해도 괜찮은가?", "기초가 부족한 상태에서 무엇인가 만들 수 있을까?", "더 많은 지식을 학습한 후 도전하는 것이 맞지 않을까?"와 같은 부정적인 감정들이 새로운 도전을 주저하게 만든다.

하지만 사회는 더 이상 어떤 지식을 많이 알고 있는지로 개인의 역량을 판단하지 않는다. 지금까지 어떤 경험을 했으며, 얼마나 깊은 경험을 했는지, 경험 중에 발생하는 문제를 얼마나 창의적으로 해결했으며, 얼마나 많은 사람들과 소통하고 협력해 해결했는지가 역량을 판단하는 더 중요한 기준이 되었다. 이와 같이 역량에 대한 기준이 바뀐 상황에서 지금까지의 공부법으로 괜찮은 것인지 진지하게 고민해 봐야 한다.

나 또한 프로그래밍에 도전하기 전까지 다른 사람들과 똑같이 한 가지 공부법만 있는 것으로 생각하고 살았다. 그런데 프로그래머의 길을 걸으면서 이 같은 방식으로 학습하는 것이 불가능해졌다. 이론적인 지식을 탄탄히 한 후 소프트웨어에 적용할 수 있는 시간적인 여력이 부족했다. 처음에는 어색하고, 어딘지 모르는 불안감이 밀려왔다. 그런데 이런 경험이 쌓일수록 느끼는 것이 이론 지식이 부족한 상태에서도 의미 있는 무엇인가를 만들어 낼 수 있으며, 시간이 지나면서 이론적으로 부족한 부분을 채워나갈 때 더 깊이 있는 학습을 할 수 있다는 자신감이 생겼다. 경험을 먼저 쌓은 후 이론을 학습해 가는 과정이 학습에 대한 스트레스도 적고, 동기부여도 높다는 것을 느꼈다.

이런 경험이 쌓이면서 지금까지 나의 삶 전반에 걸친 학습 방식과 공부법에 대해 되돌아 볼 수 있는 계기가 되었다. 공부법에 대해 기존의 틀에 너무 얽매여 있는 것은 아닐까라는 의구심이 들었다. 이 책은 저자들의 이런 경험을 바탕으로 쓰여진 책이다. 무엇인가 근거 있는 이론이나 증거를 기반으로 공부법을 제시하는 책이 아니다. 저자들의 다양한 경험을 바탕으로 자신들만의 공부법을 찾았으며, 그 공부법을 다른 사람들에게 공유하고 있는 것이다.

저자들이 각자의 공부법이 무조건 맞다고 강요하는 것도 아니다. 공부법에 정답이 있겠는가? 현재 자신이 어떤 학문을 배우려고 하는지, 어느 단계에 있는지, 누구와 함께하는지, 학습에 투자할 수 있는 기간은 얼마나 되는지와 같은 다양한 상황(컨텍스트)에 따라 각기 다른 공부법이 있을 수밖에 없다.

나는 모든 도전에 있어 지치지 않고 꾸준히 지속하는 가장 좋은 방법은 무질서한 부분의 빈틈을 자신의 힘으로 극복해 나가는 경험을 반복하는 것이라 생각한다. 그런 경험이 새로운 도전에 재미를 만들고, 동기부여를 제공하기 때문이다. 새로운 공부법에 대한 도전 또한 같다. 지금까지 당연하다고 생각했던 학습 방식에 의구심을 가지고 새로운 도전을 할 때이다. 새로운 도전에 성공하려면 이 책이 제시하는 다양한 공부법, 다른 사람들이 제시하는 공부법을 무조건적으로 따르는 것이 아니라 현재 자신의 상황에서 가장 효과적이라 생각하는 작은 도전거리를 찾아 적용하고, 작은 성공의 맛을 본 후 또다른 공부법을 적용해 보는 것이다. 다른 사람의 공부법을 무조건적으로 적용하는 것은 실패의 지름길이다. 무질서한 부분의 빈틈을 자신의 힘으로 극복해 질서를 만들어 나가는 경험이 가장 효과적인 공부법이다.

자신만의 새로운 공부법을 찾아 작은 성공의 경험을 쌓고, 큰 틀을 깨는 도전에도 용기를 낼 수 있는 계기가 되었으면 한다.

끝으로, 인터뷰를 통해 이 책의 내용을 더욱 풍성하게 해주신 현직 프로그래머 열네 분께 진심으로 감사드린다.

저자를 대표하여, 박재성
2018년 9월

차례

2장 의도적 수련과 소프트웨어 장인정신

3장 컴퓨터와 사람들과 소통하는 국어 이야기

성공하는
프로그래밍
공부법

프로그래밍 공부법

박재성

동의되지 않는 권위에 굴복하지 않기

"동의되지 않는 권위에 굴복하지 말고 불합리한 권위에 복종하지 말자"라는 글은 『여덟 단어』(북하우스, 2013)라는 책을 쓴 박웅현이 한 말이다. 나는 이 문장을 참 좋아한다. NEXT[01]에서 학생들과 함께하며 강의할 기회가 많았는데 강의에서 즐겨 사용하던 글귀이다.

내가 이 글을 좋아하는 이유는 지금까지 당연시하던 생각들을 무비판적으로 받아들이지 않기 위함이다. 한 번쯤은 의구심을 가지고 비판적으로 바라볼 때 이전과는 다르게 현상을 바라볼 수 있고 이런 과정을 통해 나만의 생각을 정리할 수 있기 때문이다. 공부법이나 학습 방법에 대해 우리가 가지고 있는 선입견, 예를 들어 교육에 대한 기존의 권위를 무작정 따르고 있는 것은 아닌지 비판적으로 바라보는 연습이 필자가 제안하는 공부법 중 첫번째다.

지식 중심의 공부법이라는 권위에 도전하기

나는 노래 부르기와 그림 그리기를 정말 싫어한다. 초등학교 시절 무슨 의미인지도 모르면서 단순히 성적을 받기 위해 노래 부르다 다른 사람 앞에서 당했던 창피함, 필요성을 느끼지 못하는 상태에서

---

01 훌륭한 프로그래머를 키우겠다는 목표를 가지고 네이버 후원으로 만들어진 소프트웨어 교육 기관
    이다. 2012년에 설립했다가 2018년에 마지막 졸업생을 배출하고 문을 닫았다.

배웠던 수많은 음악, 미술 지식들은 어느 순간부터 "나는 음악과 미술에 소질이 없어", "음악, 미술은 정말 쓸모없는 과목이야"라는 거부감을 낳았다. 이는 예술 전반에 대한 거부감으로 확대되었다. 유치원을 다닐 때는 자유로운 표현이 허용되었기에 그림을 곧잘 그리던 아이가 초등학교에 입학한 후 사람을 모두 졸라맨으로 그리더니 미술 시간을 제일 두려워하게 되었다.

▶ 표현이 자유로웠던 유치원 시절엔 곧잘 그리던 아이가 초등학교 입학 후 사람을 모두 졸라맨으로 그리게 된다.

하지만 고등학교 시절 바탕 그림을 그린 후 다양한 색을 섞어가며 연하게, 진하게 그림을 그려나가는 기법(무슨 기법인지 잘 모르겠다)이 너무 재미있어 몇 일 동안 그림을 그리는 데만 몰입하거나, 눈 내리는 숲을 판화로 그려 찍어냈을 때의 그 아름다움은 아직도 잊혀지지 않는다. 그림 기법 그 자체보다 그림을 그리는 순간의 몰입감은 정말 행복하고 즐거웠다. 내게 그림이 소질이 있는 것은 아닌가라는 생각을 잠시나마 해보았던 순간이었다.

대학 시절 동아리 방에 앉아 기타 치며 노래를 부르고 있는데 옆에서 듣고 있던 선배가 "재성아, 오늘 네 노래 너무 멋지네"라는 이야기를 했다. 지금까지 같은 노래를 수도 없이 불렀을 텐데 왜 멋지다라는 이야기를 했을까에 대해 생각해 봤다. 내 생애에 처음 들어본 이야기라 곰곰히 생각했던 기억이 난다. 그 이유는 노래를 부를 때 주변을 의식하지 않고, 나 자신의 감정에 충실하면서 불렀기 때문이라는 결론을 내렸다.

이 같은 경험이 있었지만 어린 시절의 경험 때문인지, 선천적인건지 여전히 난 음치이고, 그림 그리기는 형편없다. 하지만 나는 안다. 내가 노래 부르기와 그림 그리기를 아주 싫어하지는 않는다는 것을. 어쩌면 노래를 잘 부르고, 그림을 잘 그릴 수도 있다. 아니 잘할거다. 내가 진정 즐기고, 꾸준히 연습한다면 나의 생각과 마음을 담은 노래를 부르고 그림을 그릴 수 있을지도 모를 일이다.

프로그래밍 학습은 프로그래밍을 통해 무엇인가를 만드는 작은 성취감을 느끼는 것에서 시작해야 한다. 내 주위에서 발생하는 문제를 해결하기 위해 프로그래밍을 도구로 활용하는 것에서 시작해야 한다. 물론 아무것도 모르는 상태에서 무작정 시작하라는 의미는 아니다. 내가 만들고 싶은, 해결하고 싶은 문제를 먼저 정한 후 이를 해결하기 위한 최소한의 지식을 습득한 후 곧바로 만드는 경험을 해 보라는 것이다. 만들면서 모르는 내용이 나오면 그때 관련 지식을 다시 습득해 문제를 해결할 수도 있다.

이 같은 방식으로 접근해야 하는 이유는 내가 만들고 싶은, 해결하고 싶은 문제를 빠른 시간 내에 해결함으로써 프로그래밍에 대한 즐거움을 느끼기 위함이다. 시작 단계부터 거창한 것을 만들 수는 없다. 정말 보잘것없는 하찮은 것에서부터 시작하는 것이 더 좋다.

프로그래밍이 생소하고, 뭔가 대단해 보인다. 지금까지 우리가 학습한 습관으로 본다면 프로그래밍과 관련한 지식을 폭넓게 학습한 후 무엇인가를 만드는 것이 자연스러워 보인다. 하지만 이 접근 방식은 프로그래밍에 대한 동기부여가 되어 있는 경우 성공할 가능성이 높다. 시작하는 단계에서는 프로그래밍에 대한 동기부여가 없기 때문에 이와 같이 이론적인 지식 습득에 집중하다보면 포기할 가능성이 더 높다.

따라서 초,중,고,대학교를 다니면서 당연하다고 생각했던 이론 중심의 공부법이 틀린 것은 아닌지 의심해볼 때이다. 경험을 통해 프로그래밍에 대한 즐거움을 느낀 후 이론적인 학습을 하는 것 또한 좋은 공부법이 될 수 있다. 미래지향적인 공부는 지식 중심이 아니라 경험이 중심이 되어야 한다. 지금까지 경험한 공부법에 무엇인가 잘못된 점이 있다고 느낀다면 새로운 방법으로 도전해 볼 때이다.

사람들은 내가 현재 학습하고 있는 지식이 어느 곳에 활용될 것인지 공감이 될 때 깊이 있게 몰입할 수 있으며, 몸으로 체화할 수 있다. 그런데 어느 곳에 활용될 것인지도 모르는 상태에서 전달하는 지식은 사람을 고통스럽게 할 뿐이며, 쓰레기 지식이 될 수도 있다. 이는 소프트웨어뿐만 아니라 다른 분야의 학습에서도 마찬가지다. 지금부터라도 이 같은 접근 방식을 깨고 이론적인 지식 습득에 집중하기보다 무엇인가를 만들면서 즐거움을 느껴보는 경험을 하면 어떨까? 이론적인 지식은 프로그래밍에 대한 즐거움을 느낀 후에 채워도 충분하다.

나는 프로그래밍을 시작하는 3개월을 제외하고 공식적으로 교육을 받은 경험이 없다. 프로그래밍 경험을 대부분 독학을 통해 습득했다. 내가 접근한 방법을 공유해 본다.

내가 프로그래밍을 공부하는 방법은

나는 프로그래밍 공부를 학원에서 시작했다. 본격적으로 프로그래밍을 공부하기 전까지 대학에서 C 프로그래밍 과목을 들은 것이 전부였다. 2000년 전후로 벤처 붐이 불면서 프로그래밍에 도전하는 사람들이 많았는데 그 중의 한명이 나였다. 자바 전문가 과정이라는 주제의 3개월 과정이었다. 이 과정을 마친 후 바로 취업해 일을 시작했다. 그 당시는 프로그래머의 수가 워낙 부족했기 때문에 3개월만 학습하고 취업하는 것이 가능했다.

3개월 동안 정말 열심히 공부했다. 짧은 기간 동안 너무 많은 것을 배워 힘들었지만 막히는 문제를 해결했을 때의 그 짜릿한 느낌이 프로그래밍에 대한 공부를 지속할 수 있도록 했다. 내가 공부한 내용을 바로 적용할 수 있다는 것 또한 큰 매력이었다. 기간이 워낙 짧았기 때문에 기초 지식을 전달하는 데 집중하기보다 무엇인가를 구현하는 것에 집중해 교육이 이루어졌다. 어쩌면 이 같은 접근 방식이 내가 프로그래밍에 흥미를 가질 수 있는 계기가 되었던 것 같다.

그런데 문제는 3개월 교육 과정이 끝난 이후였다. 3개월 동안 열심히 노력했지만 현장에서 바로 일하기에는 부족한 것투성이고, 모르는 것이 훨씬 더 많았다. 주위 선배 프로그래머나 온라인에서도 어떤 방식으로 학습하고 공부해 나갈 것인지에 대해 가이드하는 경우가 없어 독학으로 학습하고, 현장에서 실무로 접하면서 성장할 수밖에 없었다. 어디부터, 어떤 과정으로 학습할 것인지에 대한 이정표가 없다보니 온라인에서 선배들이 중요하다고 이야기한 주제에 몇 개월을 투자했다 포기한 경험도 있다.

힘들고 더딘 과정이었다. 지쳐 포기하고 싶을 때도 있었다. 그렇게 좌충우돌하며 몇년이 흘렀다. 이런 힘든 과정 때문인지 조금씩 프로그래밍 공부에 대한 눈이 트이기 시작했고, 어떻게 하면 효과가 좋고 지치지 않으면서 학습을 지속할 것인지가 보이기 시작했다. 이 과정 속에서 얻은 에너지 때문에 프로그래밍 공부를 18년이 지난 지금도 지속할 수 있는 원동력이 될 수 있었다. 특히 프로그래머라는 직업이 한 5년 열심히 공부하고 끝나는 것이 아니라 프로그래머를 업으로 삼는 동안에는 지속적으로 공부해야 되기 때문에 스스로 학습할 주제를 찾고, 효과적인 공부법을 찾는 것은 무엇보다 중요하다.

공부도 그렇지만 삶 자체에서 무엇인가 느끼고 변화를 만들려면 시간이 필요하고, 동기 부여가 필요하다. 그렇지 않은 상태에서 주위에서 좋다니까, 필요하다니까 너도 나도 달려들며 조급함에 시작하면 쉽게 포기해 버린다.

학교에서의 공부도 똑같다. 학교라는 공간은 조직적인 한계와 여러 명의 요구를 모두 수용해야 하기 때문에 모든 학생들의 학습 스타일에 맞춰 커리큘럼을 맞추기는 힘들다. 물론 다양한 학생들의 학습 스타일에 맞추려는 노력은 계속 하겠지만 한계가 있을 수밖에 없다. 그렇다면 어떻게 해야 할까? 내가 나민의 속도를 유지하고, 공부법을 찾아 지속해야 한다. 내가 다른 사람의 속도와 공부법에 휘둘리는 것이 아니라 내가 주도해야 한다. 내가 자신있는 과목에 집중해야 한다. 내가 주도할 때 진정한 즐거움을 느끼고, 행복감을 맛볼 수 있다.

예를 하나 들어보자. 각 과목마다 정말 핵심적으로 학습해야 할 학습 목표가 있을 것이다. 내가 수업했던 소프트웨어 공학 수업의 핵심 학습 목표는 다음과 같다.

"소프트웨어 개발 환경의 다양한 문제를 해결하는 능력을 키운다."

이 학습 목표를 달성하는 데 있어 내가 수업중에 진행하는 강의와 실습을 통해서만 도달할 수 있는 것이 아니다. 자신이 소프트웨어 공학 수업 외에 개인적으로 개발하고 있는 소프트웨어가 있다면 이 소프트웨어의 문제점을 인식하고 이에 대한 해결책을 찾아 나가면서 자신의 문제 해결 능력을 키워나갈 수도 있다. 해결책을 찾을 수 없다면 수업 시간에 선생님이나 다른 학생들과의 토론을 통해 해결 방법을 찾아 적용한 후 경험을 공유하면서 학습하는 것 또한 좋은 방법이다.

특정 과목의 과제가 너무 많다면 어떻게 접근해야 할까? 과목의 과제를 모두 제출하는 것이 맞을까? 아직 실력이 부족해 너무 많은 시간을 투자해야 되고, 과제의 난이도가 너무 높고, 능력이 부족함에도 불구하고 계속해야 할까? 이런 상황이라면 해당 과목의 핵심 학습 목표를 다시 들여다 봤으면 좋겠다. 핵심 학습 목표를 도달하는 데 과제를 모두 완료하는 것이 중요할까? 아니면 과제 중 하나라도 내가 학습 목표를 도달하는 데 의미가 있다고 생각하는 과제에 집중하는 것이 좋을까? 난 오히려 전자를 선택하기보다는 후자를 선택하라고 조언하고 싶다. 그러면서 효과적으로 공부하는 자신만의 학습법을 찾았으면 한다. 만약 과제를 통해 학습 목표에 도달하기 힘들다고 생각하면 자신만의 방법을 찾는 것도 좋은 선택이다.

그렇다면 성적은? 맞다. 성적은 좋지 않을 수도 있다. 하지만 성적을 위한 학습이 중요할까? 개인의 성장을 위한 학습이 중요할까? 지금까지 우리는 성적을 위한 학습에 너무 많은 시간을 쏟아 왔다. 하지만 대학에서의 학습과 사회로 진출했을 때의 학습은 성적과는 무관하게 자신의 성장을 바라보면서 학습해야 하지 않을까? 성적을 위한 공부가 아니라, 나 자신의 성장을 위한 공부를 해야 5년, 10년이 아닌 평생을 공부하면서 나아갈 수 있지 않을까?

지금까지 지식을 습득하는 공부 방법에 집중했다면 한 번쯤은 의구심을 가져보면 어떨까? 좀더 미래지향적인 공부법은 없을까? 당연하다고 생각한 지식 중심 공부법의 권위에 도전할 때가 아닐까?

▶ 성적을 위한 학습이 중요할까? 개인의 성장을 위한 학습이 중요할까?

내가 권위에 집착하는 이유

내가 권위에 집착하는 이유는 기존의 권위에 도전하고 의심을 하는 행동이 프로그래밍 학습에 도움이 되기 때문이다. 지금까지 프로그래밍 공부를 시작하는 많은 친구들과 함께 했다. 이 친구들 중 프로그래밍 학습에 지치지 않고 지속적으로 동기부여를 만들며, 빠르게 성장하는 친구들을 통해 느낀 공통점이 있다. 이 친구들은 내가 가르치는 내용에 항상 의구심을 가지며, 자신만의 해결책을 찾아가는 활동을 지속했다. 내가 제시한 해결책이 맞다는 결론에 다다르는 경우도 있었지만 그렇지 않은 경우도 가끔 있었다. 이와 같이 나의 권위에 의심하며 다른 해결책을 찾아가면서, 프로그래밍에 대한 즐거움을 느끼며 힘든 학습 과정을 슬기롭게 견뎌냈다.

지금 소개할 두 명은 기존과는 다르게 접근했고, 결국은 프로그래밍의 즐거움을 느끼고 있는 친구들이다. 이 친구들이 프로그래밍 학습을 처음 시작했을 때 어떻게 접근했는지를 통해 자신만의 학습 방식을 찾아가는 계기가 되었으면 한다.

NEXT에서 같이한 이영남 친구 이야기

자료구조 및 알고리즘은 2년동안 다섯 번이나 수업을 들을 정도로 재미있었던 과목이었지만, 처음엔 가장 힘들었던 과목이었다. 익숙하지 않은 내용과 구현의 어려움으로 수업에 흥미를 잃었고, 자연스럽게 프로그래밍 공부에 대한 흥미도 잃어갔다. 각자의 공부 방법이 있고, 학습 속도가 다른데, 그땐 혼자 뒤쳐져 있다는 생각에 자신감이 많이 떨어졌고, 더 힘들었던 것 같다.

지도 교수님과의 상담 끝에 수업을 따라가기보다는 하고 싶은 것을 하기로 했다. 그렇게 2~3달 동안 음악 추천 프로그램을 구현했다. 수업 대신 혼자서 코딩하고, 공부할 것들을 하나씩 붙여갔다. 프로그램의 기능이 많아지면서 자연스레 객체지향 개념을 찾아보게 되었고, 꼼꼼하게 테스트하는 것이 당장은 느리지만 결과적으로 시간을 절약한다는 것도 느끼게 되었다. 수업시간에 배우고 적용하는 방법도 있지만, 직접 문제에 부딪히고 필요한 것들을 하나씩 적용해보는 것이 재미도 있지만 더 오래 갔다. 다시 프로그래밍 공부에 재미를 느끼고, 자신감이 생기니 이후 수업들은 자연스레 잘 따라가게 되었다. 중간에 재미가 없거나 힘든 과목들이 있었지만, 그때마다 당장의 진도보다는 짧은 시간이라도 진도와 무관하게 재미를 느낄 수 있는 무언가를 했고 많은 도움이 되었다.

이 공부 방식이 첫 힘든 시기를 잘 이기게 해주었고, 이후에도 큰 도움이 되었지만, 항상 좋았던 것은 아니다. 필요할 때 찾아서 공부하다 보니, 체계적이지 않고 알아야 할 것들이 꼬리에 꼬리를 물고 이어지는 경우가 많았다. 이런 고민을 하기 시작할 때부터 기초 과목들을 다시 듣기 시작했는데, 이전보다 훨씬 더 많이 배우고 즐겁게 공부했다. 상황에 따른 최적의 공부 방법이 무엇인지 아직도 물음표이지만, 확실한 건 방법과 무관하게 문제의식을 가지고 주도적으로 공부할 때 많이 배우고 성장하는 것 같다.

▶ 그냥 따라 가는 학습과 주도적인 학습의 결과는 어떨까?

코드스쿼드에서 같이한 정휘준 친구 이야기

프로그래밍을 처음 시작하는 초심자들, 특히 프로그래밍으로 무엇을 할 수 있는지 잘 모르는 비전공자들이나 지나치게 이론 중심의 교육을 받은 컴퓨터과학 전공자들은 프로그래밍 학습을 시작하기 전에 뭔가를 읽거나 외워야 한다는 강박관념에 사로잡히게 마련이다. 그러나 나는 뭔가를 만들어내는 욕구를 충족하기 위해 프로그래밍을 배우기 시작했고, 무엇인가를 만드는 것에 필요한 만큼씩 공부를 하며 한 프로젝트를 완성시켜 나가는 방식으로 프로그래밍을 학습했다. 엄밀히 말하면 그렇게 "학습한" 것은 아니고, 뭔가를 만들어놓고 보니 프로그래밍의 다양한 개념들을 나도 모르게 학습해 있었던 적이 많았다.

예를 들어, 내가 학교 학생식당의 메뉴를 알려주는 간단한 챗봇을 만들었을 때 나는 반복문과 조건문, 클래스의 선언 등만 미리 공부한 후 프로젝트에 돌입했다. 이런 주제들 이상의 예습을 하지 않았음은 물론이고 내가 뭘 모르는지도 모르는 상태였다. 프로젝트를 수행하다보니 내가 공부해야 할 것들이 보이기 시작했다. 이를테면 카카오톡의 REST API와 통신하기 위해 JSON, HTTP 메소드 등의 개념을 알아야 했다. 또 프로그램이 비대해시다보니 이런 프로그램을 미리 짰던 사람들이 어떤 방식으로 프로그램을 설계하고, 구현했는지를 알아야 할 필요가 생겼다. 이런 필요들을 스스로 충족시키려고 노력하며 프로젝트를 진행하다보니, 프로젝트를 마칠 즈음에는 Java의 JSON 라이브러리Jackson, POST, GET과 같은 HTTP 메소드들, (맛만 본 수준이지만) 객체지향적 설계와 Java의 디자인 패턴에 대해서도 아주 약간 알게 되었다.

프로그래밍 초심자를 괴롭게 하는 것은 "내가 무엇을 모른다"는 것보다 "내가 뭘 모르는지 모른다"는 사실일 것 같다. 이 단계를 통과한다면 곧 "내가 아는 게 뭐지?"라는 단계가 찾아오지만 이 단계에 있는 사람을 초심자라고 부를 순 없을 것 같다.

내가 무엇을 모르는지 알아보는 가장 좋은 방법은, 내가 지금까지 알고 있는 것만으로 무엇을 만들어보기 시작하는 것이다. 일단 시작한 후에, 부족한 점은 조금씩 더 배워나가면 된다. 그리고 이런 식으로 학습한 주제들은 꽤 오랫동안 잊혀지지 않는다. 밤새워 고민하던 주제를 구글 검색으로 해결하고 프로그램이 의도대로 작동하는 환희를 맛보며 배운 지식이 쉽게 잊혀지지 않을 것이다.

▶ 내가 만들고 싶은 것을 하다보면 저절로 공부가 된다.

가장 중요한 키워드는 "일단" 그리고 "스스로" 이다. 일단, 스스로 시작해보라! 스스로에게 필요한 주제로 말이다. 여러분이 언론정보학도라면 네이버 뉴스 기사를 스크랩해주는 코드를 짜보고, 만약 식품영양학도라면 학교 식당 메뉴를 수집해 칼로리나 영양 정보를 취합해주는 코드를, 문헌정보학도라면 ISBN 코드로 도서 정보를 수집해주는 코드를 작성해 보라. 내가 직접 해본 것들이어서 장담하는데 정말 재밌을 것이다. 건투를 빈다!

강의에서 "동의되지 않는 권위에 굴복하지 말라"라는 이야기를 하면서 지식보다 깊이 있는 경험을 하는 것에 집중하라는 말을 자주 한다. 이 말을 하면 "정말 현실성 있는 이야기일까?", "아직은 취업을 하려면 싱직과 스펙이 더 중요하지 않나?"라는 반문을 하는 경우가 많다. 맞다. 지금은 변화의 과도기 단계이다. 아직도 많은 변화가 필요하다. 그런데 지금 시점에 우리가 성적과 스펙을 쌓는 것에 집중하는 것이 미래지향적인가? 정말 취업에 더 유리한 것은 맞나?

『학교 혁명』[02]에서는 "고용주들이 입사 지원자들에게 불만스러워하는 부분은 성적으로 쉽게 증명되고 표시되는 특정 지식이나 전문 기술의 부족이 아니다. 그보다는 비평적 분석, 협력, 소통, 문제 해결, 창의적 사고 같은 능력을 아쉬워하고 있다"고 한다. 네이버에

---

02 『학교 혁명』(켄 로빈슨, 루 애로키나 저/정미나 역, 21세기북스, 2015년)

다니는 팀장 중의 한명은 "요즘 친구들은 수많은 오디션 프로그램을 보면서 느끼는 것이 있지 않나? 자신만의 생각, 색깔, 개성이 보이지 않는다. 그래도 괜찮다. 자신만의 색깔이 없더라도 소프트웨어에 대한 진정성이라도 느껴지면 좋겠다"라는 이야기를 한다.

점점 더 많은 회사가 많은 것을 아는 사람보다 깊이 있는 경험을 통해 문제의 본질에 대한 해결책을 찾을 수 있는 사람을 원하고 있다. 특히 IT 업계의 변화는 더 크다. 내가 지금까지 가지고 있던 공부에 대한 생각의 틀을 깨트려야 할 때이다.

나는 내 스스로가 프로그래밍 역량이 뛰어나지 않다는 것을 안다. 하지만 나는 프로그래밍이라는 도구를 활용해 무엇인가를 만들고 다른 사람과 소통하는 것이 즐겁다.

나는 많은 지식을 효율적으로 빠르게 학습하는 방법에 대한 경험담을 전할 자신은 없다. 나부터 이론적인 지식을 습득하는 것에 집중하기보다 경험을 통해 무엇이 필요한지를 느끼면서 다음 단계에 필요한 지식을 습득하는 방식으로 살았기 때문이다. 내가 전할 수 있는 경험은 느릴 수 있지만 프로그래밍 자체를 즐기며, 평생 동안 꾸준히 학습하며 살아가는 방법을 전하고 싶다. 나 또한 새로운 무엇인가를 학습할 때 좌절과 실패를 맛보기도 하면서 조금씩 전진하고 있다. 아직도 진행중이다. 앞으로도 계속 진행중일 것이다. 공부에 끝이 있겠는가? 무엇인가 계속해서 도전하고 작은 성취감을 맛보는 그 자체가 삶의 즐거움이지 않겠는가?

프로그래머가 내 직업이 되기까지[03]

소프트웨어 소비자에서 생산자로 생각을 바꾸는 순간, 즉 프로그래머가 되고자 누구나 마음 먹었을 때 막막함이 밀려온다. 어디서부터 어떻게 시작해야 할까?

프로그래밍 공부가 어려운 이유와 프로그래밍 공부를 시작해 프로그래머로 취업하기까지의 과정에 대해 살펴본다. 프로그래머로 취업하기까지의 전체 과정을 조명해 보는 것만으로도 포기하고 싶은 순간이 왔을 때 슬기롭게 극복할 수 있는 힘을 얻을 수 있을 것이다. 이 힘든 순간이 나 혼자만 경험하는 것이 아니라 프로그래머가 되고자 하는 대부분의 사람들이 겪는 어려움이라는 동질감을 가질 수 있다. 이 동질감만으로도 큰 힘이 될 수 있다.

도대체 프로그래머가 되기까지 어떤 과정을 거치며, 무슨 이유 때문에 많은 사람들이 중도 포기하는 상황이 발생하는지 살펴보도록 하겠다.

---

03 이 장의 각 단계와 전체적인 흐름은 "Why Learning to Code is So Damn Hard"(https://www.vikingcodeschool.com/posts/why-learning-to-code-is-so-damn-hard) 글과 그림을 참고했다. 이 글에 공감하는 부분이 많이 이 글에 내 생각을 추가하는 방향으로 글을 전개했다.

프로그래밍 공부가 어려운 이유는?

단계별 자신감 곡선

　프로그래밍 공부를 시작해 프로그래머로 취업하기까지 자신감이 변화하는 과정을 살펴보면 다음과 같다. 이 단계는 프로그래머가 되는 과정만 해당하는 것이 아니라 새로운 분야로 도전할 때 대부분 비슷한 경험을 한다.

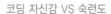

코딩 자신감 VS 숙련도

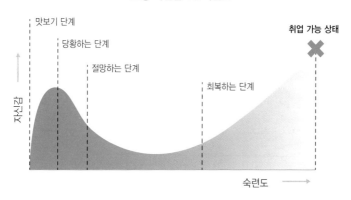

　첫번째 단계는 맛보기 수준의 프로그래밍 경험을 통해 프로그래밍에 대한 즐거움을 경험하는 단계이다. 이 단계는 책과 동영상 자료를 활용해 따라하기 수준의 경험을 하는 단계이다. 따라서 특별히 문제가 발생해 실패할 가능성도 적고, 머리를 써야 하는 일도 많지 않기 때문에 즐거움을 느낀다. 시작 단계는 약간의 두려움이 있었지만 시간이 지나면서 "프로그래밍, 그것 별거 아니네"라는 생각으로 자신감이 높아지는 단계이다.

따라하기 수준의 경험을 끝낸 후 자신이 생각했던 소프트웨어를 만들려고 하는 순간 어디서 어떻게 시작해야 할지 막막함이 밀려온다. 따라하기 단계에서 다루지 않은 내용이 등장하고, 도저히 해결 방법을 모르는 문제들이 발생한다. 몇일을 투자해도 도저히 진전이 보이지 않는다. 이때부터 지금까지 충만했던 자신감은 서서히 떨어지면서 "내가 프로그래밍에 소질이 없나보다"라는 생각을 하게 된다. 프로그래밍에 도전했던 많은 사람들이 이 단계에서 포기한다.

자신감은 바닥이 어딘지 모를 정도로 처참하게 무너져간다. 희망이 보이지 않는다. 자신감이 바닥을 치고, 다시 회복해 가는 세번째 단계는 너무 길고도 외롭다. 그냥 포기하고 싶다. 내가 지금까지 투자한 시간이 아깝다는 마음과 희망이 보이지 않는 마음 사이에서 치열한 갈등이 생긴다. 길고 긴 시간이 지나 조금씩 희망이 보이기 시작한다.

마지막 단계는 자신감을 회복하는 커브가 조금씩 빠르게 향상되면서 프로그래밍에 대한 즐거움을 회복하는 단계이다. 이 정도 수준이면 프로그래머로 취업할 수 있겠다는 마음이 서서히 싹튼다. 물론 아직도 두려움과 불안감이 공존하는 단계이지만 앞으로 어떻게 성장하고 학습해야 할지 대략적인 방향을 잡으면서 취업에 골인한다.

프로그래밍을 배울 때의 자신감은 초반에 반짝 상승했다가 이후 상당히 오랫동안 떨어진다. 이 같이 떨어진 자신감을 회복하고 프로그래밍에 대한 즐거움을 느끼기까지 상당히 오랜 기간을 투자해야 한다. 대부분의 도전자들이 두번째와 세번째 단계에서 포기한다. 도전을 포기하는 또 다른 이유는 각 단계별로 참고할 수 있는 학습 자료의 양도 한몫 한다.

단계별로 참고할 학습 자료의 양

프로그래머에 도전하기 위해 각 단계별로 참고할 학습 자료의 양을 보면 다음과 같은 분포를 보인다.

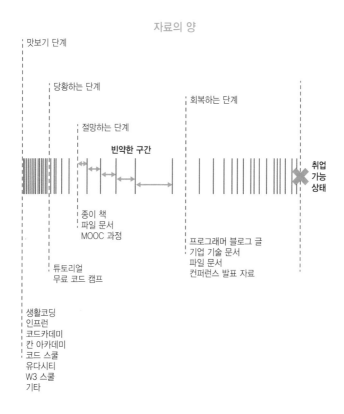

프로그래밍 학습을 시작하는 단계는 활용할 자료의 양이 정말 많다. 맛보기 단계의 컨텐츠는 지금도 많이 생산되고 있다. 온라인 교육 서비스를 하는 곳이라면 대부분 초보자를 위한 따라하기식 컨텐츠는 있다. 아마도 프로그래밍 학습을 시작하려는 사람의 수가 많고, 돈이 되기 때문일 수도 있다.

그런데 두번째 단계부터 서서히 적어지더니 자신감이 바닥을 치는 세번째 단계에서 학습에 참고할 자료가 절대적으로 부족한 상태가 된다. 특히 프로그래밍 학습 과정에서 가장 힘든 과정이라 할 수 있는 세번째 단계에서는 학습자료 부족이 프로그래밍 학습을 어렵게 만든다.

취업이 가능한 상태가 되면 학습에 참고할 자료들이 서서히 많이진다. 이 같은 이유는 현업 프로그래머들이 생산하는 블로그 글이나 컨퍼런스 자료들이 많아지기 때문이다. 블로그 글이나 컨퍼런스 자료와 같은 경우 프로그래밍 학습 과정에 있는 친구들이 보기에는 너무 전문적인 용어로 작성되어 있거나, 앞 단계를 생략한 상태로 작성된 내용이 많다.

단계별 학습할 지식의 양

프로그래밍 학습을 힘들게 하는 또 다른 원인 중의 하나는 각 단계별로 학습할 지식의 양이다. 다음 그림은 각 단계별로 학습해야 할 지식의 양을 보여주고 있다.

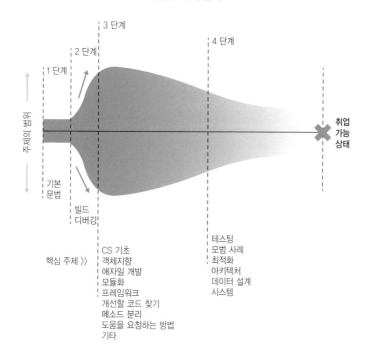

학습할 지식 범위

1 단계 | 기본 문법

2 단계 | 빌드 디버깅

3 단계 | 핵심 주제 》 CS 기초
객체지향
애자일 개발
모듈화
프레임워크
개선할 코드 찾기
메소드 분리
도움을 요청하는 방법
기타

4 단계 | 테스팅
모범 사례
최적화
아키텍처
데이터 설계
시스템

주제의 범위

취업 가능 상태

시작은 기본적인 문법을 익히고 두번째 단계에서 작은 프로그램을 구현해 보면서 문제를 해결하는 경험을 하면 된다. 그런데 극복하기 가장 힘들다고 하는 세번째 단계부터 학습해야 할 지식의 양이 폭발적으로 증가한다. 학습해야 할 지식의 양이 증가하는 것이 자신감과 프로그래밍에 대한 흥미를 떨어뜨리는 원인이 될 수 있다. 외롭고 힘든 세번째 단계를 슬기롭게 극복해 나가면 점진적으로 학습할 지식의 양이 줄어들면서 자신감이 다시 회복되고 프로그래밍에 대한 흥미가 되살아 난다.

학습에 참고할 학습 자료의 양의 부족, 학습할 자료의 양의 증가로 인해 프로그래밍 공부를 시작하고 상당히 오랫동안 힘든 시간을 견뎌내야 한다. 취업을 하는 순간까지 자신감이 많이 떨어지고, 흥미도 떨어진다. 무작정 열심히 하는 것이 능사는 아니다. 각 단계를 슬기롭게 극복하려면 어떻게 해야 할까? 특히 혼자 힘으로 건너가기 힘들어 보이는 세번째 단계는 어떻게 극복할 수 있을까?

각 단계를 극복하는 방법

맛보기 단계를 극복하는 방법

첫번째 단계에서 달성해야 할 가장 큰 목표는 거창한 프로그램을 만드는 것이 아니라 프로그래밍이 무엇인지에 대한 감을 잡고 프로그래밍에 대한 흥미를 느끼는 것이 핵심이다. 이 같은 즐거운 경험을 통해 컴퓨터 앞에 앉는 것이 두려움이 아니라 즐거운 경험이고 나도 할 수 있다는 자신감과 도전정신이 중요하다. 앞의 그림들을 통해 살펴봤듯이 1단계에서 프로그래밍에 대한 즐거움을 느끼고, 일단 시작하는 마음가짐을 가지는 것이 2단계 이후의 어려움을 극복하는 데 큰 도움이 된다.

따라서 1단계는 거창한 계획을 세우기보다 일단 무엇이라도 만드는 작업을 시작해 보자. 프로그래밍을 시작하는 초보자가 활용할 수 있는 컨텐츠는 넘쳐나고 있다. 두려움에 압도되기 전에 일단 시작해 보자. 굳이 책을 사지 않아도 온라인으로 학습할 수 있는 좋은 컨텐츠가 많다. 멈칫하는 마음이 생기기 전에 일단 시작해 보자. 작은 성취감을 통해 다음 단계에 도전하기 위한 에너지를 만들어 보자.

어디서, 어떻게 시작할 것인지를 고민하기 전에 프로그래밍을 통해 무엇인가 작은 것이라도 만드는 일을 일단 시작하고 보자. "나는 프로그래밍에 대해 아는 것이 하나도 없는데" 라는 생각은 집어치우고 일단 시작한다.

우리는 지금까지 책을 통해 이론을 학습하는 것에 익숙하다. 프로그래밍이라는 새로운 세계를 도전하면 먼저 느끼는 것이 두려움이다. 이 두려움은 대부분의 사람을 기존에 익숙했던 책을 통해 이론적인 부분부터 학습하도록 만든다. 이런 두려움을 없애는 가장 좋은 방법은 아무것도 모르는 상태에서 무작정 무엇인가 따라 만들면서 재미를 느끼는 것이다.

무엇인가 시작하려는 데 어디서, 어떻게 시작할지 막막함이 든다면 다음 자료들을 활용해 프로그래밍의 맛을 보기 바란다.

앞으로 추천하는 실습들은 상당 부분 내용이 중복된다. 하지만 코딩이라는 우리에게 필요한 작업은 머리와 손이 함께 배우는 부분이 많다. 반복이 매우 중요하기 때문에 아는 거 또 나왔네? 라고 넘어가지 말고 반복해서 학습하길 권한다.

- 프로그래밍에 대한 맛보기를 하고 싶다면 CODE(http://code.org/learn)에서 자신의 수준, 관심사에 따른 튜토리얼을 선택해 일단 시작해 본다. 컴퓨터에서 중요한 기초 개념인 순차, 반복, 조건문의 개념을 배우기 바란다. 프로그래머는 바보같은 일을 하는 천재적인 사람이다. 컴퓨터는 위대한 일을 하는 바보같은 기계이다. 이 둘은 그래서 찰떡궁합! 출처는 기억이 안 난다.
- 칸 아카데미의 컴퓨터 교육(https://www.khanacademy.org/computing) 카테고리의 Computer programming이나 Hour of Code를 통해 프로그래밍의 맛을 보는 것도 좋다.
- 생활코딩은 일반인들에게 프로그래밍을 알려주는 교육을 목표로 하고 있는 국내 서비스이다. 생활코딩의 웹 애플리케이션 만들기(https://opentutorials.org/course/3083) 과정을 활용해 웹 애플리케이션을 만드는 경험을 하는 것도 좋다. 이 과정은 1단계 경험뿐 아니라 2단계 경험까지 할 수 있다.

프로그래밍을 학습하는 좋은 방법 중의 하나는 일단 무엇인가 만들어보는 경험을 한 후 이론적인 개념을 학습하고, 다시 다음 단계의 경험을 하고 이론적인 개념을 학습하는 과정을 반복하는 것이다. 앞의 온라인 과정이나 또 다른 과정을 통해 따라하기 식으로 무엇인가 만들어 보는 경험을 했다면 다음 단계는 과정 속에 담겨 있는 이론적인 내용, 소프트웨어 현장에서 사용하는 용어들에 친숙해지는 시도를 해보자.

앞의 경험을 하면서 등장했던 새로운 용어들이 무엇이며, 이 용어들이 왜 등장했으며, 무엇인지, 프로그래밍을 하는 과정 등에 대한 기본적인 내용이 담겨있는 『기초 튼튼 코드 튼튼 다 함께 프로그래밍』(타니지리 카오리 저, 정인식 역, 제이펍, 2016년), 『모두의 파이썬』(이승찬 저, 길벗, 2016년)과 같은 책을 통해 따라하기 수준이더라도 경험해 본다.

초보자가 프로그래밍을 경험할 수 있는 자료는 넘쳐나고 있다. 좋은 컨텐츠를 찾는 데 너무 많은 시간을 투자하기보다 일단 시작하자. 어느 컨텐츠로 시작할지 모르겠다면 위에서 추천한 자료로 시작한다. 시작 단계의 과정은 "시작한다. 재미있다. 일주일이 지난다. 포기한다."의 과정을 경험할 가능성이 높다. 특별히 프로그래밍을 공부해야겠다는 강한 의지가 없다면 당연한 결과이다. 그렇다고 자책할 필요는 없다. 포기하고 일정 시간이 지나 다시 관심이 생기면 다시 도전하면 된다. 이전보다는 좀 더 나은 경험을 할 수 있다. 다시 포기한다. 다시 시작한다. 이런 과정을 몇번 반복하면서 프로그래밍에 대한 본격적인 학습 단계로 나아갈 수 있다. 한두 번 포기했다고 자책하거나 좌절하지 말자. 다시 도전하면 된다.

나에게는 아들이 한명 있다. 현재 프로그래밍에 대한 관심이 조금은 생긴 상태이다. 아들이 지금 상태가 되기까지 어떤 과정을 거쳤는지 공유해본다. 여러분도 비슷한 경험을 할 수 있고, 극복할 수 있다.

아들과 1단계 경험하고 극복하기

이 책을 쓰고 있는 2018년, 아들이 중3이 되었다. 아들이 프로그래머를 직업으로 가지지 않더라도 프로그래밍이 어느 분야에나 도움이 된다고 생각하기 때문에 시간 나는 대로 틈틈이 프로그래밍에 도전할 기회를 주려고 한다.

첫번째 도전은 아들이 초등학교 5학년일 때 스크래치라는 블록 코딩 언어로 시작했다. 간단한 사용법을 가르쳐 준 후 다른 사람이 구현해 놓은 프로그램을 조금씩 수정해 자신이 생각하는 바를 표현하도록 했다. 이 도전은 총 여섯 번 시도했다가 포기했다. 일단 나의 주도 하에 프로그래밍 공부를 시작하고 몇 가지 사용법을 가르쳐준 후 혼자 도전하도록 진행했다. 혼자 힘으로 한두 시간 정도 다양한 시도를 하면서 재미있게 놀았다. 하지만 그뿐이었다. 여섯 번을 진행했지만 내가 주도하지 않으면 아들이 먼저 하자는 말을 하지 않았다. 기간이 짧았을 수도 있지만 아직까지 프로그래밍에 대한 동기부여가 생기지 않는 것으로 판단해 그만 두었다.

스크래치 버전을 포기하고 몇 개월이 지난 후 이번에는 아두이노로 도전을 시도했다. 아들이 전자회로를 방과 후 수업으로 진행한 경험이 있고, 그리 많지 않은 코드로 하드웨어가 반응하기 때문에 흥미가 높을 것으로 생각했다. 예상은 적중했다. 그러나 이 또한 실패했다. 이 과정 또한 5, 6회를 넘어가니 흥미가 떨어지고 내가 주도하지 않으면 앞으로 전진하지 못했다. 나는 내가 주도적으로 하기보다 아들이 흥미를 가지고 도전할 때까지 기다리기로 했다.

그렇게 2년을 기다린 후 세번째 도전을 했다. 세번째 도전은 자바 언어를 통해 간단한 프로그램을 구현하는 것에서 시작했다. 하지만 세번째 도전은 이전에 비해 훨씬 더 빨리 포기했다. 알아야 할 문법도 많고, 즉각적으로 피드백하는 부분도 없다보니 쉽게 흥미가 떨어졌다. 나는 또 기다리기로 마음 먹었다.[04]

이 세번의 도전이 실패한 이유는 프로그래밍이 아들의 관심사가 아닌 상태에서 나의 욕심만으로 진행했기 때문이다. 새로운 도전을 하는 시작 단계는 흥미를 가지고 도전하다가 금방 식어 버린다. 새로운 분야의 도전을 시작할 때의 전형적인 모습이다. 새로운 분야를 도전할 때 가장 중요한 점은 초심을 어떻게 지속시킬 것인가이다.

1단계는 프로그래밍이 무엇인지 경험해보고 프로그래밍에 흥미를 느끼는 것이 가장 중요하다. 따라서 내가 관심있어 하는 분야를

---

04 아들과의 도전 과정은 https://www.slipp.net/wiki/display/children/Home 에 정리되어 있다.

정한 후 따라하기용 컨텐츠에 무작정 도전해 본다. 웹, 모바일, 게임 구분하지 말고 초급자용 컨텐츠를 다양하게 경험하면서 프로그래밍이라는 것이 무엇인지 경험해 보는 것이 중요하다. 생각만 하지 말고 일단 도전하라.

앞의 아들 사례도 있지만 무작정 따라해 보는 경험을 한다고 곧바로 프로그래밍에 대한 동기부여가 생기지 않는다. 따라하기 컨텐츠를 통해 프로그래밍에 대한 맛을 본 후 2단계의 과정을 통해 작은 프로그램을 스스로 만드는 순간부터 프로그램을 만드는 것의 즐거움과 참맛을 느낄 수 있다. 따라서 1단계 경험을 통해 곧바로 프로그래밍에 흥미가 생기지 않는다고 실망하지 않고 지속적으로 도전하는 마음의 자세가 필요하다. 악기 연주, 미술 등도 재미를 느끼기까지는 일정 시간의 연습이 필요한 것과 같다.

1단계의 경험만으로 프로그래밍이 내 적성에 맞는지 판단하는 것은 쉽지 않다. 최소 2단계까지의 경험을 했을 때 적성 여부를 판단할 수 있다. 따라서 1단계에서 너무 섣부르게 판단해 포기하지 말고 2단계까지 인내력을 가지고 도전해 본다. 1단계에서 2단계를 도전했다 힘들면 포기했다가 어느 순간 다시 도전해도 괜찮으니 한번 포기했다고 좌절할 필요도 없다. 포기했다가 다시 시작하고 싶은 울림이 있을 때 다시 도전하면 그뿐이다.

당황하는 단계를 극복하는 방법

대부분의 도전자들은 첫번째 단계에서 재미를 느끼며, 나도 할 수 있겠다는 자신감을 얻는다. 프로그래밍이 생각보다 만만하다는 느낌도 든다. 하지만 이 같은 마음 가짐은 따라하기 수준이 아닌 내가 생각하는 무엇인가 만들려는 순간 밀려오는 막막함으로 인해 좌절감으로 변해 나를 공격해 온다.

"내가 지금까지 무엇을 한 것인가?", "역시나 나는 프로그래밍에 소질이 없는 것 같다" 등등의 생각이 들면서 프로그래밍 공부를 그만두고 다른 일에 도전하고 싶은 유혹에 빠진다. 따라서 두번째 단계의 가장 중요한 목표는 좌절감을 어떻게 하면 슬기롭게 극복할 것인가이다.

나는 이 좌절감을 극복하는 가장 좋은 방법은 사람이라 생각한다. 혼자 공부하다 서서히 자신감을 갉아 먹도록 방치하는 순간 대부분의 도전자들이 포기한다. 이 순간 나와 같은 감정을 느끼는 친구들이 있다면 서로에게 힘을 주면서 극복하는 데 큰 힘이 된다. 최근 MOOC_{Massive Open Online Course}를 활용한 온라인 공개 수업이 미래의 교육인 것처럼 이야기되고 있다. 하지만 나는 그렇게 생각하지 않는다. MOOC는 오프라인 교육의 보조 도구로 활용될 수 있을지 몰라도 MOOC만을 활용해 교육을 완성할 수 없다. 사람들은 컨텐츠만으로 학습을 지속하는 데 어려움이 있기 때문이다. 특히 프로그래밍과 같이 완전히 새로운 분야를 학습하는 데 있어 온라인 교육만으로 학습을 지속하는 것은 정말 힘든 일이다.

사람들이 학습을 지속하려면 힘들 때 같이 공감하고, 격려해줄 사람이 필요하다. 아무리 온라인 컨텐츠가 많아도 결과적으로는 사람이 가장 중요하다.

물론 MOOC는 무엇인가 학습하려는 사람들에게 좋은 교육의 대안이 될 수 있다. MOOC가 교육의 대안이 되는 시점은 프로그래밍에 대한 동기부여가 되고, 무엇을 어떻게 학습해야 되는지에 대한 경험이 생기는 세번째 단계 후반이나 네번째 단계부터이다. 그런데 대부분의 도전자들은 두번째 단계와 세번째 단계 초반을 극복해야 하는데 이 단계는 MOOC만으로 해결하기 힘들다.

이 단계를 극복하는 가장 좋은 방법은 같이 학습할 동료나 멘토를 찾는 것이 중요하다. 힘들 때 같이 공감해 주고, 어려운 문제를 같이 해결하고, 포기하려는 순간 손을 잡아줄 동료를 찾아야 한다. 어려움을 공유하는 것만으로 위로가 될 것이다.

동료를 찾는 방법은 다양하다. 대학생이라면 컴퓨터 공학을 부전공으로 하면서 같이 수업을 듣는 친구들과 오프라인 스터디를 만드는 방법이 있고, 비전공자라면 오프라인 스터디에 참여하거나 내가 찾는 스터디가 없으면 내가 직접 만드는 것도 좋은 방법이다.

나는 2005년부터 자바지기(http://www.javajigi.net), SLiPP(https://www.slipp.net) 커뮤니티를 통해 재직자들과 오프라인 스터디를 만들어 운영하고 있다. 스터디를 운영하면서 느낀 점 중의 하나는 이미 만들어져 있는 스터디에 참여하려는 사람은 많은데 내가 직접 스터디를 만들고 운영하려는 사람들은 적다. 내가 진정 프로그래머가 되고 싶다면 누군가의 스터디에 들어가는 것이 아니라 내가 학습하고 싶은 주제로 스터디를 만들어 운영해 보는 경험을 했으면 한다. 다른 사람이 만든 스터디에 들어가는 것보다 내가 만든 스터디를 운영하는 것이 프로그래밍 공부를 포기하지 않고 지속할 수 있는 몇 배의 에너지를 준다.

▶ 내가 주도적으로 스터디를 운영할 때 가장 학습 효과가 크다.

주변을 아무리 찾아봐도 프로그래밍을 같이 학습할 수 있는 친구가 없는 상황이 발생한다면 프로그래밍 학원을 활용하는 것도 좋은 방법이다. 나는 프로그래밍 공부를 시작하는 처음부터 학원을 활용하는 것을 추천하고 싶지 않다. 1단계는 온라인 컨텐츠나 책을 활용해 스스로 학습하고, 2단계를 도전하는 과정에서 좌절하고 포기하고 싶은 마음이 드는 순간에 학원을 활용할 것을 추천한다. 2단계에 도전해 3단계의 힘들고 긴 시간을 학원을 활용해 극복하고 프로그래밍에 대한 대략적인 그림도 그릴 수 있으며, 앞으로 무엇을 학습해야 할 것인지에 대한 통찰을 얻게 되는 순간부터는 스스로 학습할 수 있다.

　　컴퓨터 공학을 전공하고 있다면 괜찮지만 비전공자에게 학원이 필요한 이유는 내가 학습할 로드맵을 제시해 주고 같이 학습할 동료를 만날 수 있는 공간이기 때문이다. 또 하나의 중요한 이유는 문제가 발생했을 때 빠른 피드백을 통해 다음 단계로 나아갈 수 있도록 하기 때문이다. 프로그래밍을 도전하는 상당 수의 친구들이 포기하는 순간은 몇일을 매달려도 해결하지 못하는 문제가 발생하는 경우이다. 이미 경험이 있는 사람의 도움을 받으면 5분, 10분이면 해결할 수 있는 문제를 몇일을 투자해도 해결하지 못하는 순간 학습에 대한 흥미가 없어지면서 포기하게 된다. 만약 주변에 학습 로드맵을 제시해 주고, 문제가 생겼을 때 도움을 받을 수 있는 경험있는 프로그래머가 있다면 굳이 학원을 활용하지 않아도 된다. 물론 내 스스로가 주도적으로 학습할 수 있다는 가정 하에서의 이야기다.

2단계를 극복하려면 작고 다양한 요구사항을 가지는 프로그램을 구현해 보면서 문제 상황을 겪고, 해결해 보는 경험을 많이 해야 한다. 이 같은 연습을 통해 프로그래밍적인 사고력도 길러지지만 문제가 발생했을 때 해결할 수 있다는 자신감도 얻어지고, 문제를 해결하는 방법도 습득하게 된다. 2단계부터 너무 큰 프로그램 구현을 목표로 하는 경우 자신감보다 좌절감을 맛볼 수 있기 때문에 경계해야 한다.

현재 2단계를 극복하고 있는 아들과의 경험담을 통해 어떻게 하면 2단계를 좀 더 슬기롭게 극복할 수 있는지 살펴보자.

아들과 2단계 경험하고 극복하기

본격적인 프로그래밍 학습은 우연히 찾아왔다. 아들이 게임을 좋아하는데 집의 컴퓨터 사양이 낮아 노트북을 사고 싶단다. 단, 자신이 프로그래밍을 제대로 학습해 보겠단다. 아빠가 제시하는 프로그램을 구현하면 노트북을 사달라는 제안을 했다. 나는 학습에 있어 외적 동기 부여(특히 어린 나이일수록 필요하다고 생각한다)도 중요하다고 생각했기 때문에 흔쾌히 승낙했다. 내가 이겨도 특별히 손해볼 것은 없고, 지면 더 좋겠다는 마음이었다.

시작은 『모두의 파이썬』(이승찬, 길벗)이라는 책을 던져주고 모든 내용을 이해하지 못하더라도 책에 나오는 예제를 하나씩 따라하고 실행해 보도록 했다. 아들은 프로그래밍 공부에 대한 습관이 없었기 때문에 매일 꾸준히 학습하는 것이 아니라 자기가 하고 싶을 때만 조금씩 학습했다. 대부분의 시작은 비슷하다. 익숙하지 않은 분야이기 때문에 꾸준히 학습하는 것이 생각보다 쉽지 않은 듯했다.

그렇게 한달이 흐른 어느 날 책을 모두 봤다면서 다음으로 무엇을 할지 물어왔다. 책에 거북이가 이동하는 그림을 그리는 기능이 있었기 때문에 이를 응용해서 시계 그리기에 도전하기로 했다.

시계를 그린다. 무엇부터 시작하는 것이 좋을까? 초보자들의 막막함이 여기서 발생한다. 지금까지 동영상을 통해 학습하거나, 책을 한권 읽은 후 무엇인가를 만들려고 하는데 어디서 어떻게 시작해야 할지 모르겠다. 시계를 그린다는 목표는 초보자에게 너무 큰 목표가 될 수 있다. 일단 무엇인가 시작하려면 이 목표를 달성하기 위해 가장 쉬운 목표에서 하나씩 난이도를 높여가는 것이 중요하다. 물론 초보자에게 이 또한 쉽지 않은 작업이지만 난이도를 낮추지 않으면 중도 포기할 가능성이 높다.

내가 한 역할은 시계 그리기의 난이도를 조정해 조금씩 기능을 추가해 가는 방식으로 미션을 부여했다. 시작은 동, 서, 남, 북에 선만 그리기에서 시작했다. 거북이가 이동하던 방법으로 그릴 수 있는 기능이다. 다음 단계는 초침 그리기, 초침 이동하기, 분침 그리기, 분침 이동하기까지 진행했다. 분침을 그리고 이동하는 기능을 구현할 때 자신감이 붙었는지 미션에 포함되지도 않은 원을 그리고, 5분 단위로 선 그리기 기능까지 구현하는 모습을 봤다. 마지막으로 시침을 그린 후 현재 컴퓨터의 시간을 읽어와 현재 시간의 시분초를 그리는 것으로 마무리했다.[05]

처음 시계를 그린다고 했을 때 "제가 할 수 있을까요?"라고 막막해 하던 아들은 나도 할 수 있다는 자신감을 가질 수 있게 되었으며, 프로그래밍에 대한 즐거움을 느끼게 되었다. 이 과정에서의 핵심은 목표는 거창한 무엇이지만 현재 내가 가진 역량으로 구현할 수 있는 가장 쉬운 것에서 시작해 하나씩 단계를 높여가는 것이다.

시계 그리기를 구현한 후 다음 도전은 충돌 게임을 구현하기로 했다. 충돌 게임을 선택한 이유는 『헬로! 컴퓨터프로그래밍』(위키북스) 책에 두 개의 공이 충돌하는 예제가 있었기 때문이다. 다음 단계는 역시 같은 책에서 두 개의 공이 충돌하는 부분까지 따라하기 식으로 학습을 한 후 충돌 게임 구현을 시작했다. 충돌 게임 또한 책의 예제로 있는 두 개의 공이 충돌하는 예제에서 시작해 피카츄[06]가 번개를 팅겨 벽돌을 맞히면 벽돌이 부서지는 게임까지 발전시켰다. 이

---

05 이 과정을 통해 완성한 시계는 https://youtu.be/YdPTwB4LytU 에서 볼 수 있다.

06 아들이 피카츄를 너무 좋아해 자신이 선택한 캐릭터이다.

또한 아들이 대부분의 구현을 주도했으며, 해결하지 못하는 부분이 발생할 때 내가 도와주는 방식으로 진행했다.[07]

피카츄로 벽돌 깨기 게임 구현을 완료한 후 현재는 추가적인 학습없이 지금까지 학습한 내용을 바탕으로 피카츄 배구 게임을 그대로 따라서 만들기 하는 경험을 하고 있다. 대부분의 기능이 피카츄로 벽돌 깨기 게임에 있는 기능이지만 비슷해 보여도 예상하지 못한 다른 문제를 만나게 된다. 이 문제를 해결하기 위해 책을 참고하거나 검색을 활용하게 된다. 이 같은 과정을 통해 점진적으로 추가적인 학습을 하게 된다.[08]

이 과정 속에서 우리가 느껴야 할 가장 중요한 점은 작은 성취감을 지속적으로 맛보면서 프로그래밍에 대한 두려움을 없애고 자신감과 즐거움을 얻어야 한다는 것이다. 특히 초보자는 프로그래밍에 대한 동기부여가 되어 있지 않은 상태이기 때문에 이 같은 경험은 무엇보다 중요하다. 또한 이론적인 학습에만 치우치지 말고 작더라도 학습한 내용이 있다면 관련된 작은 무엇이라도 만들어보는 경험을 꾸준히 해야 한다. 반복해도 괜찮다. 아니 새로운 것을 만드는 것보다 반복하는 것이 더 좋다.

---

07 피카츄 벽돌 깨기 완성 버전은 https://youtu.be/FJhKV7si3kI 에서 볼 수 있다.
08 피카츄 배구 게임 완성 버전은 https://youtu.be/qil34oBGjpY 에서 볼 수 있다.

아들과의 경험을 공유하면 "아들은 시간적인 여유가 많기 때문에 그렇게 시작해도 되지만 나는 바로 취업해야 하기 때문에 그런 여유를 가질 시간이 없다"라고 생각하는 사람들이 있을 것이다. 이해한다. 하지만 시간적인 여유가 없을수록 이 같은 경험을 반드시 해야 한다. 이런 경험이 있어야 2단계 이후의 어려운 단계를 슬기롭게 극복할 수 있다. 이런 경험이 부족한 상태에서 2단계 이후의 과정을 마치는 것은 생각보다 쉽지 않다. 프로그래밍 자체를 즐기는 것이 2단계 이후를 잘 극복하고, 평생 동안 프로그래밍을 즐기면서 학습할 수 있는 동력을 만들어 준다.

힘든 일이지만 급할수록 여유를 가지고 프로그래밍 자체를 즐기는 것이 더 빠른 길임을 잊지 말자.

절망하는 단계를 극복하는 방법

프로그래밍에 도전하는 대부분의 사람들은 두번째 단계에서 포기한다. 따라서 세번째 단계에 도전한다는 것만으로도 한 단계의 어려움을 극복한 것이기 때문에 스스로를 대견하게 생각해도 괜찮다.

하지만 두번째 단계를 넘어섰다고 안심하기에 이르다. 세번째 단계는 두번째 단계보다 훨씬 더 길고, 알아야 할 지식도 폭발적으로 늘어나는 경향이 있기 때문이다. 이 세번째 단계에서 더 많은 도전자들이 중도 포기하거나, 현재 상태에 만족하고 다음 단계로 성장하지 못한다. 이 세번째 단계를 넘어서는 순간 프로그래밍에 대한 대략적인 그림도 그릴 수 있으며, 앞으로 무엇을 학습해야 할 것인지에 대한 통찰도 얻을 수 있다. 쉽지 않은 과정이 될 것이다.

세번째 단계를 극복하기 위한 가장 중요한 것은 목표를 설정한 후 목표에 집중하는 것이다. 세번째 단계는 자신감이 바닥을 치고 흥미가 가장 떨어지는 단계이다. 포기하고 싶은 마음이 하루에도 몇 번씩 들면서 집중이 되지 않는다.

세번째 단계에 접어들면서 자바 언어로 웹 백엔드 프로그래밍에 도전하는 것을 목표로 정했다고 해보자. 자바 기반으로 웹 백엔드 프로그래밍 학습의 깊이가 깊어지면서 갈등하게 된다. "이 분야가 적성에 맞지 않는 것은 아닌가?", "자바가 아니라 파이썬, 자바스크립트가 더 쉬워보이는데 언어를 바꿔볼까?", "백엔드보다 프론트엔드가 너 새있을 섯 같다"와 같은 생각이 들면서 학습에 집중하기 힘든 상태에 빠진다.

이런 동요에 굴복하는 경우 각 분야를 옮겨다니면서 수박 겉핥기 식의 학습을 할 가능성이 높아진다. 언젠가 한번은 극복해야 할 단계이다. 다음 단계로 성장하는 것을 두려워해 새로운 분야로 바꾸기보다는 일단 도전하기로 마음먹은 분야에 집중하는 것이 이 단계를 슬기롭게 극복할 수 있는 길이다. 그렇지 않아도 학습할 지식의 양이 많은데 너무 많은 것에 관심을 두기보다 한 가지라도 제대로 학습하는 것을 목표로 설정하고 집중해야 한다.

앞에서 언급했듯이 나는 3개월 과정을 이수하고 바로 취업했다. 돌이켜보면 취업했을 때의 내 상태가 세번째 단계 초반을 건너가는 단계였을 듯하다. 나는 프로그래머의 길을 걷기 시작하면서 "내가 28살이라는 늦은 나이에 프로그래밍을 시작했고, 준비 기간도 짧았기 때문에 컴퓨터 공학을 전공한 친구들과 경쟁하기보다 내가 짧은 기간 학습한 자바 웹 프로그래밍 분야의 학습에만 집중해 역량을 키우자"라는 목표를 정했다. 이와 같이 방향을 정하고 난 후 자료구조, 알고리즘, 운영체제, 네트워크와 같은 기초 지식을 거의 학습하지 않았다. 나는 자바 프로그래밍, 객체지향 설계, 테스트, 리팩토링, 프레임워크와 같은 학습에만 집중했다. 내 주도로 방향을 설정하고 하나씩 학습해 나가는 것은 힘든 점도 많았지만 나름 재미있고 즐거운 경험이었다.

나처럼 학습하라는 의미가 아니다. 현재 시점에 자신이 관심이 있는 분야와 지식이 무엇인지를 찾아 결정한 후 주변을 의식하지 말고 묵묵히 걸어가라는 것이다. 주변에서 좋은 프로그래머가 되려면 알고리즘 학습이 필수라는 이야기를 해도, 요즘은 모바일이 대세라는 이야기를 해도, 내가 정한 길이 있다면 내가 만족하는 수준까지 걸어가 보라는 것이다. 수많은 정보와 유혹 속에서 선택과 집중이 필요하다. 그래야 정말 길고 외로운 과정이 될 수 있는 세번째 사막의 단계를 극복할 수 있다.

세번째 단계를 극복하는 과정에서 책을 통해 지식을 습득하는 경우가 많다. 그런데 우리가 책을 활용해 학습하는 과정에도 선입견이 있다. 이 선입견을 깰 수 있는 내용이 『코딩을 지탱하는 기술』(니시오 히로카즈 저, 김완섭 역, 비제이퍼블릭, 2013)이라는 책에 있어 소개한다. 나 또한 공감하는 내용이다. 책을 활용한 자신의 공부 습관과 비교해보는 계기가 되었으면 한다.

첫번째 단계, 필요한 부분부터 흡수한다.

책이나 자료 전체가 동일한 정도로 중요하다고 말할 수 없다. 목적이 명확하고, 목적 달성을 위해서 어디를 읽어야 할지 알고 있다면 다른 페이지는 신경 쓰지 말고 바로 그곳을 읽도록 한다.

전체 모두 읽지 않은 것이 꺼림칙한가? 하지만 좌절하고 전혀 읽지 않는 것보다는 낫다. '전부 읽지 않으면'이라는 완벽주의가 배우고자 하는 동기를 짓누르고 있다면, 버려버리는 것이 낫다. 동기는 매우 중요하다.

이 전략을 사용하기 위해서는 읽고 싶은 부분이 어디인지 대략적으로 전체적인 구조를 파악하고 있어야 한다. 만약 그게 어려우면 다음 전략인 '대략적인 부분을 잡아서 조금씩 상세화한다'를 시험해보도록 하자.

두번째 단계. 대략적인 부분을 잡아서 조금씩 상세화한다.

책이나 문서에는 목차가 있다. 목차를 보면 전체 구조를 대략적으로 알 수 있다. 그리고 나서 본문을 속독으로 읽어나간다. 자세히 보지 않고 우선은 소제목이나 강조 부분, 그림과 그림 제목 등을 본다.

소스코드를 읽을 때는 우선 디렉토리 구조와 파일명을 본다. 그리고 파일을 속독으로 읽고 거기서 정의하고 있는 함수나 클래스 이름, 자주 호출되는 함수명 등을 본다.

이 방법들에는 '우선 대략적인 구조를 잡고, 조금씩 상세한 정보로 접근한다'는 공통점이 있다. 이것이 기본 원칙이다.

소스코드에는 다른 방식의 독해 방법이 있다. 디버거의 과정을 사용해서 실행되는 순서나 호출 계층으로 읽는 방법이다. 이 경우도 동일하게 우선은 대략적인 처리 흐름을 따라가고, 조금씩 깊이를 더해서 함수 안의 처리를 따라가는 것이 중요하다.

이 방법으로 읽어도 정보가 한쪽 귀로 들어와서 한쪽 귀로 나가버리는 느낌을 받는 경우가 있다면, 마지막 방법인 '끝에서부터 차례대로 베껴간다'를 시도해보자.

세번째 단계. 끝에서부터 차례대로 베껴간다.

명확히 '하고 싶은 것', '조사하고 싶은 것'이 없이 '대충 읽으면' 읽은 내용이 뇌를 그냥 스쳐 지나갈 뿐이다. 이런 상태에서 어떻게 배울까를 고민한다고 해도, 판단을 위한 지식 자체가 없기 때문에 무의미하다.

그래서 지식의 밑바탕을 만들기 위해서 교과서를 그대로 베껴 쓴다. 이것이 '베끼기'라 불리는 기술이다. 지식이 없는 상태에서 고민하는 것은 무익하기 때문에 우선 아무것도 생각하지 않고 지식을 복사하는 것이다.

이 이상의 방법은 없다. 저자는 시간을 정해서 '25분간 어디까지 베낄 수 있는지' 도전하는 것을 좋아한다. 분량으로 나누는 것도 좋은 방법이다. 중요한 것은 간격을 적절히 해서 목표를 이루었다는 만족감을 얻을 수 있도록 하는 것이다.

대부분의 학습은 첫번째 단계(필요한 부분부터 흡수한다)만 잘 습관화해도 지치지 않고 학습을 지속할 수 있다. 처음 시작 단계부터 모든 부분을 완벽하게 이해하고 넘어가겠다는 마음을 버리고 현재 상태에서 이해할 수 있는 부분까지만 이해하고 이해하지 못한 부분은 6개월, 1년이 지난 후 다시 도전하겠다는 마음가짐으로 접근하면 좋겠다. 프로그래밍이 0과 1로 나뉘고, 정확하게 정답이 떨어지는 디지털의 세상이지만 우리 사람은 아날로그적인 성향을 가진다. 자기 자신을 너무 완벽함 속으로 밀어 넣기보다 한번에 모두 이해하지 못해도 괜찮다는 너그러운 마음으로 자기 자신을 다독이면서 학습할 때 오랫동안 지속할 수 있다. 지금까지 가지고 있던 자신의 학습 스타일을 프로그래밍을 학습하면서 깰 수 있다면 이는 자신의 삶의 틀을 깨는 것만큼 중요한 학습이 될 것이다.

『코딩을 지탱하는 기술』은 위 학습 방법과 관련한 내용 이외에도 프로그래밍 언어가 어떻게 변화 발전해 왔는지에 대해 흥미롭게 풀어내고 있기 때문에 읽어볼 것을 추천한다.

회복하는 단계를 극복하는 방법

프로그래머로 취업하기 위한 마지막 여정이다. 앞의 그림에서는 네번째 단계까지 마친 후 취업이 가능한 것으로 표현하고 있다. 나는 세번째 단계를 마무리한 시점이라면 언제든지 취업이 가능한 상태라고 생각한다. 세번째 단계를 마무리했다면 부족한 부분을 보충하면서 취업 준비를 할 것을 추천한다. 취업 과정에서 면접 과정을 통해 사신이 부족한 부분이 무엇인지 인식할 수 있으며, 보완할 수 있다.

세번째 단계까지는 본인이 의지를 가지고 노력하면 시간을 투자한 만큼 꾸준하게 실력이 향상된다. 아는 것이 많아진 만큼 보이는 시야도 넓어지면서 자신감도 조금씩 생겨난다. 그런데 이 때부터 서서히 학습 효율이 떨어진다. 지금까지는 프로그래밍 연습과 책, 동영상을 통해 모르는 지식을 습득하면 됐다. 그런데 네번째 단계부터 객체 설계, 데이터 설계, 아키텍처, 모범 사례와 같이 정답이 없다고 할 수 있는 영역으로 넘어가야 한다. 실무 경험이 없는 상태에서 혼자만의 힘으로 이 같은 내용을 학습하는 것은 정말 힘들다.

따라서 네번째 단계를 극복하기 위해 가장 중요한 것은 선배 프로그래머로부터의 피드백이다. 내가 구현한 소스코드에 대한 코드 리뷰를 해주고, 내가 설계한 내용을 피드백해줄 멘토가 있다면 더 없이 좋을 것이다. 만약 이 같은 멘토가 없다면 비슷한 역량을 가진 동료를 만들어 각자가 구현한 코드와 설계한 내용으로 토론하는 과정 또한 역량을 키울 수 있는 좋은 방법이다. 다음 장에서도 다루겠지만 피드백을 받는 과정은 취업을 했다고 끝나는 것이 아니라 프로그래머로 살아가면서 평생동안 해야 하는 활동이다.

지금까지 우리는 혼자 학습하는 것에 너무 익숙해져 있다. 혼자 학습하는 것은 많은 지식을 습득하는 것이 목적이라면 맞을 수 있다. 하지만 프로그래밍은 무엇을 많이 아느냐가 중요한 것이 아니라 무엇을 할 수 있느냐가 더 중요하다. 무엇을 아느냐에서 무엇을 할 수 있느냐로 공부의 방향을 바꾸는 순간 혼자 학습하는 것보다 누군가와의 공동 학습을 통해 피드백을 주고 받고 토론하는 것이 훨씬 더 의미있는 학습이 된다.

우리는 지금까지 효율성이라는 명목 하에 지식을 알려주는 것에 집중해 왔다. 지금이라도 지식보다는 경험에 집중해야 할 때이다. 경험에 집중하면 함께하는 사람의 소중함이 보일 것이며, 지식에 집중하는 것보다 조금은 덜 스트레스 받으면서 즐겁게 성장해나갈 수 있을 것이다.

지금까지 프로그래밍 공부를 시작해 프로그래머로 취업하는 과정을 슬기롭게 극복하는 과정에 대해 살펴봤다. 과정에서 가장 핵심이 되는 키워드를 그림으로 그려보면 다음과 같다.

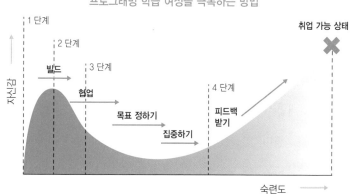

프로그래밍 학습 여정을 극복하는 방법

전문가로 성장하기 위한 의식적인 연습

취업에 성공했다[09]. 취업의 문턱을 넘기 위해 정말 힘든 시간을 잘 버티고 견뎌왔다. 지금 정도 수준이면 프로그래머로 살아갈 수 있겠다. 하지만 이런 마음을 가지는 순간 우리의 성장은 멈춘다. 취업에 성공하더라도 새로운 시작이지 끝이 아니다.

---

09 프로그래밍 공부의 목적이 취업만 있는 것이 아니다. 창업, 취미 등 다양한 목적이 있겠지만 이 책에서는 취업을 중심으로 글을 진행한다. 하지만 취업에만 해당하는 것이 아니라 창업, 취미 등 무엇인가를 배우고 성장하는 데 이 책이 제안하는 방식으로 접근할 수 있다.

이를 평생 닦는다고 이를 닦는 기술이 좋아지는가? 20대 이후부터 운전을 한다고 운전 기술이 나아지는가? 나는 평생 동안 같은 방법으로 이를 닦는다. 20년 이상 운전을 했지만 아직도 주차할 때 전진과 후진을 반복하는 경우가 다반사이다. 몸치인 아내가 에어로빅을 시작한 지 10년이 되었지만, 웨이브는 뻣뻣하고 다이어트도 성공하지 못했다. 체중이 늘지 않으면 다행이다.

우리는 최초 무엇인가를 배울 때 책, 인터넷, 교육 기관을 통해 전반적인 개념, 기술을 익히고 배운다. 일정 수준에 도달할 때까지 반복 연습을 한다. 연습을 반복하다 보면 의식하지 않아도 기계적으로 할 수 있는 수준에 도달한다. 만족해 하며 자신이 연습한 일을 즐기며 기계적으로 반복한다. 이렇게 5년, 10년을 반복해 경험을 쌓으면 자연스럽게 역량이 향상되리라 믿는다. 우리가 학습과 관련해 흔히 잘못 알고 있는 오해이다. 운전을 하고, 피아노를 연주하고, 테니스를 치는 것이 연습이라 생각하고 반복한다. 하지만 기계적으로 같은 연습을 반복한다고 해서 역량이 좋아지지 않는다.

자신이 새로운 무엇인가를 배울 때를 떠올려 보자. 시작하는 단계는 익숙하지 않기 때문에 상당히 의식적으로 노력해야 한다. 긴장감 때문에 몸이 굳어지거나 부자연스러운 경험을 한다. 하지만 반복 연습을 하다보면 의식하지 않아도 기계적으로 할 수 있는 단계가 된다. 이와 같이 몸이 굳어지고, 부자연스러운 상태를 벗어나기 위해 의식적으로 노력하는 순간이 진정한 배움과 학습이 일어나는 순간이다. 내가 현재 수준에 만족하고 더 이상의 의식적인 노력을 하지 않는다면 그 순간 성장이 멈추는 단계이다. 무작정 반복하고 경력을 쌓는다고 해서 성장하지 않는다. 20년 경력의 의사가 5년 경력의 의사보다 환자의 병을 잘 진단한다고 볼 수 없다. 경력을 쌓는 과정에서 의식적인 노력을 통해 다음 단계로 성장하기 위해 노력했느냐에 따라 달라지는 것이다.

프로그래머 또한 마찬가지다. 취업에 성공한 것에 만족하고, 프로그래밍을 통해 일정 수준의 제품을 만드는 것에 만족하는 순간 우리의 성장도 멈춘다. 취업은 뛰어난 프로그래머로 성장하기 위한 끝이 아니라 시작이다. 앞으로도 성장해야 할 단계가 많이 남아 있다. 하지만 프로그래머로서 취업에 성공했다면 일단 이 순간을 즐기자. 프로그래밍의 즐거움을 느껴보자. 앞으로 성장할 단계가 많이 남아 있으며, 이를 위해 지금까지와 같은 의식적인 노력이 필요하다는 것을 아는 것만으로도 충분하다.

다음 단계로 성장하기 위해 의식적으로 노력하는 것은 상당한 에너지를 필요로 한다. 따라서 자신이 계획한 목표에 도달했다면 지금까지 노력한 결과를 즐길 필요가 있다. 이 같은 즐거움이 있어야 프로그래밍이 즐겁고 더 뛰어난 프로그래머가 되기 위한 동기부여가 된다. 충분히 즐긴 후[10] 다음 단계에 도전할 에너지를 비축하는

---

10 현대 사회는 익힌 기술을 즐길 수 있는 시간을 충분히 주지 않는다. 시간이 지날수록 이런 경향은 강하다. 특히 소프트웨어 업계는 새로운 기술이 빨리 등장하다보니 그 기간이 더 짧다.

것이 다음 단계를 슬기롭게 극복할 수 있는 길이다.

이 장에서는 내가 프로그래머와 교육자로 살아오면서 느꼈던 경험들을 공유한다. 프로그래밍을 하면서 느꼈던 설렘과 행복한 순간, 성장하지 못하고 정체되는 느낌을 받는 순간, 이 순간을 극복하기 위해 노력했던 과정들을 공유함으로써 좋은 프로그래머로 성장하는 데 도움이 되었으면 한다.

의식적인 연습

볼링 게임 점수판 구현을 통한 깨달음

프로그래밍 경력이 10년 정도 되었을 때의 일인 것으로 기억한다. 반복되는 일상의 연속이었다. 습관적으로 오프라인 스터디에 참여하고, 관리자로 수많은 회의에 참석하며 지루한 나날들을 보내고 있었다. 시작은 역시나 오프라인 스터디였다. Test Driven Development(테스트 주도 개발, 이하 TDD), 객체지향 프로그래밍을 주제로 진행하는 스터디였는데 볼링 게임의 점수판을 구현하는 미션이 주어졌다. 스터디는 다음 시간까지 이 미션을 구현하고 각자의 코드를 리뷰하는 방식으로 진행했다.

시작은 이전의 미션 구현과 별반 다르지 않았다. 그런데 볼링 게임 점수판을 조금씩 구현해 나가면서 점점 더 빠져들었다. 그렇게 몇 일 동안 나의 모든 관심사는 볼링 게임 점수판을 구현하는 것에 집중되었다. 자전거로 출퇴근할 때였는데 자전거 페달을 밟으면서도 테스트를 어떻게 구현하고, 객체를 어떻게 설계할 것인가에 대해 끊임없이 고민했다.

이 순간은 아직까지도 고통스러운 순간이 아니라 즐겁고 행복했던 순간으로 기억한다. 누가 시키지도 않았는데 1차 버전을 구현하고 마음에 들지 않는 부분이 있어 모두 지우고 2차 버전을 구현했다. 스터디에서 코드 리뷰를 통해 피드백을 받으면서 영감을 받은 부분이 있어 다시 지우고 세번째 버전을 구현하면서 마무리했다. 나는 이 경험을 통해 TDD와 객체지향 설계 역량이 한 단계 더 성장했다고 생각한다.

지루한 일상 속에서 오랜만에 느낀 이 짜릿한 경험은 지금까지도 생생한 기억으로 남아있다. 이 경험을 하는 순간은 다른 어떤 순간보다 행복하고 즐거웠다. 이후에도 같은 경험을 하기 위해 부단히 노력했지만 자주 경험하기 힘들었다.

나는 이 같은 몰입 경험을 할 수 있었던 이유가 미션의 난이도가 흥미를 유발할 수 있는 수준이고, 내가 가진 역량으로 충분히 도전해볼 만한 수준이었기 때문이라 생각한다. 또한 이전에는 웹이라는 기술 위에서 화면, 데이터베이스 등과 의존적인 코드 때문에 TDD와 객체지향 설계 연습을 하기 힘들었는데 순수 자바 언어로만 프로그래밍 연습을 하다보니 신선함도 있었다. 효과적인 학습을 위한 모든 요소들의 궁합이 잘 맞아 몰입할 수 있는 경험을 할 수 있었다.

하지만 이 같은 짜릿한 경험을 어떻게 재현할 수 있을지, 어떻게 연습하는 것이 효과적인 연습인지 모르는 채로 시간이 흘러갔다.

의식적인 연습과의 만남

프로그래머로 살면서 "볼링 게임 점수판 구현"과 같은 경험을 몇번 했다. 나는 프로그래머로 일을 시작한 지 3개월 정도 지났을 때 프로그래밍 연습을 하기 위해 자바지기(http://www.javajigi.net) 커뮤니티를 만들어 온라인 강좌의 Q&A를 했다. 강의를 만들기 위해 라이브러리, 프레임워크를 직접 구현하거나 질문에 답변을 하기 위해 짧은 연습 코드를 구현하면서 몰입 경험을 종종 했다. 이 때는 프로그래머 경력이 짧아 프로그래밍 경험이 다양하지 않았기 때문인지 이런 설렘과 즐거운 경험이 종종 있었다. 또 한번의 경험은 책에 사용할 예제를 구현할 때이다. 나는 책의 예제들을 구현할 때 연속성을 가지고 발전시켜 나가는 것을 좋아하는데 연결 고리가 없던 부분의 연결 고리를 만들어 갈 때 비슷한 느낌을 받았다.

경력이 쌓이면서 이런 설렘과 흥분되는 순간을 경험할 때마다 좀더 성장한다는 것을 알게 되었다. 시간이 지나면서 이런 설렘과 흥분으로 시간가는 줄 모르는 상태에 빠지는 것이 몰입이라는 것을 알게 되었다. 이 사실을 알고 몰입 경험을 자주 만들기 위해 노력했지만 쉽지 않았다. 경력이 쌓일수록 몰입을 경험할 수 있는 기회는 줄어 들었다.

몰입 경험에 대한 갈증을 느끼던 중 만난 책이 말콤 글래드웰의 『아웃라이어』였다. 말콤 글래드웰은 우수한 학생(1만 시간), 약간 우수한 학생(약 7~8천 시간), 평범한 학생(약 3~4천 시간)으로 그룹을 나눠 비교한 결과 연습량에서 차이가 난다는 것이었다. 따라서 1만 시간 이상의 연습을 통해 전문가로 성장할 수 있다는 것이다. 이 책을 읽은 후 역시 연습밖에 없구나라는 생각으로 프로그래밍 경력이 쌓이면 전문가로 성장할 수 있겠다라는 결론을 내렸다. 하지만 몰입을 경험할 수 있는 기회는 점점 더 적어졌고, 더 이상 성장하고 있지 않다는 느낌을 받으며 평범한 프로그래머, 교육자로 살아가고 있었다.

『아웃라이어』를 읽은 지 8년이 지난 어느 날 비슷한 주제의『1만 시간의 재발견』이라는 책이 출간됐다. 큰 기대감 없이 읽기 시작했다. 이 책을 읽는 순간 지금까지 내가 가졌던 모든 궁금증이 해소되는 느낌이었다. 이 책은 1만 시간의 연습량에 집중하기보다 목적의식을 가지는 제대로 된 연습을 하는 것이 더 중요하다는 이야기를 하고 있다. 내가 몰입 상태에 빠지고, 한 단계 더 성장하는 순간을 떠올려 봤을 때 이 책의 많은 부분을 공감할 수 있었다.『1만 시간의 재발견』에서는 '목적의식 있는 연습'의 특징을 다음과 같이 제시하고 있다.

- '목적의식 있는 연습'은 명확하고 구체적인 목표를 가지고 있다.
- '목적의식 있는 연습'에는 집중이 필요하다.

- '목적의식 있는 연습'에는 피드백이 필요하다.
- '목적의식 있는 연습'은 자신의 컴포트 존에서 벗어날 것을 요구한다.

컴포트 존은 자신이 편안함을 느끼는 상태를 의미한다. 즉, 일정 수준의 연습을 통해 의식하지 않아도 기계적으로 할 수 있는 상태가 컴포트 존이라 할 수 있다. 우리가 헬스 클럽에서 벤치 프레스를 할 때 이전에 했던 횟수보다 한 개를 더 하는 시점에 진정한 운동 효과가 있다는 이야기가 있다. 이와 비슷한 맥락으로 자신의 익숙한 환경을 깨고 벗어나려는 노력 속에서 진정한 성장을 맛볼 수 있는 것이다.

『1만 시간의 재발견』은 '목적의식 있는 연습'과 '의식적인 연습'을 구분한다. 이 둘의 가장 큰 차이점은 심적 표상이라고 한다. 심적 표상은 사물, 관념, 정보, 이외에 구체적이든 추상적이든 뇌가 생각하고 있는 대상에 상응하는 심적 구조물이다. '의식적인 연습'의 핵심 목적은 심적 표상을 개발하는 것이며, 심적 표상은 다시 '의식적인 연습'에서 핵심 역할을 한다.

어렵다. 무슨 말인지 모르겠다. 나 또한 처음 읽었을 때 같은 느낌이었으며, 이 책을 쓰고 있는 지금도 100% 모두 이해했다고 장담할 수 없다. 하지만 나는 이 책에서 힌트를 얻어 '의식적인 연습'은 아니더라도 '목적의식 있는 연습' 방법이라도 개발하기 위해 노력했고 지금도 진행중이다. '목적의식 있는 연습'의 특징에 어느 정도 부합하는지 모르겠지만 이 같은 구체적인 특징을 가지고 교육 과정을 설계하다보니 이전과는 다른 형식의 교육을 설계해 진행하는 것이 가능했다.

소프트웨어 업계의 역사는 짧다. 효과적인 연습 방법의 사례가 많지 않다. 따라서 앞에서 다룬 '목적의식 있는 연습'의 특징을 기반으로 자신만의 연습 방법을 개발하고 공유해 보면 좋겠다. 다음 절에서는 내가 TDD, 리팩토링, 객체지향 프로그래밍을 연습하기 위해 제안하는 연습 방법을 공유해 본다.

의식적인 연습 실계 사례

강의를 하다 보면 프로그래머들에게 듣는 질문 중의 하나는 "테스트 주도 개발Test Driven Development(이하 TDD), 리팩토링Refactoring, 객체지향 프로그래밍Object Oriented Programming(이하 OOP)[11]을 연습하기 좋은 방법은 무엇인가요?"라는 질문을 종종 듣는다.

이 질문에 대해 목적의식 있는 연습을 적용해 연습하는 방법에 대해 공유한다. 이 방법은 내가 프로그래밍 교육 과정에서 TDD, 리팩토링, OOP를 교육할 때 사용하는 방법이다.

---

11 TDD, 리팩토링, OOP라는 용어가 무엇인지 몰라도 괜찮다. 이 용어가 무엇인지를 이해하는 데 시간을 투자하기보다 의식적인 연습을 하기 위해 어떻게 설계하고 접근했는지에 초점을 맞추고 읽기를 추천한다.

상당 수의 프로그래머는 프로그래밍을 시작할 때 프로그래밍 언어에 대한 깊이보다는 웹과 모바일과 같은 응용 프로그래밍에서 시작한다. 시작 단계가 응용 프로그래밍인 것은 괜찮다. 하지만 다음 단계의 역량을 키우기 위해 TDD, 리팩토링, OOP를 학습하는 단계에서 어려움을 겪는다. 어려움을 겪는 가장 큰 이유는 웹, 모바일과 같은 응용 프로그램에서 TDD, 리팩토링, OOP를 연습하기 어렵기 때문이다. 응용 프로그래밍 자체를 구현하는 것도 익숙하지 않은 상태에서 난이도가 있는 또 다른 연습을 병행하는 것은 쉽지 않은 도전이다. 따라서 내가 추천하는 방법은 응용 프로그램에서 시작하는 것이 아니라 순수하게 프로그래밍 언어만으로 프로그램을 구현하는 연습을 하는 것이다. 즉, 프로그램의 난이도를 낮춰 TDD, 리팩토링, OOP를 연습하는 것에 집중하도록 하는 것이다.

효과적인 프로그래밍 연습을 위해 첫번째로 고려할 부분은 자신의 수준에 맞는 난이도의 프로그래밍 요구사항으로 연습하는 것이다.

연습하기 좋은 프로그램은?

나는 TDD, 리팩토링, OOP를 연습하기 좋은 프로그램의 세 가지 조건이 있다고 생각한다.

첫째, 게임과 같이 요구사항이 명확한 프로그램이 적합하다. 요구사항이 명확하지 않은 프로그램을 구현하다보면 TDD, 리팩토링, OOP를 연습하기보다 명확하지 않은 요구사항을 파악하는 데 시간을 허비하는 경우가 발생한다.

둘째, 의존관계(모바일 UI[12], 웹 UI, 데이터베이스, 외부 API와 같은 의존관계)가 없는 프로그램으로 연습할 것을 추천한다. UI나 데이터베이스와 의존관계를 가지는 코드는 테스트하기 어렵다. 시작은 의존관계가 없는 순수 프로그래밍 언어만을 활용해 연습하는 것이 좋다.

셋째, 약간은 복잡한 로직이 있는 프로그램이어야 한다. 로직이 단순한 프로그램이 적합할 수도 있지만 너무 단순하면 TDD와 OOP의 참맛을 느끼기 어렵다. 약간의 로직은 포함하고 있어야 TDD를 통해 테스트할 코드가 있고, 지속적인 리팩토링 연습이 가능하며, 객체를 추출해 역할과 책임을 분담하고 협력하는 프로그램을 구현하는 경험을 할 수 있다. 만약 요구사항이 너무 복잡하다면 요구사항을 단계별로 나누어 구현하는 것도 좋은 방법이다.

이 같은 기준으로 봤을 때 TDD, 리팩토링, OOP 연습을 시작하기 좋은 몇 가지 예를 들어보자.

- 로또(단, UI는 콘솔)

- 사다리 타기(단, UI는 콘솔)

- 볼링 게임 점수판(단, UI는 콘솔)

- 체스 게임(단, UI는 콘솔)

- 지뢰 찾기 게임(단, UI는 콘솔)

---

12 UI는 User Interface의 약자로 소프트웨어 업계에서 자주 사용하는 용어로 일반 사용자가 보는 프로그램의 화면이라 생각하면 된다.

위 예를 보면 약간의 로직을 포함하면서 요구사항이 명확한 프로그램임을 알 수 있다. 특히 게임의 경우 규칙이 명확하다는 장점이 있다. 모바일, 웹 프로그래머 역량을 쌓는다 할지라도 위와 같은 게임에서 시작하는 것도 좋은 방법이다. 시작은 콘솔 UI에서 시작해 핵심 로직 구현을 완료한 후 UI를 모바일, 웹 UI로 변경해 보거나, 데이터베이스에 데이터를 저장해 보는 접근 방식도 좋은 연습 방법이다.

위와 같은 프로그램을 통해 기본적인 TDD, 리팩토링, OOP 연습을 했다면 다음은 한 단계 난이도를 높여 웹 서버를 직접 구현해 보거나 프로그래밍에서 사용할 프레임워크와 라이브러리와 같은 도구를 구현해 보는 것도 좋은 경험이다.

어떻게 연습할 것인가?

연습하기 좋은 프로그램을 선택했다면 다음으로 고민할 내용은 어떻게 연습할 것인가이다. 연습 방법을 개인과 그룹으로 나눠 살펴보자.

혼자 연습하는 가장 좋은 방법은 같은 요구사항을 구현하면서 제약사항을 하나씩 추가해 나가는 것이다. 달리기 연습을 할 때 모래 주머니를 차고 연습을 함으로써 연습의 난이도를 높이는 것과 같이 프로그래밍에 의식적인 연습을 하기 위한 제약사항을 추가하는 것이다.

예를 들어 객체지향 프로그래밍 연습을 하기 위해 너무 추상적인 제약사항보다 『소트웍스 앤솔러지』 책에서 다루고 있는 객체지향 생활 체조 9가지 원칙과 같이 구체적이고, 정량적으로 측정할 수 있는 제약사항으로 연습할 수 있다. 9가지 원칙을 살펴보면 다음과 같다.

1단계 연습은 메소드(함수)를 분리하는 연습이다. 메소드를 분리하는 연습을 할 때 사용하기 적합한 원칙은 다음과 같다.

- 규칙 1: 한 메소드에 오직 한 단계의 들여쓰기(indent)만 한다.
- 규칙 2: else 예약어를 쓰지 않는다.

9가지 원칙에 포함되어 있지는 않지만 "한 메소드의 라인 수를 10라인을 넘지 않는다"와 같은 원칙을 추가하는 것도 좋다. 라인 수는 프로그래밍 언어, 자신의 도전 단계에 따라 조정해 나갈 수 있다. 동시에 두세 가지 원칙을 지키면서 연습하는 것이 힘들다면 한 가지 원칙을 지키면서 연습하면 된다.

메소드 분리에 대한 자신감이 생겼다면 다음 단계는 객체를 분리하는 연습이다. 객체를 분리하는 연습을 할 때 적합한 원칙은 다음과 같다.

- 규칙 3: 모든 원시값과 문자열을 포장한다.
- 규칙 6: 모든 엔티티를 작게 유지한다.

- 규칙 7: 3개 이상의 인스턴스 변수를 가진 클래스를 만들지 않는다.
- 규칙 8: 일급 콜렉션을 쓴다.

마지막 단계로 객체지향의 참맛을 느끼고 깔끔한 코드clean code 를 구현하기 위한 원칙을 연습하는 것에 도전한다.

- 규칙 4: 한 줄에 점을 하나만 찍는다.
- 규칙 5: 줄여쓰지 않는다(축약 금지).
- 규칙 9: 게터/세터/프로퍼티를 쓰지 않는다.

이 9가지 원칙을 지키면서 프로그램을 구현하기 쉽지 않다. 하지만 이 원칙을 지키기 위한 연습을 하다보면 어느 순간 OOP라는 것이 이런 것이구나라는 대략적인 감을 잡을 수 있다. 이 원칙을 지키는 프로그램을 구현해보면 지속적인 리팩토링을 통해 구조를 변경해 나가야 한다. 지속적인 리팩토링을 위한 선수 조건은 자동화한 단위 테스트이다. 따라서 이 원칙을 지키기 위한 노력은 자연스럽게 TDD, 리팩토링, OOP를 연습할 수 있다.

내가 이 9가지 원칙으로 연습할 것을 추천하는 이유는 객체지향 설계를 다루고 있는 대부분의 책이 추상적인 이론을 다루고 있기 때문에 초보 프로그래머는 몇번 도전 후에 포기하는 경우를 자주 본다. 특히 어려운 점은 소스코드에서 리팩토링할 부분을 찾는 것이다. 어떻게 리팩토링할 것인지는 그 다음 이슈이다. 개선할 부분을 찾지도 못하는 프로그래머들에게 아무리 객체지향 설계와 구현 관련한 이론을 제시해도 무용지물이다.

객체지향 생활 체조 원칙은 추상적인 가이드가 아니라 구체적인 가이드를 제시하고 있다. 따라서 초보 프로그래머도 코드 중에서 리팩토링할 부분(Bad Smell이 있는 부분)이 있는 코드를 쉽게 찾을 수 있으며, 도전해 볼 수 있다. 예를 들어 "규칙 1: 한 메소드에 오직 한 단계의 들여쓰기indent만 한다"는 원칙은 구체적이다. 코드 중 들여쓰기가 2 이상인 코드가 있다면 그 부분을 어떻게 리팩토링할 것인지 고민하면 된다.

좋은 원칙도 알았지만 혼자 연습하면서 기존에 자신의 프로그래밍 습관을 버리기는 쉽지 않다. 따라서 혼자 연습하는 것보다 그룹으로 연습할 경우 더 빠르게 성장할 수 있다. 혼자 연습하기보다 스터디 그룹을 만들어 같이 연습할 것을 적극 추천한다.

먼저 서로 코드 리뷰해 줄 스터디 그룹(두세 명이어도 충분)을 만든다. 앞에서 추천하는 프로그램 중의 하나를 각자 구현하고, 상호 코드 리뷰한다. 다른 사람의 코드에서 힌트를 얻거나, 피드백 받은 내용으로 리팩토링한다. 상호 코드 리뷰와 리팩토링 과정을 반복하면서 코드를 개선해 나간다. 몇 개월이 지난 후 같은 프로그램을 다시 한번 구현한다. 계속해서 다른 프로그램을 구현하는 경험보다 같은 프로그램에 제약사항을 주면서 연습할 것을 추천한다.

TDD, 리팩토링, OOP 연습은 좋은 글쓰기 연습과 같다. 좋은 글을 쓰려면 좋은 글을 많이 읽고, 많이 쓰고, 많이 퇴고하는 방법뿐이다. 특히 이 단계에서 중요한 연습은 퇴고하는 과정이다. 좋은 코드를 구현하기 위한 방법 또한 같다. 만족스러운 코드를 구현하는 순간까지 지속적인 리팩토링 과정을 거쳐야 한다. 즉, 의식적인 연습을 통해 기존과는 다른 구조로 설계하고, 개선하는 경험을 할 때 한 단계씩 성장해 나갈 수 있다.

우리는 지금까지 완벽한 설계를 통해 모든 변화에 대응할 수 있는 프로그램을 구현하기 위해 노력해 왔다. 하지만 프로그램은 생물과 같아서 모든 변화를 개발 단계에서 완벽하게 대응할 수 없다. 따라서 "요구사항은 변화할 수밖에 없다"는 가정하에 변화가 발생했을 때 빠르게 대응하는 연습에 집중해야 한다. 변화에 빠르게 대응하는 가장 좋은 연습은 TDD와 리팩토링이라 생각한다. 지금 바로 작은 테스트케이스 하나를 추가해 보자.

지속적인 성장을 위한 의식적인 연습

다음 단계로 성장하기 위해 의식적인 연습이 필요한 것은 알겠다. 그런데 어디서 어떻게 시작할 것인가? 의식적인 연습의 중요성을 깨닫고 기존과는 다른 방식으로 연습하겠다는 마음을 먹지만 대부분의 경우 실패한다. 어디서 어떻게 시작할 것인지를 잘 모르기 때문이다. 한 단계 더 성장하고 싶지만 다음 단계에 대한 로드맵도 없고, 로드맵이 있다고 하더라도 어떤 연습을 통해 다음 단계로 성장할 것인지를 모르기 때문에 막막함이 앞선다. 이런 막막함을 혼자 힘으로 극복하는 것은 상당히 힘들다. 멘탈이 강한 사람은 가능할지도 모르겠다. 하지만 대부분의 사람은 실패한다.

의식적인 연습을 위한 가장 좋은 방법은 멘토를 통해 코칭과 피드백을 받는 것이다. 하지만 좋은 멘토를 찾는 것이 쉽지 않고, 좋은 멘토를 찾았다고 하더라도 멘토의 코칭을 받기 쉽지 않거나 비용이 발생해 부담이 될 수 있다.

효과는 다소 떨어질 수 있지만 이 같은 단점을 보완할 수 있는 활동이 커뮤니티 활동이다. 최근 온라인 커뮤니티 활동도 많지만 그보다는 오프라인 커뮤니티 활동을 추천하고 싶다. 커뮤니티 활동을 통해 다른 프로그래머가 어떤 과정으로 어떻게 성장하는지를 자신과 비교하면서 의식적인 연습 방법을 찾는 데 도움을 얻을 수 있다.

멘토(선생)를 통한 의식적인 연습

의식적인 연습을 알게된 후 지금까지 너무 막연해 해결하지 못했던 문제를 해결한 것 같은 느낌이 들었다. 나는 새로운 연습 방법을 알았다는 느낌 때문에 흥분되는 마음을 주체할 수 없었다. 그런데 이런 흥분됨은 얼마 가지 않았다. 책을 통해 방법은 알겠는데 연습 방법을 어디서부터, 어떻게 설계해야 할지 도무지 감을 잡을 수 없었다. 나는 프로그래밍 경험이 10년 이상이었고, 학생을 가르친 경험이 몇년 되었음에도 불구하고 막막했는데 초보 프로그래머의 경우 이런 막막함은 더 크다. 특히 초보 프로그래머가 더 힘든 점은 다음 단계로 학습해야 할 연습이 무엇인지를 모르는 경우가 대부분이기 때문에 혼자 힘으로 의식적인 연습을 설계하고 실행하는 것은 쉽지 않다.

초보 프로그래머가 의식적인 연습을 하기 가장 좋은 방법은 멘토를 찾는 것이다. 이미 자신만의 연습 방법을 가지고 있는 멘토라거나 피드백을 받을 수 있는 멘토라면 더 없이 좋다. 하지만 이런 멘토를 찾기란 쉽지 않다. 그렇다면 좋은 멘토를 어떻게 찾을까? 『1만 시간의 재발견』에서는 좋은 멘토를 찾는 과정에도 시행착오를 겪을 가능성이 높지만, 성공 확률을 높일 방법을 다음과 같이 제시하고 있다.

반드시 세계 최고 수준일 필요는 없지만 적어도 해당 분야에 숙달한 사람이어야 한다.

… 중간 생략 …

좋은 교사란 해당 분야를 가르치는 일에 어느 정도 기술과 경험이 있어야 한다. 특정 분야에서 숙달된 실력자라도 가르치는 법을 전혀 모르기 때문에 교사로서는 빵점인 경우가 적지 않다. 자신이 잘한다고 해서 항상 다른 사람에게 잘하는 법을 가르칠 수 있는 것은 아니다. 교사에게 가르친 경험을 묻고, 가능하다면 과거나 현재의 제자들을 찾아 이야기도 나눠보라. 제자들이 얼마나 잘하는가? 교사가 그들의 기술 향상에 얼마나 기여를 했는가? 제자들이 교사를 높이 평가하는가? 이야기를 나누기에 가장 좋은 제자는 지금 여러분과 같은 수준일 때 그 교사와 훈련을 시작한 사람이다.

… 중간 생략 …

괜찮아 보이는 후보가 있을 경우 연습 시간에 대해서 질문하는 것이 특히 중요하다. … 중간 생략 … 가능한 많은 부분을 이끌어주는 교사가 좋다. 무엇을 연습할지를 말해주는 것뿐만 아니라. 구체적으로 어떤 부분에 주의를 기울일지, 어떤 실수를 하고 있는지, 잘해냈을 때 그것을 어떻게 알아볼지 등을 두루 말해주는 그런 교사가 좋다.

대한민국의 경우 컨퍼런스를 통해 상당한 역량이 있는 것으로 보이지만 실무적인 역량이 부족하거나, 프로그래밍 역량은 뛰어난데 가르치는 역량은 꽝인 전문가가 많다. 특히 무늬만 전문가인 사람이 많기 때문에 좋은 멘토를 찾기 위한 노력이 필요하다. 좋은 멘토를 찾기 위한 시도 또한 시행착오가 필요하다. 무작정 다른 사람의 말을 믿기보다 자신의 기준을 세우고 자신의 성향과 맞는 멘토를 찾기 위해 시간을 투자해야 한다.

2001년부터 온라인 커뮤니티와 오프라인 강의를 통해 수많은 프로그래머와 소통했지만 나 또한 아직까지 좋은 멘토의 역할을 하고 있는지 의심이 들 때가 많다. 내가 조언하는 한마디가 상대방에게 상당한 영향력을 미칠 수 있는데 조심스러울 때가 많다. 좋은 멘토로서의 역할이 무엇인지에 대해 아직도 고민중인 상태이다. 나 또한 교사로서 역량을 키우기 위해, 의식적인 연습 방법을 찾기 위해 노력하고 있지만 쉽지 않다. 하지만 항상 성장 가능성을 열어 놓고 있다. 내가 프로그래밍 역량을 키우는 과정에서 좋은 멘토를 통해 성장하지는 못했지만 함께 성장할 수 있었던 커뮤니티 친구들이 있었기 때문이다. 좋은 멘토를 찾는 일이 쉽지 않고, 경제적인 부담 때문에 망설여진다면 좋은 커뮤니티를 통해 같이 성장해 나갈 수 있다.

온/오프라인 커뮤니티와 스터디를 통한 의식적인 연습

내가 의식적인 연습을 위해 커뮤니티를 추천하는 이유는 혼자 힘으로 자신이 가지고 있는 사고의 틀을 깨는 것이 정말 힘들기 때문이다. 다른 사람과의 논쟁을 통해 내 사고의 틀을 깨트린 경험이 많기 때문이다. 다른 사람의 피드백을 받을 수 있는 공간이기 때문이다. 다양한 사람들과 만나 소통할 수 있는 공간이 커뮤니티다.

나의 삶 전체를 통틀어 많은 영향을 미친 활동을 꼽으라면 커뮤니티 활동이라고 말할 수 있다. 커뮤니티 활동도 다양한 형태가 있을텐데 그 중에서 선택하라면 스터디 활동이다.

처음 스터디를 기획하고 만들 때는 온라인 커뮤니티 활동이 너무 지겨워 오프라인 스터디를 통해 프로그래머들을 만나보고 싶다는 기대가 가장 컸다. 하지만 내가 오프라인으로 새로운 사람들을 만나는 것에 거부감이 있었기 때문에 쉽게 시도하지 못하다가 우연치 않은 기회에 시작하게 되었다. 정말 가볍게 시작한 커뮤니티 활동이 내 삶 전반에 걸쳐 정말 많은 영향을 미쳤으며, 앞으로 미칠 것으로 생각한다.

내가 커뮤니티를 운영하고 스터디를 하는 이유는 지식 습득이 아니다. 가장 큰 이유는 다양한 경력과 연령대의 사람들이 만나 다양한 관점을 가지고 토론할 수 있기 때문이다. 2주에 한번 만나 2시간씩 스터디를 한다고 해서 지적 호기심을 채우기는 힘들다. 개인적으로 지적 호기심이 있다면 그 부분은 혼자 공부해도 된다. 하지만 혼자 공부할 경우 자신이 지금까지 살아오면서 쌓아온 경험 안에 갇힌 상태에서 지식을 바라보고, 지식을 체계화하고, 연습하는 경우가 대부분이다. 내가 바라 보는, 생각하는 관점이 맞는지 끊임없이 확인하고 싶지만 혼자의 힘으로는 힘들다.

이런 이유 때문에 스터디를 구성할 때 남녀비율, 나이, 경력, 직군에 따라 분류해서 스터디원을 구성한다. 경력이 낮은 친구들의 경우 스터디를 소화하지 못해 힘들어 하는 경우가 있지만 지금까지 경력자들이 당연하다고 생각하는 것들을 깨는 경우가 종종 있다. 내가 스터디에서 친목을 중요하게 생각하는 이유 또한 활발한 토론이 일어날 수 있도록 하기 위함이다. 서로 간에 신뢰를 바탕으로한 토론이 일어날 때 새로운 관점에서 새로운 시각으로 세상을 바라볼 수 있다. 이 순간이 사고의 틀을 깨면서 한 단계 성장할 수 있는 계기를 만드는 순간이다.

두번째는 사람이다. 프로그래머들은 참 순수하다는 느낌을 많이 받는다. 오프라인 스터디까지 나올 정도면 프로그래밍을 좋아하는 친구들이 대부분이다. 프로그래밍을 좋아하는 사람들은 정말 순수하고 깨끗하다는 느낌을 받는다. 이런 사람들과의 만남이 즐겁다. 회사에서는 할 수 없는 이야기들을 스터디 속에서 마음껏 할 수 있는 시간이 즐겁다. 관심사가 같은 사람들이 모여 하나의 현상을 가지고 다양한 시각으로 토론하는 그 시간이 너무 즐겁기 때문이다. 스터디가 끝난 후 뒷풀이에서 하는 프로그래밍 관련 수다가 즐겁기 때문이다.

사회에 나와 진정한 친구를 만들 수 없다고 이야기한다. 하지만 아무런 이해관계가 없이 만난 스터디원을 통해 진정한 벗이 될 수 있고, 가끔은 힘든 프로그래머의 길이지만 이 친구들이 있기 때문에 힘이 되는 경우가 많다. 스터디를 통해 얻을 수 있는 가장 큰 것은 사람을 배우는 것이다. 목적의식 없이 순수함으로 만나는 사람들과의 대화 속에서 한 단계 성장하는 기회가 많았다.

내가 스터디를 참여하는 또 다른 이유는 내가 도전하고 싶은 일들을 마음껏 도전하고 시도해 볼 수 있는 곳이기 때문이다. 내가 리더십 능력이 부족해서 리더십 능력을 키워보고 싶다면 스터디에서 도전해 볼 수 있다. 스터디를 리딩하면서 발생하는 다양한 이슈를 해결해 볼 수 있다. 자발적으로 하겠다는 사람을 아무도 말리지 않는다. 내가 많은 사람 앞에서 발표하는 것이 부담스럽다면 소규모인 스터디 내에서 발표 연습을 할 수 있다. 나는 스터디 속에서 내가 꿈꾸고, 생각하는 다양한 것들을 시도하고 실패하고, 성공하면서 여기까지 왔다. 스터디 내에서의 도전은 반드시 완벽하지 않아도 된다. 약간 부족하더라도 새로운 도전을 기꺼이 받아들이고, 성장할 수 있는 기회를 주는 곳이 스터디다. 나는 이런 도전을 할 수 있는 스터디가 좋아서 커뮤니티를 한다.

어쩌면 스터디를 통해 나의 지적인 능력을 키우는 것은 우선순위에서 거의 마지막에 있을지도 모르겠다. 그렇기 때문에 내가 이미 알고 있는 내용으로 스터디를 하더라도 나는 스터디를 리딩하고 참여한다. 스터디를 통해 배울 수 있는 지식은 극히 일부분밖에 되지 않을 것이다.

커뮤니티에 참여하고 싶다. 자신의 관심사와 일치하는 커뮤니티가 있다면 참여하면 된다. 그런데 자신의 관심사, 성향과 맞는 커뮤니티가 많지 않다는 것이 문제이다. 자신이 찾는 커뮤니티가 없다면 내가 직접 만들고 운영해 보자. 생각하는 것만큼 어렵지 않다. 힘든 순간도 있지만 노력에 비해 얻는 것이 훨씬 더 많기 때문에 적극 추천하고 싶다. "목마른 사람이 우물 판다"는 속담이 있듯이 성장하고 싶은 간절함이 있다면 누군가 만든 커뮤니티를 찾고 기다리는 데 시간을 투자하기 보다 내가 직접 만들어 보자.

커뮤니티를 직접 만들고 운영할 계획이라면 시작부터 너무 거창한 목표를 세우지 않아도 된다. 오히려 빈틈이 있을 경우 다른 구성원이 빈틈을 채워가면서 커뮤니티에 대한 주인의식을 가지게 된다. 일단 용기를 내어 시작하는 것이 중요하다. 부족한 부분은 커뮤니티를 운영하면서 지속적으로 개선하면 된다.

SLiPP[13] 스터디를 운영한 지가 벌써 5년을 지나 6년이 되어 간다. 오랜 시간 스터디를 운영하면서 시작 단계에는 발생하지 않았던 문제들도 생기고 이 문제를 해결하기 위한 원칙들도 하나씩 만들어진 상태이다. 이렇게 개선을 거듭하다보니 지금은 일정한 리듬으로 스터디를 운영하고 있다. 모든 일이 그렇듯이 부족한 부분을 조금씩 개선해 나가는 재미가 있다. 이렇게 개선하다보니 SLiPP 스터디는 다음과 같은 리듬으로 운영할 수 있는 수준이 되었다.

- 스터디는 상반기, 하반기로 나누어 진행한다. 각 반기의 기수는 2, 3개의 주제로 진행한다.
- 다음 스터디에 참여하고 싶은 사람은 자신이 하고 싶은 주제를 반드시 하나 이상 제출해야 한다. 만약 제출하지 않으면 스터디 참여 기회를 박탈한다.

---

13 자바지기 커뮤니티를 만들어 운영하다 자바지기라는 이름이 너무 자바라는 프로그래밍 언어에 갇힌 느낌이 들어 "지속가능한 삶, 프로그래밍, 프로그래머(Sustainable Life, Programming, Programmer)"를 줄여 SLiPP이라는 이름의 커뮤니티를 2012년에 만들었다.

- 각자가 제출한 스터디 주제에 모든 사람들이 투표해 4, 5개의 후보를 선정한다.
- 선정된 4, 5개의 주제 중 최종 주제를 선정하기 위해 오프라인 미팅을 가진다. 주제를 제안한 사람이 자신의 주제에 대해 발표하고 다시 최종 투표를 통해 2, 3개의 주제를 선정한다. 각 주제의 리더는 주제를 제안한 사람이 한다.
- 주제를 선정한 후 스터디원에 결원이 생기면 스터디원을 모집한다.
- 스터디원을 모집할 때는 나이, 성별, 경력, 지원 동기 등을 받아 기존 스터디원 전체가 투표에 참여해 스터디원을 선발한다.

위와 같은 준비 작업을 마친 후 매년 1월초와 7월초에 스터디를 시작한다. 본격적으로 스터디를 시작한 이후의 과정은 다음과 같다.

- 첫번째 모임은 스터디에 대한 오리엔테이션, 뒷풀이 모임을 가진다.
- 1차~4차 스터디는 각 주제별로 진행한다.
- 5차 스터디는 각 주제별 스터디원간의 친목을 다지기 위해 중간 세미나와 뒷풀이를 진행한다.
- 6차~9차 스터디는 각 주제별로 진행한다.
- 스터디를 마무리하고 전체 MT를 1박 2일로 다녀온다.
- 다시 주제 선정부터 신입 스터디원 모집을 시작한다.

위와 같은 과정으로 6개월의 과정을 마무리한다. 처음부터 위와 같은 과정으로 설계한 것은 아니다. 스터디를 지속하기 위해 다양한 시도를 하다보니 위와 같이 발전했다. 스터디를 지속적으로 운영하기 위해 가장 중요하게 생각하는 점은 민주주의 절차와 투명한 운영이다.[14]

지식이 목적이 아닌 사람 사이의 친목과 지속성을 중심에 두고 스터디를 운영하다보니 고려할 측면이 많다. 스터디 구성원 한 사람 한 사람의 의견이 소중하다보니 무시할 수 없다. 어차피 프로그래밍에도 정답이 없다. 우리가 찾아야하는 것은 해당 시점에 최선의 방법을 찾아 적용하는 것이다. 스터디 진행도 똑같다. 스터디 운영의 목적이 지식이 아닌 다양한 시각, 사람과 같은 측면에 있다면 해당 시점에 최선의 방법을 찾을 수밖에 없다. 앞으로도 최선의 방법을 찾는 시도는 계속할 수밖에 없을 듯하다. 인생사가 정답이 없는 길이기에….

외부 강의를 할 때마다 항상 이야기한다. 커뮤니티의 문은 항상 열려 있다. 두려움을 버리고 커뮤니티로 놀러가자. 커뮤니티 활동을 하는 사람들, 특히 프로그래머들은 순수하고, 새로운 사람들을 항상 기다리고 있다. 혼자만의 힘으로 의식적인 연습과 지속성을 발휘하

---

14 지금까지 스터디를 운영하면서 정한 원칙은 https://www.slipp.net/wiki/pages/viewpage.
action?pageId=26643182 에서 참고할 수 있다.

기 힘들다면 커뮤니티 문을 두드려보자. 역량을 키우는 즐거움도 있지만 그보다 사람과 소통하는 것이 얼마나 즐거운 경험인지를 느낄 수 있을 것이다.

행복한 프로그래머

내가 "행복한 프로그래머"에 대해 이야기할 정도의 내공이 있을까? 아니다. 하지만 이런 거창한 제목으로 글을 마무리하는 이유는 프로그래머라는 직업을 가지고 살아오면서 많은 시간을 고민했던 내용이고, 지금도 고민하고 있는 내용이기 때문이다. 내가 "프로그래머로서 행복하려면 어떠해야 한다"는 해결책을 제시하려는 것은 아니다. 프로그래밍이라는 일을 통해 즐거움과 행복을 느끼려면 어떻게 살아야할 것인가에 대해 같이 고민하는 기회가 되었으면 하는 바람으로 글을 쓴다.

일(노동)을 바라보는 관점의 변화

여러분은 일(노동)에 대해 어떻게 생각하는가? 우리는 일을 해야 하나? 일을 하면서 행복한 삶을 살 수 있는가?

나는 프로그래밍이라는 노동 자체에서 즐거움을 느끼고, 행복을 느끼려면 먼저 우리가 일(노동)에 대해 가지는 부정적인 생각을 바꿔야 한다고 생각한다. 2012년 회사를 퇴사하면서 나눈 송재경 대표와의 에피소드를 공유하면서 쓴 블로그 글을 통해 일에 대한 우리의 선입견에 대해 되돌아 보고자 한다.

퇴사하기 이틀 전 마지막 환송 회식을 했다. 마지막 환송 회식이라 사장님, 부사장님까지 참석하셔서 즐거운 시간을 보냈다. 사장님이 바람의 나라와 리니지 개발을 주도한, 게임 업계에서는 유명한 송재경님이다. 오랜만에 같이하는 술자리라 처음에는 어색했는데 프로그래밍 이야기 나오면서 자연스럽게 이야기를 풀어 나갈 수 있었다. 프로그래밍 관련해 이런 저런 이야기를 나누다가 사장님이 바람의 나라를 Objective C로 구현했다는 이야기를 하면서 이야기는 점점 더 재미있게 진행되었다. 믿을 수 있겠는가? 90년대에 벌써 Objective C를 활용해 게임을 개발했단다. 그것도 멀티 쓰레드 환경을 지원하는 게임 서버를 말이다. 그렇게 프로그래밍 이야기를 전개하다가 최근 프로그래밍 상황에 대한 이야기로 자연스럽게 흘러 갔다.

송재경 대표는 아키에이지 게임에서 일부 기능을 직접 구현하셨단다. 클라이언트에서부터 데이터베이스 프로시져까지 전체를 개발했다는 이야기를 하면서 요즘의 전문화하고 있는 게임 분야의 상황에 대한 아쉬움을 토로했다. 프로그래머가 진정 즐거움을 느끼고, 재미를 느끼려면 특정 기능에 대한 전체를 개발할 때 즐거움이 최고조에 달한다는 이야기였다. 그런데 최근에는 점점 더 전문화하여 프로그래머가 기계의 부속품 같은 존재로 전락해 버려 이전과 같은 재미를 느끼지 못하는 것이 아쉽다고 했다. 과거 테일러로부터 시작된 분업화와 전문화가 이 같은 상황을 만들었다고 이야기하였다. 대부분의 CEO라면 효율성을 강조하면서 지금보다 더 전문화하고 분업화해야 한다고 강조했겠지만 역시 송재경 대표의 생각은 달랐다. 내가 2년 이상을 같이 했지만 이런 모습에서 존경심을 가지지 않을 수 없었다. 물론 프로그래밍을 너무 좋아하고 게임을 너무 좋아해서 아쉬운 경험도 있지만 프로그래머의 입장으로 바라봤을 때는 존경하지 않을 수 없다.

맞다. 지금 우리는 효율성이라는 명목하에 점점 더 세분화하고 전문화할 것을 요구받고 있다. 인간의 존엄성과 재미는 점점 더 사라지고 효율성만을 강조하는 시대에 살고 있다. 점점 더 발전해 가고 있는 현재에 우리 프로그래머들은 행복해 하고 있을까? 앞의 송재경 대표가 이야기한 것처럼 커다란 기계의 한 부속품으로 전락하고 있는 것은 아닌가? 이와 관련한 내용은 소프트웨어 업계뿐만 아니라 이미 많은 곳에서 이야기한 주제이다. 또한 자본주의 하에서 대규모화하고 있는 수많은 곳에서 논의되고 있는 주제이기도 하다.

나 또한 현재와 같은 전문화와 분업화에 대해 많은 의문을 가지고 있는 것은 사실이었지만 이에 대한 해결 방법을 찾지 못하고 있었다.

E.F.슈마허가 쓴 『내가 믿는 세상』이라는 책을 읽다가 분업화와 관련한 내용이 있어 공유해보려 한다. 책의 전,후 맥락 때문에 이해가 될지는 모르겠지만 책의 일부를 공유한다.

오늘날 현재 경제학자들은 노동이나 일을 필요악 이상으로는 생각하지 않는 풍토에서 성장했다. 고용주의 관점에서 볼 때 노동은 아무래도 비용의 한 항목에 불과하며, 자동화에 의해 완전히 제거되지는 못하더라도 최소한으로 축소되어야 할 것이라 간주된다. 노동자의 관점에서 볼 때, 노동은 비효용이다. 일하는 것은 자신의 여가와 안식을 희생하는 것이다. 그리고 임금은 그 희생에 대한 일종의 대가이다. 따라서 고용주의 관점에서 이상적인 것은 고용자 없이 산출물을 내는 것이고, 고용된 노동자의 관점에서 이상적인 것은 고용되지 않고 소득을 얻는 것이다.

이 같은 접근 방식에 따라 고용주는 완전한 자동화에는 미치지 못하지만 분업을 통해 비용을 최소화한 것이 사실이다. 이 같은 접근 방식은 지금까지 제조업에서 엄청난 성공을 거두었으며, 결과적으로 소프트웨어 개발 작업까지 영향을 미치고 있다. E.F.슈마허는 이 같은 접근 방식이 아닌 불교적 관점에서 일을 어떻게 바라보는지 다음과 같이 적고 있다.

불교적 관점은 일의 기능을 최소한 셋으로 본다. 그것은 사람의 재능을 활용하고 발전시킬 기회를 주는 것, 다른 사람들과 공동 작업을 함으로써 자기 중심성을 극복하는 것, 생산 과정에 필요한 재화와 용역을 만들어내는 것이다. 또한 이러한 관점에서 빚어지는 결과는 매우 다양하다. 무의미하고, 지겹고, 사람을 멍청하게 만들거나, 근로자에게 신경의 피로를 주도록 일을 조직하는 것은 범죄에 가깝다. 그렇게 하는 것은 사람보다는 재물에 더 관심을 두는 것이고, 사악할 정도로 몰인정한 것이고, 이 세속적 존재의 가장 원초적 측면에 대해 영혼을 파괴할 정도로 집착하는 것이다.

… 중간 생략 …

그러므로 불교적 관점에서는 명확히 구분되어야 할 기계화의 두 유형이 있다. 하나는 사람의 기술과 능력을 향상시키는 기계화이고 또 하나는 사람의 일을 기계라는 노예에게 맡기고 사람으로 하여금 노예를 섬기는 위치에 있도록 만드는 기계화이다.

현대 경제학자들이 노동을 바라보는 관점은 노동은 필요악이기 때문에 반드시 없애거나 줄여야할 존재로 간주한다. 그런데 사람이라는 측면은 고려하지 않고 비용을 줄이는 측면으로만 고려하다보니 기계화를 통한 비용 절감에 주안점을 두고 있는데 이 기계화가 사람이 주가 아닌 기계가 주인이 되고 사람이 이 기계를 섬기는 노예로 전락한 상태가 현재의 상황이다. 이 같은 상황이다보니 우리 노동자들 또한 노동을 기피해야될 대상으로 생각하고 여가만을 쫓는 상황이 발생하게 되었다.

"불교에서는 사람이 일에 의해 성격이 형성된다고 본다. 그리고 일은 인간의 존엄성과 자유라는 조건 아래서 제대로 행해지며, 그럴 때만이 일을 행하는 사람과 그 산출물 모두에게 복을 준다."고 이야기하고 있다.

위 글을 읽으면서 우리 프로그래머들(전체 노동자로 확대해도 된다)이 좀 더 즐겁고 행복하게 일할 수 있는 방법이 무엇일까? 지금 시점에 딱 이것이다라고 해답을 내릴 수 없지만 내가 생각하는 몇 가지를 공유해 본다.

앞에 송재경 대표가 이야기했듯이 전문화한 특정 영역에만 관심을 가지지 말고 소프트웨어 전체 영역에 관심을 가질 때 새로운 시야, 창의적인 접근 방식이 생기면서 즐거움을 느낄 수 있을 것으로 생각한다.

전문화를 거부하고 전체 영역을 같이 고민하려면 조직의 틀이 갖추어진 정형화한 기업(일반적으로 기업 규모가 클수록 이 같은 현상을 보인다)보다는 정형화하지 않고 개선의 여지가 많은 곳에 참여해 자신의 뜻을 펼쳐보는 것이 좋겠다.

- 돈을 쫓기보다는 일을 통해 자신의 존엄성과 자유를 찾으려는 노력을 해야 한다.
- 인간의 존엄성과 자유를 찾으려면 소비 습관을 개선해 자본주의의 노예가 되지 않도록 해야 한다.
- 기계화(자동화)와 관련해서는 첫번째 불교적 관점에 해당하는 "사람의 기술과 능력을 향상시키는 기계화"에 초점을 맞춘다. 프로그래밍 개발에서 빌드 도구나 지속적 통합 도구를 통한 자동화는 이에 해당한다고 생각한다.

물론 위와 같은 삶을 추구한다고 반드시 행복해질 수는 없을 수도 있다. 하지만 지금보다는 좀더 행복한 삶을 살아갈 수 있지 않을까? 자본주의가 모든 것을 대규모화하고, 기계화하고, 돈이면 다 되는 것으로 세상을 몰아가고 있다. 우리가 이 자본주의 물결에 아무 생각없이 종속되어 버린다면 머지 않아 우리는 돈의 노예가 되어 우리의 존엄성이나 자유는 포기한 상태로 살아갈 수밖에 없을 것이다. 소프트웨어가 자본주의를 더 가속화하는 데 기여하고 있는 것 또한 사실이다. 그렇기 때문에 우리는 우리가 만들어내는 소프트웨어에 더 많은 고민을 하고 의미를 부여하면서 만들어 나가야할 것이다. 무작정 재미있는 소프트웨어를 만들기보다는 사람을 지향하는 소프트웨어를 만드는 데 더 많은 고민을 했으면 좋겠다. 이런 소프트웨어를 만들 때 우리는 진정 프로그래머로서의 즐거움과 행복을 느낄 수 있지 않을까?

몰입을 통한 행복한 삶

나는 "사람이 일에 의해 성격이 형성된다고 본다. 그리고 일은 인간의 존엄성과 자유라는 조건 아래서 제대로 행해지며, 그럴 때만이 일을 행하는 사람과 그 산출물 모두에게 복을 준다"라는 글에 공감한다. 삶에 있어 일은 반드시 필요하다. 일을 하지 않는 삶이 얼마나 무미 건조하겠는가?

우리가 일을 싫어하게 된 가장 큰 원인은 자본가들이 일을 하는 인간의 존엄성과 자유에는 아무런 관심도 없고 돈의 논리로만 접근하고 있기 때문이다. 인간에게 노동은 반드시 필요한 존재이고, 행복한 삶을 살아가기 위한 중요한 수단임에도 불구하고 인간의 존엄성과 자유가 없는 일 속에서 고통받고 있다. 우리는 무엇을 선택하고 고민할 것인가?

우리가 진정 고민해야 할 것은 "어떻게 하면 일을 하지 않을 것인가가 아니라 일을 어떻게 할 것인가?"여야 한다. "어떻게 일을 하는 것이 나의 자아를 실현하고 성장함으로써 행복한 삶을 만들 수 있을 것인가?"여야 한다.

나는 이에 대한 고민의 답을 몰입에서 찾으려고 한다. 몰입이란 시간이 흘러가는지도 의식하지 못하면서 무엇인가 한 가지 일에 집중하는 순간을 의미한다. 이런 몰입 경험은 삶에 있어 진정한 즐거움과 행복감을 맛볼 수 있다. 몰입하는 순간의 즐거움을 느끼기 위해 나는 이전보다 난이도가 높은 문제에 도전하거나 연습을 통해 나의 역량을 키우려 노력한다.

몰입 경험이 즐겁고 짜릿하지만 항상 몰입을 할 수 있는 것은 아니다. 일을 하는 대부분의 시간은 단순, 반복적이고, 무미 건조한 일일 수 있다. 프로그래밍과 같이 전문적인 일이라 할지라도 일정 기간을 통해 숙달되면 의식하지 않아도 할 수 있는 수준이 된다. 이 시점이 되면 매너리즘에 빠지며 일이 재미 없는 상태가 된다. 모든 일은 같은 과정을 거친다.

어떻게 할 것인가? 이는 앞의 학습 과정의 의식적인 연습을 통해 극복할 수 있다. 의식적인 연습을 통해 지금 상태의 단순, 반복적인 일을 해결하거나, 현재 상태의 문제를 개선하는 방법을 찾는 모든 활동 속에서 이전과는 다른 몰입 경험을 할 수 있다. 미하이 칙센트미하이가 쓴『몰입의 즐거움』에서는 자신이 하는 일을 가치 있게 만들 수 있는 길은 "일의 전체 맥락을 늘 염두에 두고 자신의 행동이 전체에 미칠 영향을 이해한다면, 아무리 사소한 직업이라도 세상을 전보다 살 만한 곳으로 탈바꿈시키는 인상적 변화를 이끌어낼 수 있다"고 한다. 문제의 해결책을 내가 일하고 있는 부분으로 한정하지 않고, 좀 더 큰 영역으로 확대해 나간다면 이전과는 다른 방식으로 접근할 수 있다. 이는 내가 일하는 방식을 한 단계 더 전진시켜 나감으로써 일과 나의 활동을 좀 더 가치있게 바꿀 수 있다.

휴대폰 부품을 조립하거나, 슈퍼마켓 진열대 물건을 정리하는 일과 같은 단순 반복적인 일도 의식적인 연습을 통해 한 단계 전진시킬 수 있겠지만 쉽지 않는 분야이다. 하지만 프로그래밍이라는 분야는 의식적으로 연습하고 관심을 가진다면 다른 분야에 비해 몰입할 수 있는 기회가 많은 분야이다. 프로그래밍을 통해 해결하려는 문제는 창의력을 요구하며, 깔끔한 코드를 구현하기 위한 노력은 끝이 없는 연습을 해야 한다. 정답이 없고, 끝이 없다는 것이 힘든 일일 수도 있지만 우리가 끝없는 도전을 통해 지속적으로 도전할 수 있는 영역이기도 하다. 이런 도전을 통해 한 단계 성장하는 순간이 삶에 있어 큰 즐거움과 행복감을 안겨준다.

우리는 프로그래머다. 주변에 단순 반복적으로 발생하는 업무가 있다면 자동화를 통해 해결하고, 불합리한 부분이 있다면 프로그래밍을 통해 해결할 수 있다. 이와 같은 지속적인 개선을 할 때 우리는 좀 더 즐거운 일에 더 많은 시간을 투자할 여유를 가질 수 있다. 몰입의 순간을 업무 외 시간에서 찾으려 노력하지 말고 일 속에서 찾을 수 있다면 그만큼 행복한 삶이 있겠는가? 프로그래머는 충분히 가능하고 다른 일에 비해 훨씬 더 유리하다.

작은 성공

실패가 두렵다. 실력 없음이 드러날까봐 두렵다. 나 또한 두렵다.

대한민국 교육을 받은 사람들이라면 대부분 완벽한 것이 아닌 것, 성공이 보장된 것이 아닌 것, 아무도 가보지 않은 길을 가는 것을 두려워한다. 누군가 바보 같은 행동이라고, 멍청한 짓이라고, 쓸데없는 짓이라고 놀림을 받을 것 같아 두렵다. 이러한 두려움이 새로운 것에 도전하는 것을 주저하게 만든다.

시작부터 너무 잘 하려는 마음, 완벽하려는 마음, 실패하지 않으려는 마음을 버리고 일단 시작해 보는 것은 어떨까? 작은 목표를 세우고 일단 시작해보자. 작은 성공의 맛을 봐라. 작은 성공을 통해 꾸준히 성장해 가는 내 자신과 발전해 가는 나의 결과물을 보면서 자신감과 에너지를 얻어라.

대부분의 사람들은 처음부터 거창한 목표를 세운다. 거창한 목표를 세우고 완벽함에 집착할 경우 한 발자국도 나가지 못하고 포기하는 경우가 대부분이다. 처음부터 너무 높은 목표를 세워 도전 자체를 포기하는 것보다 보잘것없는 결과물일지도 모르지만 무엇인가를 시작했다는 것이 더 큰 의미를 가진다.

나는 프로그래밍 교육을 할 때 TDD(테스트 주도 개발)에 상당히 집착한다. TDD에 집착하는 이유는 처음부터 완벽한 설계를 하고 프로그래밍을 시작하는 것이 아니라 쉬운 기능 구현부터 시작해 작은 성공을 맛보고, 즉각적인 피드백을 받으면서 프로그래밍하도록 유도하기 때문이다. TDD는 작은 단위로 기능을 구현하고 지속적으로 개선해 가는 방식으로 프로그래밍을 한다. 일정한 리듬감을 가지면서 프로그래밍을 하는 것이 가능하며, 지속적으로 개선되어 가는 코드를 보며 프로그래밍에 대한 즐거움을 느끼게 만든다.

나는 프로그래밍의 이 경험을 바탕으로 책을 쓴다. 처음 책을 쓸 때는 1장부터 완벽하게 쓰려는 마음이 강했다. 하지만 이런 완벽함을 추구하는 자세는 부담감으로 작용해 글이 써지지 않았다. 글이 써지지 않으면서 시간이 지나가고 이는 결과적으로 더 큰 부담으로 작용하는 악순환의 고리에 빠져 책 쓰기를 포기하게 만든다.

나는 책을 쓸 때 일정 기간 동안의 작은 목표를 세우고, 이 목표를 달성하기 위해 집중한다. 이 작은 목표를 달성하는 기간을 반복 주기로 정해 책 쓰는 과정을 살펴보면 다음과 같다.

내가 기준으로 잡은 첫번째 반복 주기는 목차를 정하는 것에서 한 단계 더 나아가 각각의 장Chapter의 시작과 끝을 미리 쓰는 것이다. 각 장의 시작과 끝을 먼저 써보면 전체적인 흐름이 잘 유지되는지를 파악해 볼 수 있다. 이렇게 짧은 반복 주기를 통해 완성한 원고는 편집자에게 전달해 전체적인 책의 줄거리가 기획의도와 맞는 것인지 확인할 수 있다. 책의 기획의도와 맞는지를 빨리 파악하는 것은 편집자뿐 아니라 저자에게도 특히 중요하다. 이 같은 공감대가 형성되지 않은 상태에서 진행하면 최초 기획 의도와는 완전히 다른 방향으로 진행해 원고를 다시 써야 하는 상황도 발생할 수 있기 때문이다. 나는 첫번째 반복 주기를 진행하면서 최초 정했던 목차의 순서를 바꾸기도 하고, 부록으로 빼기도 하면서 전체적인 줄거리를 잡아 나갔다. 이 같은 흐름을 유지하면 특히 좋은 것은 저자에게 마음의 여유와 자신감을 준다는 것이다. 책을 쓰는 작업이 원래 부담스러운 작업인데 1장에서 더 이상 집필되지 않는 상황이 지속되면 자신감도 없어지고 불안감만 커지다 보니 상당한 스트레스를 받게 된다. 이러면 점점 더 글도 쓰기 싫어지고 경우에 따라서는 집필을 포기하는 상황이 발생할 가능성도 높아진다.

두번째 반복주기는 각 장에서 반드시 다루어야 하는 내용을 추가한다. 글을 쓰는 중에 다소 확신이 서지 않거나 추가적인 학습이 필요한 부분은 원고에 주석을 남겨 놓은 상태로 계속해서 원고 작업을 진행한다. 원고의 내용도 물론 중요하지만 자신이 계획한 날짜에 원고를 작성하는 것에 집중한다. 원고의 내용이 다소 만족스럽지 않아도 된다. 가능한 빠른 시간 내에 반복 주기를 완료한다. 반복 주기를 완료한 후 한동안 원고 쓰는 작업을 중단하고, 반복 주기를 진행하면서 추가적으로 학습이 필요한 부분에 대한 학습을 진행하면서 마음의 여유를 가진다. 몇 주 동안 원고 쓰는 작업에 대한 부담감을 떨쳐버린 후 다시 한 번 써보겠다는 마음이 생기는 시점에 다음 반복 주기를 진행한다. 이 같은 과정을 본인의 원고가 만족스러울 때까지 반복한다. 일정 수준으로 원고를 완성한 후 한 달 이상 쉰 후에 다시 한번 원고를 검토하는 것도 좋은 방법이다. 한 달 후에 내가 쓴 원고를 보면 어색한 부분이 보이고, 새로운 영감으로 글을 쓸 수 있는 부분도 보인다. 책을 집필할 때는 기간 내에 책을 써야 한다는 부담감 때문에 사고가 좁아진다. 그런데 일정 수준으로 원고가 완성되고 한동안 쉬면서 마음의 여유를 가지면 집필할 때는 고려하지 못했던 부분이 보이고, 더 좋은 아이디어가 생각난다.

이와 같이 짧은 기간 동안 작고, 구체적인 목표를 세우고 그 목표를 달성하는 데만 집중한다. 부족한 부분이 보일 것이다. 부족한 부분이 아니라 조금씩 발전해 가는 결과물에 집중하자. 아니 집중할 필요도 없다. 조금씩 발전해 가는 결과물을 보면 자연스럽게 자신감과 에너지가 생기면서 더 어려운 문제에 도전할 수 있다. 지금까지 쌓아온 에너지가 다음 단계의 도전을 이끈다는 것이 더 적합한 표현일 수도 있겠다.

의식적인 연습을 통해 빠르고 효과적으로 역량을 향상시키는 것이 중요하다. 하지만 의식적인 연습을 하기 전에 프로그래밍 연습 자체를 시작할 수 있어야 한다. 일단 무엇이라도 시작해야 성장하고 싶은 욕심이 생기고 효과적으로 연습하는 것에도 관심을 가지게 된다. 그 시작은 작은 성공을 맛볼 수 있는 작고, 보잘것없는 그 무엇이다. 그 무엇을 찾아 일단 도전해 성공을 맛보는 첫 경험이 프로그래밍 공부의 시작이다. 아니 시작이어야 한다.

끊임 없는 작은 성공을 통해 프로그래밍의 진정한 즐거움을 느낄 수 있기를 기대한다.

변화를 만드는 데 도움을 주는 책

책을 추천하는 것은 조심스럽다. 책을 읽는 사람의 현재 상태에 따라 느끼는 감동과 이해하는 정도가 다르기 때문이다. 그럼에도 불구하고 추천하는 이유는 어디서부터 시작해야 될지 막막한 친구들에게 도움이 되었으면 하는 바람 때문이다. 여기서 추천하는 책을 통해 공부법, 의식적인 연습, 몰입 등에 관심을 가지는 계기가 되었으면 한다. 이 책들을 통해 "어떻게 살 것인가?", "나는 무엇을 좋아하는가?"와 같은 고민을 통해 자신의 색깔을 찾고 나답게 살아갔으면 한다. 그것이 진정 행복한 프로그래머, 행복한 삶이라 생각한다.

삶에 변화를 만드는 시작은 무엇이면 좋을까? 나는 그 시작이 작은 성공을 맛볼 수 있다면 무엇이라도 괜찮다고 생각한다. 프로그래밍과 아무 관련 없는 지각하지 않기, 하루 30분 이상 걷기 등과 같은 변화에서 시작하는 것이 성공 가능성이 높다. 이 같은 작은 변화를 통해 나도 할 수 있다는 자신감과 변화에 대한 에너지를 얻어 더 큰 변화를 만들어 갈 수 있다. 따라서 습관을 만들고, 작은 변화를 만드는 데 도움이 되는 책을 먼저 소개한다.

- 『스몰 스텝』(박요철 저, 뜨인돌, 2018): 지금까지 읽은 자기 계발서와 다름이 있다. 누구나 쉽게 도전할 수 있는 작은 실천을 통해 큰 변화를 만들어 가는 과정을 볼 수 있다. 무엇보다 이

책을 추천하는 이유는 스몰 스텝을 통해 나다운 삶을 찾아가는 것을 목표로 하고 있기 때문이다.

- 『습관의 힘』(찰스 두히그 저, 강주헌 역, 갤리온, 2012): 삶에 있어 가장 중요하면서도 힘든 일이 습관을 만드는 것이다. 배움 또한 좋은 습관을 만들 때 가능하다. 습관을 만드는 과정에 대해 구체적으로 다루고 있다.

대부분의 사람이 비슷하겠지만 같은 일을 반복하는 것은 삶을 무료하게 만든다. 경력이 쌓일수록 이전 경험의 반복이고, 일이 재미없다는 생각이 든다. "이렇게 재미없는 일을 20년 이상 할 수 있을까?"라는 생각을 하며 하루하루 살아간다. 이와 같이 직장 생활이 재미없고, 자신의 실력이 정체된 느낌이 드는 순간 읽었으면 한다. 이 책에서 깊이 있게 다루지 못한 의식적인 연습, 몰입에 대한 조언을 들을 수 있다.

- 『이너 게임-배우며 즐겁게 일하는 법』(티머시 골웨이 저, 최명돈 역, 오즈컨설팅, 2006): 배움에 대하여 다른 관점을 느낄 수 있는 책이다. 특히 다른 사람과 비교하고 경쟁하는 것에 집중하지 않고 자기 자신에게 집중함으로써 몰입하는 방법에 대해 다루고 있다.

- 『몰입의 즐거움』(미하이 칙센트미하이 저, 이희재 역, 해냄, 2007): 행복한 삶을 살기 위해 몰입하는 것이 얼마나 중요한 것인지에 대해 다루고 있는 책이다. 몰입하는 것이 왜 어려운지에 대해서도 다룬다. 프로그래머에게 몰입은 특히 즐겁고도 재미있는 경험이다.

- 『1만 시간의 재발견』(안데르스 에릭슨, 로버트 폴, 강혜정 역, 비즈니스북스, 2016): 역량을 향상시키기 위한 목적의식 있는 연습, 의식적인 연습의 중요성에 대해 다루고 있는 책이다. 일상 생활과 직장 생활 속에서 의식적인 연습을 통해 효과적으로 성장하는 방법에 대해 구체적으로 다루고 있다. 이 책에서 잠시 언급한 의식적인 연습에 관심이 있다면 반드시 읽어볼 것을 추천한다.

어떻게 살 것인가? 평생에 걸쳐 해야 할 고민이고, 정답이 없는 고민이다. 나도 계속 하고 있다. 어떻게 살 것인가?에 대한 고민이 깊어졌을 때 읽어 삶의 방향성을 잡는 데 도움을 받은 책이다.

- 『작은 것이 아름답다』(E.F 슈마허, 이상호 역, 문예출판사, 2012), 『내가 믿는 세상』(E.F 슈마허, 이승무 역, 문예출판사, 2013) : 슈마허는 실천적 경제학자이자 환경운동가로 유명하다. 현 시대의 경제구조의 문제점을 비판하고 인간을 위하는 경제 구조에 대

해 다루고 있다. 인간이 자신의 행복을 위해 경제 구조를 어떻게 유지할 것인가? 어떻게 살 것인가에 대해 다루고 있다. 전문화, 대형화하고 있는 현재의 경제 구조 속에서 어떻게 살 것인가에 대한 새로운 대안을 제시하고 있다.

어떻게 사느냐에 정답이 있겠는가? 자신이 잘하는 일을 찾아 더 잘할 수 있도록 노력하고, 자신의 색깔을 유지하며 사는 것 자체로 행복하고 의미있는 삶이지 않을까? 자신의 색깔을 유지하려면 지금까지 옳다고 생각했던 수많은 선입견, 권위에 도전해 볼 필요가 있다. 동의되지 않는 권위에 굴복하지 않으며 자신의 색깔을 유지하며 살아갈 수 있기를 기대하면서 글을 마무리한다.

잘 하는 것을 더 깊게 파자!

이덕곤(자바 서버사이드 개발자)

Q. 간단한 자기 소개 부탁드려요.

A. '카카오맵' 및 '다음지도'에서 사용되는 지도 데이터 빌드 플랫폼을 개발하고 있습니다. 지도팀에 오기 전에는 다음Daum의 서비스인 아고라, 미즈넷 같은 곳에 사용되는 '가이아Gaia'라는 게시판 시스템을 개발했구요. 전 직장에서는 지금은 사라진 '스타플Starpl'이라는 SNS 서비스를 개발했습니다. 자바 서버 사이드 개발이 주업무입니다.

Q. 요즘 리얼리티 프로그램이 대세잖아요. 하루 일과를 그냥 가감없이 보여줌으로써 시청자도 같은 감성을 공유하거나 삶을 간접적으로 체험한다거나. 이런 관점에서 하루 일과를 공유해주신다면?

A. 보통 8시에 일어나 아이들과 같이 회사에 옵니다. 회사 어린이집에 아이들을 보내고 자리에 앉아 10시부터 업무를 진행합니다. 오전은 시간이 짧고 집중이 잘 되기 때문에, 전날 해결 못한 문제나 개발할 것들을 빠르게 진행합니다. 오후에는 주로 일정에 따라 개발 및 회의에 참석합니다.

프로젝트 중간 바쁠 때는 야근을 하지만, 가능한 정시에 퇴근하여 아이들과 함께 집에 옵니다.

식사 후 아이들과 잠시 놀아주고, 개인 프로젝트를 진행하거나 책을 읽고 글을 쓰는 등의 개인 공부를 합니다.

일과 육아, 자기계발을 동시에 진행하는 것은 참 어려운 일이네요.

Q. 프로그래밍 공부를 시작하게 만든 강력한 동기가 무엇이었나요?

A. 프로그래밍에 관심을 가진 것은 게임을 원활하게 실행하기 위해서였습니다. 중학교 때 내가 가지고 있던 486 노트북에서 게임을 하려면, 부팅할 때 메모리 셋팅을 어떻게 해야 하느냐가 중요한 포인트였는데요. autoexec.bat(과 config.sys)라는 간단한 배치 프로그램을 수정하기 위하여 처음으로 컴퓨터 잡지와 서적을 구입하였습니다. 이때 책을 읽으면서 컴퓨터 동작 원리에 재미를 느끼고 프로그래밍에 관심을 가지게 되었습니다.

Q. 맨 처음 누구나 프로그래밍 공부는 막막할 것 같습니다. 혼란스러웠던 시기의 에피소드를 얘기해주실 수 있는지요?

A. 개인적으로 정말 안타깝고 혼란스러웠던 시기는 안드로이드가 막 나왔을 무렵, 공모전에 참가하기 위하여 안드로이드 개발을 처음 공부할 때였습니다.

출품작으로 멀티 그룹 관리가 가능하고, 스팸 필터를 해주는 주소록 프로그램을 개발하였습니다. 우선 제 폰에서 멀티 그룹 기능 개발이 완료되어 프로젝트가 절반 이상 진행될 무렵, 다른 제조사 전화기를 빌려 테스트를 진행하였는데요. 주소록이란 것이 시스템과 밀접한 관계가 있다 보니, 하드웨어 벤더마다 각자 커스터마이징 되어 있었고, 제 프로그램이 정상동작 하지 않더라구요.

또 전화가 오면 속한 그룹들을 보여주고, 스팸 필터링 같은 것을 하기 위하여 항상 떠 있어야 했기에 죽여도 죽지 않는 좀비 같은 프로그램을 만들기 위해 노력했는데요. 이것도 역시 OS 버전 및 시스템 특성을 탈 때가 있었습니다.

결국, 빠듯한 일정으로 부가 기능들은 뒤로 미루고 호환성을 맞추기 위해 노력을 하였지만, 회사 일도 하면서 남는 시간에 개발한 것이라 특정 기기에서 동작하지 않는 상태로 출품하였습니다.

이전에는 자바로 서버사이드 개발만 하다가 클라이언트 개발을 하려니 여러 장비에서 돌아가야 한다는 이식성 부분을 크게 생각하지 못했던 것이 실패의 원인이었는데요. 클라이언트 프로젝트를 진행할 때는 이런 부분도 고민하여야 한다는 사실을 깨달았습니다.

Q. 자신만의 프로그래밍 공부법이 있으셨을 것 같습니다. 초창기, 성장기, 그리고 현재 왕성하게 활동하고 있는 기간, 이 세 기간으로 나누어서 소개해주실 수 있나요?

A. 초창기 : 따라서 만들어보고, 실제 실행시켜 보는 것이 중요한 것 같습니다. 눈으로 읽어 머릿속에서 컴파일하고 결과를 예측해보는 것도 매우 중요한 일이지만, 실제로 돌려보며 검증하는 것도 정말 중요한 일입니다. 다른 사람이 만든 코드를 직접 실행해보면서 많은 것을 배울 수 있었습니다.

성장기 : 이제 내가 하고 있는 메인 프로그래밍 언어로는 뭐든지 만들 수 있다는 자신감이 생겼을 때일 것입니다. 여기서 안주하지 말고, 다른 프로그래밍 언어도 공부하면 나중에 피가 되고 살이 됩니다. 또 최신 오픈소스 프레임워크라든지 플랫폼들을 공부하고, 실제 서비스에 적용해보면서 정말 많은 것을 배울 수 있었습니다.

활동기 : 최신기술은 계속 쏟아져 나오고 있지만, 은총알이 아님을 알게 됩니다. 기술이 모든 것을 도와줄 수는 없습니다. 상황에 맞는 적합한 선택이 중요합니다. 잘하는 것을 더 깊게 파고들며 다른 사람에게 전파하려고 노력하면 더 큰 배움을 얻을 수 있습니다.

Q. 프로그래밍 공부에서 알고리즘이나 수학이 중요하다고 하는데요. 꼭 그런가요?

A. 수학의 영역은 매우 넓은데요. 모든 영역의 수학이 필요한 것은 아닙니다. 하지만 필요한 부분이 생긴다면 바로 찾아서 공부하고,

이해할 수 있어야 합니다. 사실 저도 지도팀에 오기 전에는 수학이 큰 의미가 없었습니다. 지금도 제가 수학을 활용해 알고리즘을 만드는 것은 아니지만, 동작 원리를 알기 위해 조금씩 공부하게 되네요.

Q. 프로그래밍에서 중요한 것 세 가지만 꼽는다면 무엇이 있을까요? 세 가지 넘어도 됩니다.

A. 1. 이미 경험하셨겠지만, 코드는 작성하는 시간보다 읽는 시간이 훨씬 깁니다. 내가 지금 쓰는 코드는 미래의 나를 위해서도, 나의 코드를 사용하거나 개선하게 될 다른 사람을 위해서라도 이해하기 쉽게 작성해야 합니다. 프로그래밍은 혼자 하는 것이 아닙니다. 아직 『클린 코드』(Clean Code, 로버트 C. 마틴)라는 책을 못 읽으셨다면, 서점으로 달려가세요. 좋은 코드를 작성하는 데 많은 도움이 됩니다.

2. 내가 작성한 코드를 리뷰하여 피드백을 받으십시오. 거창한 리뷰 시스템을 사용하란 이야기가 아닙니다. 단지 노트북을 들고 같이 일하는 동료, 혹은 공부하는 친구에게 보여주고 설명해 주기만 해도 많은 도움이 됩니다. 주변에 사람이 없다면 깃헙(github. com)에 올리고 커뮤니티 사람들의 도움을 받을 수도 있습니다. 이렇게 하려면 일단 정말 정성스럽게 코딩하게 되고, 더 많은 걸 이해하려고 노력하게 됩니다.

3. 새로운 것을 배우는 데 주저해서는 안 됩니다. 많은 사람들이 지금의 불편한 점을 해결하기 위해, 좀 더 나은 세상을 만들기 위해 지금도 고민하고 있습니다. 그 고민의 결과물. 그걸 받아들이는 것만으로도 많은 이득을 얻을 수 있습니다. 물론 새로 나오는 기술이 너무 많아서 저도 뒤쫓아 가기 벅찬 것은 사실입니다. 실무에서 사용하는 것 위주로, 개인적으로 관심이 가는 흥미로운 것들을 집중적으로 공부하는 것이 좋습니다.

4. 여러분이 만든 프로그램의 결과물은 결국 사람이 사용하게 됩니다. 꼭 사용자가 직접 사용하는 서비스가 아닌 시스템 라이브러리라도, 그 라이브러리를 콜하는 프로그래머가 사용하게 됩니다. 감동적인 프로그램을 만들기 위해서는 작은 것까지 하나하나 신경 써야 합니다. 코드에 대한 배려뿐만 아니라, 인터페이스에 대한 배려도 중요한 것이지요. 사람은 작은 것 하나에 감동을 느끼기 때문에 디테일에 신경을 쓰면 좋은 피드백을 얻을 수 있을 것입니다. 물론, 프로그램이 해야 하는 기본 기능에 충실해야 하는 것은 당연한 이야기겠지요?

Q. 닮고 싶은 프로그래머가 있나요? 동료도 좋고 유명한 프로그래머도 좋습니다. 그리고 그 이유는?

A. 고등학교 때, 『싸우는 프로그래머』라는 책을 친구의 책상에서 발견하고 빌려보았습니다. 마이크로소프트사의 윈도우NT의 개발 비하인드 스토리를 담은 책인데요. '데이비드 커틀러'라는 인물이 주인공으로 나옵니다. 자신의 철학과 신념을 프로그램으로 녹이는 정말 열정적인 분입니다.

이 책을 읽고 프로그래머라는 직업에 처음 관심을 가지게 되었습니다. 좀 더 알아보고 싶으신 분은 https://en.wikipedia.org/wiki/Dave_Cutler를 참고해 주세요.

Q. 처음 프로그램다운 프로그램을 만든 경험담이 있으신지요? 어떤 프로그램이었나요? 그리고 지금 생각해보면 그 프로그램은 프로그래머 인생에서 어떤 역할을 했다고 생각하나요?

A. 학부 3학년 팀 프로젝트 때, JSP_{Java Server Page}로 경매 사이트를 만들었습니다. 과목은 DB 실습이었는데요. 그 당시 인터넷 사이트에서 저렴한 가격에 물건을 구입했던 경험으로 해당 시스템을 구현해보고 싶었습니다. 그래서 이전 학기에 잠시 배운 JSP로 서비스 로직

및 UI를 만들었는데요. 상품을 저장하고, 입찰을 기록하는 등 복잡한 설계의 DB가 잘 동작하여 학점을 잘 받았습니다. 물론 3명이 테스트할 때는 경매도 잘 진행되었지요. 많이 부족하긴 했지만, 처음으로 다른 사람과 함께 사용할 수 있는 프로그램을 만든 경험이었습니다. 사실 전공이 정보통신이라 졸업할 때까지 네트워크 프로그래밍과 임베디드 프로젝트를 더 많이 진행하였는데요. 이게 인연이 되어서인지 첫 직장부터 지금까지도 웹과 관련된 일을 하고 있습니다.

Q. 프로그래머라서 행복할 때는 그리고 불행하다고 생각할 때는?

우선 프로그래머라서 불행한 적은 없었습니다. 사실 외부에 나가면 아무도 제 직업에 관심이 없잖아요.

세상에 내 마음대로 움직일 수 있는 것이 많지 않은데요. 컴퓨터로는 내가 원하는 것을 만들 수 있습니다. 화가가 종이에 그림을 그리듯 저는 컴퓨터 앞에서 키보드를 두드립니다. 창의적인 일을 하다 보니 슬럼프에 빠질 때도 있지만. 그래도 공학인지라 언젠가는 답을 찾을 수 있었습니다. 특히 다른 개발자들과 대화를 하는 중간에 스스로 답을 찾는 기쁨도 맛볼 수 있습니다.

그리고, 웹 서비스를 개발하다 보면 사용자분들과 커뮤니케이션을 하게 될 때가 있습니다. 잘 쓰고 있다. 고맙다. 이런 말을 들으면 정말 행복하고 힘이 납니다.

Q. 지나온 과거를 돌이켜볼 때, "아~ 그때로 돌아가면 이런 공부를 좀 하고 싶다"라는 게 있는지요?

A. 깊이 들어가다 보면 기초가 발목을 잡을 때가 있습니다. 최신 기술이라고 포장된 코드들을 들여다보면, 결국 모든 것은 기초적인 것부터 시작합니다.

중학교, 고등학교, 학부 때. 영어, 수학, 알고리즘 등을 더 열심히 했더라면 좋지 않았을까 싶지만, 지금도 늦은 것은 아니라고 생각합니다. 할 수 있다는 마음이 있으면 됩니다.

문제를 해결했을 때 소소한 쾌감들이 주는 행복

김수민(보안 솔루션 개발자)

Q. 간단한 자기 소개 부탁드려요.

A. 삼성SDS에서 개발자로 일하고 있는 김수민입니다. 2001년에 입사했으니 이제 18년차네요. 연차가 올라가면서 개발자의 역할보다 관리자의 역할 비중이 늘어나고 있어서 나름 많은 고민을 하고 있습니다. 경력이 어느 정도 된 개발자는 저와 비슷한 고민을 하고 있지 않을까 싶습니다.

처음 회사 생활을 시작할 때는 7년차쯤 되면 세상의 모든 IT 기술은 다 익히고 나만의 사업을 하게 되지 않을까 싶었는데 어느 새 이렇게 세월이 흘러 버렸네요. 그것도 평범한 직장인에다가 평범한 개발자로.

원래 꿈은 머리가 하얘질 때까지 개발을 계속 하는 거였습니다. 지금 새치가 많아 본의아니게 꿈은 이뤘습니다. 행복하게 생각해야 하는 거 맞죠?

Q. 요즘 리얼리티 프로그램이 대세잖아요. 하루 일과를 그냥 가감없이 보여줌으로써 시청자도 같은 감성을 공유하거나 삶을 간접적으로 체험한다거나. 이런 관점에서 하루 일과를 공유해주신다면?

A. 글쎄요. 딱히 특별하지 않은 일상이라 도움이 될지 모르겠네요.

일단, 아침 기상은 보통 6시 30분 정도예요. 씻고 준비해서 집을 나서면 7시 조금 넘고 회사까지 1시간 정도 걸리니까 회사 도착하면 8시에서 8시 30분 정도 됩니다. 주로 지하철을 타기 때문에 출근 길에 간단한 읽을거리를 가지고 가는 편입니다. 최근에는 바둑을 좋아하는 아들 때문에 이창호, 이세돌, 조훈현 같은 유명한 바둑기사 관련 책을 많이 읽었습니다. 특히나 알파고와 이세돌의 대결 이후로 인공지능에 대해서 일반인들도 많은 관심을 갖게 된 계기가 된 것 같아요. 개인적으로는 아들 때문에 알파고에 대해서 특별한 느낌이 들기도 합니다. 뭐랄까 아들이 바둑을 좋아하는데 아무리 노력해도 알파고를 이길 수 없다고 생각하니 기분이 묘하더라구요.

회사에 도착하면 일단 그날 할 일에 대해서 10분 정도 정리를 한 뒤에 업무를 시작합니다. 회의, 보고자료 작성, 개발 미팅, 개발 등등 평범한 업무가 대부분이에요. 가끔 (사실은 매우 빈번해요) 예정에 없던 지시사항으로 인해 혼돈의 도가니가 되기도 하구요.

업무가 너무 바쁜데도 봉사활동을 하러 가야 할 때도 있습니다. 누구의 말처럼 세상에서 가장 숭고한 일이니까 즐거운 마음으로 봉사활동 하고 남은 업무를 마저 끝내야겠죠? 기왕 해야 하는 거 즐겁게 하면 좋겠지만 솔직하게 말씀 드리면 가끔은 투덜이 스머프처럼 투덜거리기도 한답니다.

어떠한 일을 하든지 변하지 않는 한 가지 중요한 사실은 항상 시간에 쫓기고 인력이 부족하다는 점이에요. 아마 어디나 마찬가지지 않을까 하는 생각이 드네요. 보통은 일과 가정의 균형을 맞추기 위해 많은 노력을 하지만, 실천하지 못하는 경우가 생각보다 많습니다.

지금 다니는 회사에서는 자율출퇴근제라는 독특한 제도를 시행하고 있는데, 출퇴근 시간을 개인이 자율적으로 조절할 수 있는 제도예요. 그러다 보니 출퇴근 시간이 정해져 있지는 않습니다. 오후에 출근을 해도 되고 오전만 근무하고 퇴근해도 되고요. 개인적으로는 아들이 초등학교 입학할 때 많은 도움을 받아서 정말 좋은 제도라고 생각하고 있습니다. 당시에 개발 조직 대상으로 시범적으로 운영을 할 때부터 혜택을 받았거든요. 지금은 특별한 일이 없으면 정해진 시간에 출근을 하는 편입니다. 너무 들쭉날쭉하게 생활하면 리듬이 깨지더라구요.

퇴근 시간은 일정하지는 않은데 저녁은 가족과 함께 먹기 위해 많은 노력을 하고 있습니다. 퇴근 후에 가족과 같이 시간을 가지고 아들을 재우고 나면 10시 30분에서 11시쯤 되는 것 같습니다.

일이 있을 경우엔 집에서 일을 할 때도 있습니다. 일이 없을 때는 영화 감상, 웹 서핑 등 취미를 즐기다가 12시에서 1시 사이쯤 잠을 자는 편입니다. 취침시간이 늦어 아내에게 매번 혼나는데 피곤해도 취미생활을 하지 않으면 너무 힘들더라구요. 몸은 힘들어도 취미생활로 인한 정신적인 만족감이 많은 에너지를 주는 것은 확실한 것 같아요. 요즘은 체력이 받쳐주지 않아서 1시를 넘기기는 힘들어 본의아니게 일찍 자는 횟수가 늘어나고 있습니다.

좀더 생산적으로 시간을 보내고 싶은 열망이 큰데 그게 참 쉽지가 않습니다. 번역도 하고 책도 썼는데 힘들어서 또 할 엄두가 나질 않습니다. 뭔가 또 강렬한 동기부여가 있어야 하지 않을까 싶네요.

주말은 복잡한 일상은 잠시 접어두고 가족과 도서관, 체험, 등산 등을 주로 하고 있어요. 결국 건강하고 행복한 삶이 목적이니까요.

Q. 프로그래밍 공부를 시작하게 만든 강력한 동기가 무엇이었나요?

A. 어릴 때 꿈은 과학자였어요. 누구나 그러하듯이.

그러다가 중학교 때 동생이 근처 컴퓨터 학원을 다니게 되었는데 너무 재미있어 보이더라구요. 왜 동생만 보내주냐고 어머니께 졸라서 저도 같이 다니게 되었는데 그 때부터 프로그래밍에 흥미를 가지기 시작했던 것 같습니다. 당시에는 8비트 컴퓨터 시절이었고 학원에서는 MSX-II라는 모델의 컴퓨터로 GW-BASIC과 코볼을 주로 가르쳤죠. 아는 사람은 아시겠지만 이 컴퓨터는 게임기로도 쓸 수 있던 터라 토요일 학교 마치고 게임하던 재미로 다니기도 했었습니다. GW-BASIC으로 프로그램을 많이 짰는데, 이 때는 게임을 좋아해서 그런지 막연하게 게임을 만들고 싶다는 생각을 많이 했습니다. 16비트 컴퓨터가 나오고 집에 컴퓨터를 하나 장만하고부터는 컴퓨터 학원을 다니지 않았습니다. 아직도 기억이 나는게 당시 처음 산 컴퓨터 가격이 140만원이었는데 이게 현재 시세로도 엄청난 고가라는 사실이 여전히 신기한 것 같습니다.

고등학교 때 컴퓨터 동아리에 가입을 해서 활동을 했었는데 당시 선배 중에 파스칼을 잘 하시는 분이 있었는데 이게 굉장히 멋있더라구요. 당시에 동아리에서는 주로 C를 사용했었는데 C에 비해서 뭔가 더 사용자 친화적인 문법이라고 해야 하나 하여간 영어를 조금이라도 더 길게 써야 하니까 당시에는 어린 마음에 괜스레 멋있게 보였던 것 같습니다.

동아리 활동을 하게 되면 1년에 한번 전시회라는 것을 하는데 그때 학교 대강당을 통째로 전시관으로 사용을 했었습니다. 컴퓨터 동아리는 컴퓨터가 고가이다 보니 대강당 2층에 문을 잠글 수 있는 별도의 공간에서 전시회를 할 수 있었는데 당시에는 뭔가 특별한 대접을 받는다는 생각에 매우 뿌듯했던 기억이 있습니다. 전시회는 하루만 하는 게 아니고 3일 정도 진행되었는데, 타 학교의 여학생들이 구경 와서 토정비결(당시 출품작)을 재미있게 하고 꽃 선물도 받았던 기억이 나네요. 그 때부터였을겁니다. 좀더 멋지고 재미있는 프로그램을 만들고 싶다라는 생각을 하게 된 것이.

꽃 선물을 바라고 본격적으로 프로그래밍을 공부하기 시작했다고 해야 하는 게 맞겠죠?

Q. 맨처음 누구나 프로그래밍 공부는 막막할 것 같습니다. 혼란스러웠던 시기의 에피소드를 얘기해주실 수 있는지요?

A. 프로그래밍 언어는 어렵게 느꼈던 적이 없는 것 같습니다. 프로그래밍 언어가 어려운 것이 아니라 해당 영역에 맞는 라이브러리를 찾아서 원하는 함수를 찾고 익히는 것이 힘들었던 것 같아요.

윈도우 환경에서 개발을 한다고 하면 거기에 맞는 WIN32 API를 찾아야 하는 것이 고역이었죠. 윈도우 프로그래밍을 할 때 필수였던 MFC를 공부할 때였는데, 공부해야 할 개념들이 너무 많은겁니다. 그래서 밤에 잠을 잘 때 MFC가 머릿속에 잘 들어오라고 책을 베개처럼 베고 자다가 목을 삐끗해서 한동안 어정쩡한 자세로 다녔던 기억이 나네요.

Q. 자신만의 프로그래밍 공부법이 있으셨을 것 같습니다. 초창기, 성장기, 그리고 현재 왕성하게 활동하고 있는 기간, 이 세 기간으로 나누어서 소개해주실 수 있나요?

A. 사실 저는 프로그래밍이 재미있었습니다. 초창기에는 공부한다는 느낌없이 그저 만들고 싶은 것을 코드로 막 짰던 것 같아요. 내가 짠 코드가 의도대로 동작하는 것을 보면서 커다란 희열을 느꼈죠. 구분하기는 애매하지만 초창기라고 하면 혼자서 프로그래밍을 하던 시기가 아닌가 싶습니다. 따로 공부법이라는 것이 없었고 모르면 고수를 찾아가서 질문을 했었죠. 그리고 책도 열심히 뒤져보구요. 당시에는 구글 같은 검색엔진이 없었기 때문에 게시판 같은 곳에 질문을 하기도 했습니다. 책도 열심히 읽었고 실제로 코드도 직접 다 쳐봤죠. 요즘과는 환경이 많이 달랐습니다.

성장기 때는 구글이 등장한 시기와 맞물리는 것 같네요. 공부하는 방법이 일단 검색하는 것으로 바뀌었어요. 그리고 혼자서 프로그래밍을 하지 않고 협업을 해야 하는 시기가 성장기였던 것 같아요. 나만 잘 하면 되는 것이 아니라 정해진 인터페이스를 통해서 다른 사람이 만든 모듈과 유기적으로 연계되어 동작해야 하니까 단순히 프로그래밍 기술만 중요한 것이라 소통이라는 도구가 많이 중요했던 시기 같습니다. 다른 생각과 실력을 가진 사람들과 협업을 하는 과정에서 또 다른 성장을 했던 것 같아요.

현재는 프로그래밍을 왕성하게 하고 있다고 말하기는 그렇지만 좀 더 근본적인 것에 의문을 가지고 집중을 하고 있는 시기가 아닌가 합니다. 새로운 프로그래밍 언어, 환상적인 개발 플랫폼, 방대한 라이브러리가 하루가 멀다 하고 쏟아져 나오고 있는데 현재 필요한 사용자의 요구사항을 구현하기 위해 가장 적합한 환경과 기술은 무엇인지를 찾는 통찰력이 필요하다고나 할까요. 단순히 검색을 한다거나 유명한 오픈소스를 가져다 써서는 부족한 것 같아요. 그리고 정말 이 기술이 고객에게 어떤 가치를 줄 수 있는지에 대한 고민을 하는 시기인 것 같아요. 프로그래밍과는 조금 거리가 있죠? (ˆˆ)

Q. 프로그래밍 공부에서 알고리즘이나 수학이 중요하다고 하는데요. 꼭 그런가요?

A. 반드시 중요하지는 않은 것 같아요. 대부분의 암호 알고리즘을 직접 구현하여 지금도 제가 속한 팀에서 핵심 라이브러리로 사용하고 있기는 합니다. 그렇지만 모든 개발자가 직접 구현할 필요도 없고 사용된 수학을 이해해서 쓸 일은 더더욱 없으니 말이죠.

그렇지만 수학이 필요하다면 기꺼이 수학을 공부해서 적용할 수 있어야 하고 중요한 알고리즘이 필요한 부분이 있다고 하면 새로운 알고리즘을 만들거나 기존 알고리즘 중에서 적합한 것을 찾아서 적용할 수 있어야 한다고 봅니다.

즉, 그때 그때의 환경에 따라 다르다고 보는 것이 맞을 것 같습니다.

좀 더 일반적으로 얘기하면 알고리즘이건 수학이건 모르는 것보다 훨씬 나은 상황이 더 많지 않을까 싶습니다. 그렇지만 닭 잡는 데 소 잡는 칼을 쓸 필요는 없는 것처럼 필요한 상황에 맞는 수준으로만 사용하면 될 것 같습니다.

Q. 프로그래밍에서 중요한 것 세 가지만 꼽는다면 무엇이 있을까요? 세 가지 넘어도 됩니다.

A. 선문답 같지만,

- 사용자의 요구사항에 대한 정확한 이해
- 요구사항을 구현하기 위해 적합한 플랫폼과 환경에 대한 깊은 이해
- 사용하는 도구의 기능에 대해서 높은 숙련도

Q. 닮고 싶은 프로그래머가 있나요? 동료도 좋고 유명한 프로그래머도 좋습니다. 그리고 그 이유는?

A. 닮고 싶은 프로그래머가 두 명 있어요. 리누스 토발즈와 사티아 나델라입니다.

리누스 토발즈를 닮고 싶은 이유는 딱 두 가지예요. 그저 재미로 리눅스를 만들었는데 세상을 바꾸었다라는 점과 본인의 이력을 소개할 때 "저는 리눅스를 만든 사람입니다"라고 한 문장만 얘기하면 되는 것이 너무 너무 부럽고 꼭 닮고 싶습니다. (ㅎㅎ)

사티아 나델라는 마이크로소프트 사의 프로그래머 출신 CEO입니다. 다 쓰러져 가는 마이크로소프트를 다시 부활시킨 점이 너무 대단해 보입니다. 여러 가지 요인이 있겠지만 "마이크로소프트는 리눅스를 사랑합니다" 이 말을 듣게 해줬다는 것이 아직도 상상이 안갑니다. 어떻게 이러한 사고의 전환을 할 수 있고 사내에 다시 혁신의 DNA를 전파할 수 있었는지 이러한 리더십을 꼭 닮고 배우고 싶네

요. 물론 이러한 통찰력이나 리더쉽이 기술적인 이해 없이 과연 가능했을까요? 기술에 대한 깊은 이해를 또 다른 형태의 것으로 승화시킬 수 있다는 점이 대단한 것 같습니다.

Q. 처음 프로그램다운 프로그램을 만든 경험담이 있으신지요? 어떤 프로그램이었나요? 그리고 지금 생각해보면 그 프로그램은 프로그래머 인생에서 어떤 역할을 했다고 생각하나요?

A. 프로그래밍을 시작하게 된 동기를 말씀드리면서 잠깐 소개하긴 했는데요. 고등학교 때 전시회에 출품한 토정비결(사주풀이) 프로그램이 프로그램다운 첫 프로그램이지 않았나 합니다.

전시회 때 타 학교 여학생들이 보러 와서 재미있어 하고 꽃다발 선물도 받고 해서 본격적으로 프로그래밍을 열심히 하는 계기가 되었어요. 참 단순하죠?

Q. 책을 쓰신 저자시잖아요. 어떤 책을 쓰셨으며 책을 쓴 이전과 이후에 달라진 점이 있나요? 책 집필을 통해 얻은 것은 무엇이었나요?

A. 로드북에서 출간한 『스토리로 이해하는 암호화 알고리즘』이라는 책을 썼습니다. 대중적인 주제로 책을 쓰고 싶다기보다는 전문 분야에 대해서 개발자 누구나 이해할 수 있는 책을 하나 쓰고 싶었죠. 마침 임성춘 편집장님을 만나면서 직접 실행에 옮길 수 있게 되었네요.

크게 달라진 점은 없는 것 같아요. 그래도 굳이 찾는다면 책을 쓴 분야에 대해서는 주변에서 전문가로 인정을 해준다는 점 정도라고 할까요?

책을 집필하기 전에 에이콘 출판사를 통해 사내 동호회 분들과 같이 번역서를 한권 낸 적이 있습니다. 그때도 책이 너무 전문적이고 양이 방대해서 많이 힘들었거든요. 그런데 책을 집필하는 것은 번역보다 더 힘들다는 것을 몸소 체득하게 됐습니다. 물론 일반화하기는 어렵겠지만요. 그리고 힘들었지만 책을 쓰는 방법에 대해서 조금이라도 경험을 쌓았다는 것이 큰 자산이 되었고요. 아는 것과 그것을 알기 쉽게 설명하는 것은 다르다는 것을 많이 느꼈습니다.

너무 힘들었던 탓인지 요즘은 좀 더 대중적인 주제의 책을 집필하고 싶다는 생각을 하고 있습니다.

Q. **프로그래머라서 행복할 때는 그리고 불행하다고 생각할 때는?**

A. 프로그래머라서 불행하다고 생각해 본 적은 없는 것 같습니다.

행복한 적은 많았는데요. 프로그래머라서 행복하다라는 느낌보다는 프로그래머로서 일하다 보면 어떠한 문제를 해결했을 때 느낄 수 있는 소소한 쾌감들이 큰 보람을 주기 때문에 자연스럽게 행복함을 느끼게 해주는 것 같습니다.

요즘은 많은 사람들이 3D업종이라고 얘기를 하지만, 사실 생각하기 나름이고 어떤 프로그래머가 되느냐는 마음먹기와 그 사람의 역량에 따른 것 같습니다.

쉬운 길은 아니지만 무에서 유를 창조하는 고도의 창작 활동인 것만은 틀림없는 사실입니다.

Q. **지나온 과거를 돌이켜볼 때, "아~ 그때로 돌아가면 이런 공부를 좀 하고 싶다"라는 게 있는지요?**

A. 어려운 질문이네요. 이런 공부를 좀 하고 싶다라는 생각보다는 이러한 편견을 가지지 말았어야 하는데 라는 생각은 평소에 많이 합니다.

예전에는 웹 프로그래밍을 경시하는 풍조가 있었는데, 그러한 분위기에 동조했다는 것이 참 편협한 생각이었다라는 것을 지울 수 없습니다.

그리고 한창 윈도우 환경에서 개발을 할 때는 그렇게 리눅스 환경이 싫었는데, 리눅스 환경에 익숙해지고 나서는 한참 동안 윈도우를 좋

지 않게 생각했죠. 각각의 장단점을 파악하려고 한 것이 아니라 어느
한 쪽에 치우친 생각을 많이 했었습니다. 이러한 편협했던 시각을 꼭
바꾸고 싶습니다. 그 시절로 돌아간다면. 그렇게 되면 다양한 분야
의 지식을 더 빨리 공부할 수 있었을 테고 좀 더 큰 사람이 되어 있지
않았을까 하는 생각이 듭니다.

프로그램을 구현하는 방법은 무척이나 많습니다.

이재영(하드웨어 개발자)

Q. 간단한 자기 소개 부탁드려요.

A. IT과학이야기 시리즈의 저자이자 개인회사를 운영중인 이재영이라고 합니다. 전자공학출신이어서 하드웨어에 가까운 임베디드 시스템용 프로그램을 주로 다루고 있습니다.

Q. 요즘 리얼리티 프로그램이 대세잖아요. 하루 일과를 그냥 가감없이 보여줌으로써 시청자도 같은 감성을 공유하거나 삶을 간접적으로 체험한다거나. 이런 관점에서 하루 일과를 공유해주신다면?

A. 저는 여러 중소기업을 옮겨 다니면서 많은 경험을 했습니다. 그리고 마지막에 다니던 회사는 반도체를 개발하는 회사였고 현재는 개인회사를 운영중이어서 시간이 자유로운 편입니다. 그렇지만 대부분의 시간을 업체와의 미팅 및 제품을 개발하는 데 시간을 보내고 있습니다. 집에서 나서게 되면 아침에 가장 먼저 하는 일이 어떤 일정이 있는지 확인을 합니다. 그리고 미팅이 없는 시간에는 무엇을 개발할지 아이디어를 얻기 위해 뉴스와 잡지를 많이 보는 편입니다. 그리고 개발해야 할 제품이 선정되면 그 제품을 위한 일정을 세우게 되고 대부분이 그 일정에 따라서 움직이되 중간중간에 미팅이 있는 경우가 많습니다. 사랑하는 아이들이 있기 때문에 저녁에는 집에서 주로

저녁을 먹습니다. 그리고 아이들과 놀며 하루를 정리하는데요. 잠자리 들기 전에는 하루의 일을 정리하거나 오늘 해결하지 못한 프로그램의 문제나 일정을 해결할 방법을 생각하고는 합니다.

Q. 프로그래밍 공부를 시작하게 만든 강력한 동기가 무엇이었나요?

A. 어려서부터 로봇을 좋아했습니다. 또한 컴퓨터를 잘 다루었는데 저희 동네의 컴퓨터는 제가 다 고치면서 돌아다녔죠. 그렇지만 실제로 프로그램을 배우기 시작한 것은 군대였습니다. 프로그램에 대한 궁금증과 갈증 해소는 부대 내에 비치된 도서에서 시작했죠. 그 책을 4~5번은 읽은 듯합니다. 그렇지만 컴퓨터가 없었죠. 머릿속으로만 이해하기 위해 노력했는데, 그때부터 프로그래밍을 진짜 해보고 싶다는 강렬한 열망을 가졌던 것 같습니다.

Q. 맨처음 누구나 프로그래밍 공부는 막막할 것 같습니다. 혼란스러웠던 시기의 에피소드를 얘기해주실 수 있는지요?

A. 프로그램은 눈으로 코드를 볼 수는 있지만 실제의 동작은 결과물로만 확인이 가능합니다. 그렇기 때문에 실제로 볼 수가 없어서 그 세계를 이해하는 데 시간이 걸릴 수 있습니다. 그렇지만 많은 예제들과 시간을 투자하다 보면 어느 순간 번뜩 떠오르는 것이 있습니다. 그때부터 여러분은 프로그래머가 되는 것입니다.

Q. 자신만의 프로그래밍 공부법이 있으셨을 것 같습니다. 초창기, 성장기, 그리고 현재 왕성하게 활동하고 있는 기간, 이 세 기간으로 나누어서 소개해주실 수 있나요?

A. 초창기: 프로그램의 세계를 이해하기 위해 많은 예제를 실습했습니다.

성장기: 여러 상황에 맞는 프로그램들을 만들고 문제점들을 해결해 가면서 조금 더 깊은 이해와 원리를 알게 되었습니다.

현재: 조금 더 고급스러운 프로그램으로 만들기 위해 칼럼이나 다른 사람의 소스를 읽어 봅니다

Q. 프로그래밍 공부에서 알고리즘이나 수학이 중요하다고 하는데요. 꼭 그런가요?

A. 네, 무척 중요합니다. 같은 결과지만 알고리즘이나 수학에 따라서 코드가 간결해지고 빨라질 수 있습니다. 그렇지만 모든 알고리즘을 머릿속에 넣는 행동은 바보 같은 짓입니다. 필요할 때 잘 찾는 방법을 아는 것이 좋습니다.

Q. 프로그래밍에서 중요한 것 세 가지만 꼽는다면 무엇이 있을까요? 세 가지 넘어도 됩니다.

A. 1. 컴파일러를 의심하지 말고 자신을 의심할 것

2. 나보다 프로그램을 잘 만드는 사람은 많다는 것

3. 프로그램을 구현하는 방법은 무척이나 많다는 것

4. 다른 사람의 라이브러리를 사용하지 않고도 구현할 수 있으면 구현할 것

Q. 닮고 싶은 프로그래머가 있나요? 동료도 좋고 유명한 프로그래머도 좋습니다. 그리고 그 이유는?

A. 닮고 싶은 프로그래머를 생각해 본 적은 없지만 프로그램을 예술로 만드는 사람들을 보면 누구나 존경스럽습니다. 그 사람이 중학생이라고 해도 말이죠.

Q. 처음 프로그램다운 프로그램을 만든 경험담이 있으신지요? 어떤 프로그램이었나요? 그리고 지금 생각해보면 그 프로그램은 프로그래머 인생에서 어떤 역할을 했다고 생각하나요?

A. 시리얼 통신을 하는 프로그램이었는데 컴퓨터 프로그램을 만드는 데 필요한 대부분의 요소가 다 들어 있었습니다. 그 프로그램 덕분에 원리를 빨리 파악할 수 있었고 지금도 그 원리는 유효합니다

Q. 책을 쓰신 저자시잖아요. 어떤 책을 쓰셨으며 책을 쓴 이전과 이후에 달라진 점이 있나요? 책 집필을 통해 얻은 것은 무엇이었나요?

A. 첫번째 책은 '하드웨어의 원리와 소프트웨어의 원리'를 설명하는 책이었습니다. 그런데 이 책을 처음 쓰다 보니 부족한 부분도 많았고 어려운 책이었습니다. 그래서 시작한 'IT과학이야기' 시리즈가 있는데 이 시리즈를 통해서 많은 분들로부터 고맙다는 메일을 자주 받았습니다. 그런 메일 덕분에 보람을 느낍니다.

Q. 프로그래머라서 행복할 때는 그리고 불행하다고 생각할 때는?

A. 아직 불행하다고 느끼지는 못했습니다. 프로그램을 완성했을 때의 그 성취감은 어느 것과도 견주기 힘듭니다. 그렇지만 현장에서 사용될 때 문제가 생기면 머리가 많이 아픕니다.

Q. 지나온 과거를 돌이켜볼 때, "아~ 그때로 돌아가면 이런 공부를 좀 하고 싶다"라는 게 있는지요?

A. 공부는 지금도 많이 하고 있습니다. 끝이 없는 세계가 소프트웨어의 세계인 것 같아요. 만약에 시간을 되돌려서 과거로 돌아간다면 중학생이나 고등학생 시절로 가보고 싶습니다. 조금 더 빨리 프로그램을 배웠다면 대회를 많이 나가보면서 여러 사람들과 대결하는 경험을 하고 싶습니다.

성공하는
프로그래밍
공부법

의도적 수련과
소프트웨어 장인정신

고종범

학습은 애자일(기민)하게 해야 한다

학습은 애자일agile[01]하게 해야 한다. 즉, 기민하게 해야 한다는 이야기다. 기민하다는 의미가 무엇인지 이해하기 어려운 독자가 있을 것이다. 우선 애자일하게, 기민하게라는 의미를 이해하기 위하여 애자일에 대하여 알아보고자 한다.

필자는 다양한 분야에서 개발자로 일한 경험이 있다. 시스템 통합 작업인 SISystem Integration 분야에 있었고 특정 기능을 수행하는 솔루션 개발 작업도 한 적이 있다. 또한 일반 사용자를 위한 인터넷 서비스도 개발했다. 다양한 분야를 거치면서 새로운 지식을 익히고 활용하는 것은 필수적이었다. 이런 과정에서 프로그래밍 공부법에 대한 호기심과 경험이 자연스럽게 생겨났다.

프로그래머뿐만 아니라 애자일 코치도 하게 되었다. 애자일 코치와 유사한 역할로는 PMProject Manager이 있다. PM은 프로젝트의 일정과 작업범위, 요구사항 등을 관리하는 역할이라면 애자일 코치는 애자일 개발 방법론이라는 것을 기준으로 일정과 작업범위, 요구사항 등을 관리하는 역할이다.

이렇게 애자일 개발 방법론을 이해하고 활용하면서, 이를 프로젝트 관리뿐만 아니라 학습과 개인의 성장을 위한 방법으로 활용하

---

01 날렵한, 민첩한 (생각이) 재빠른, 기민한(눈치가 빠르고 동작이 날쌘)

고 있다. 현재 프로그래밍 공부 외에도 새로운 분야에 도전하고 있는데 여기에서도 애자일이란 방법을 활용하고 있다.

여기서 소개하는 애자일에 대하여 이해한다면 독자들도 다양한 분야에서 적용 가능할 것이다.

이제부터 애자일에 대하여 알아보도록 하자. 아래는 애자일 개발 방법론에 대한 위키백과의 설명이다.

> 애자일 방법론은 소프트웨어 개발 방법에 있어서 아무런 계획이 없는 개발 방법과 계획이 지나치게 많은 개발 방법들 사이에서 타협점을 찾고자 하는 방법론이다.
> … (중략) …
> 문서를 통한 개발 방법이 아니라, code-oriented, 실질적인 코딩을 통한 방법론이라는 점이다.
> … (중략) …
> 일정한 주기를 가지고 끊임없이 프로토 타입을 만들어내며 그때 그때 필요한 요구를 더하고 수정하여 하나의 커다란 소프트웨어를 개발해 나가는 adaptive style 이라고 할 수 있다.
> … (중략) …
> "애자일(Agile=기민한, 좋은 것을 빠르고 낭비없게 만드는 것) 개발을 가능하게 해 주는 다양한 방법론 전체를 일컫는 말이다. 예전에는 애자일 개발 프로세스는 "경량 (Lightweight)" 프로세스로 불렸다.

(출처: 위키백과, https://ko.wikipedia.org/wiki/애자일_소프트웨어_개발)

위의 내용만으로 애자일을 이해하기란 쉽지 않지만, 여기서 살펴봐야 할 프로그래밍 학습과 관련된 설명은 "실질적인 코딩을 통한", "프로토 타입을 만들어내며 그때그때 필요한 요구를 더하고 수정"이란 부분이 해당된다. 프로그래밍 공부법을 애자일 개발 방법론적으로 해석하면 "실질적인 코딩을 통해 프로토타입을 만들어 내며 필요한 학습에 대하여 덧붙이고 수정하는 것을 수행하는 방법" 정도로 바꿀 수 있겠다. 즉, 직접 만들어 보는 작업을 통해 학습하는 것이 프로그래밍 학습이라는 것이다. 하지만 해당 방법이 애자일한 방법의 전부는 아니다.

애자일 개발에는 스크럼Scrum, 칸반Kanban 등의 대표적인 방법론이 존재한다. 각각에 대하여 간단하게 설명하면, 스크럼은 럭비에서 나온 용어이다. 공격 진영의 8명 또는 6명이 공을 중심으로 어깨와 머리를 맞대고 진영을 만드는 행위를 말한다. 애자일 개발 방법론에서 이야기하는 스크럼은 6~8명 정도 되는 작은 팀이 하나의 소프트웨어를 만들기 위하여 머리를 맞대고 일하는 것을 말하는데 마치 럭비의 스크럼과 같아서 이름을 붙이게 된 것이다. 또 일하는 방식이 럭비의 규칙과 매우 유사하다. 럭비는 주어진 공격권에 따라서 앞으로 조금씩 나아가서 최종적으로 목표 지점에 도달해야 점수를 딸 수 있는 경기이다. 애자일의 스크럼도 유사한 방식으로 일을 한다. 최종적인 목표점을 향해 일하는 것이 아니라 공격권이 주어지는 기회에 최소한의 목표를 정하고 이를 달성해 나가면서 최종적인 소프트웨어 완성이라는 목표에 도달하는 방식이다.

▶ 최소한의 목표를 정하고 이를 달성하기 위해 스크럼을 짜고 있는 럭비 선수들의 모습

　애자일에서 스크럼의 목표는 소프트웨어 제품의 완성에 있다. 제품을 만들기 위해서는 반드시 해야 하는 작업들이 있는데 이것을 프로덕트 백로그Product Backlog라고 한다. 이것이 럭비에서의 승리 목표와 같은 것이다. 럭비의 스크럼처럼 점수를 따기 위해서는 한번의 공격권이 주어졌을 때 전진할 목표 거리를 정하듯이 스프린트Sprint라는 시간적 공격권이 주어지고 이때 달성할 목표로 스프린트 백로그Sprint Backlog라는 것을 정하게 된다. 럭비의 공격권은 소프트웨어 개발에서는 시간으로 주어지는데, 1~4주 정도의 스프린트라는 시간이 주어진다. 그리고 해당 기간 동안 만들어낸 작업이 럭비에서의 전진 거리가 되는 것이다. 럭비에서 조금씩 전진하여 목표점에 도

달하듯이 스프린트를 반복적으로 수행하여 최종적인 제품을 만드는 것이 애자일의 스크럼이다. 럭비에서는 매번 공격마다 작전을 짜기도 하고 적절한 시간에 작전 타임을 갖기도 하는데 애자일의 스크럼에서도 작전을 짜는 시간을 갖는다. 럭비에서 한번의 공격권에서 어떻게 공격하여 전진할지 작전을 짜듯이 한번의 스프린트에서 해야 할 목표를 정하는 회의를 스프린트 계획 회의Sprint Planning Meeting라고 한다. 럭비에서 공격이 끝나고 나면 작전의 성공여부와 무엇이 적절했는지 이야기를 나누기도 하는데 스프린트가 끝나고 난 후 비슷한 시간을 갖는다. 현재까지의 우리의 작업을 살펴보고 작전대로 잘 하고 있는지 점검하는 시간이 스프린트 리뷰Sprint Review와 스프린트 회고Sprint Retrospective라는 것이다.

럭비는 스포츠이기 때문에 감독, 코치 등이 존재하는데 애자일의 스크럼에서도 유사하게 존재한다. 제품의 감독에 해당하는 프로덕트 오너(Product)가 있으며 코치 역할을 하는 스크럼 마스터Scrum Master가 존재한다.

이처럼 애자일의 스크럼은 럭비라는 스포츠의 방식과 많이 비교가 되는 개발 방법론이다.

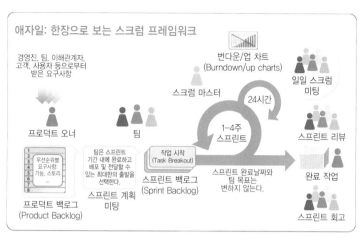

▶ 스크럼 개발 프로세스

애자일 개발 방법론에서 스크럼만큼 많이 사용되고 있는 방법론으로 칸반이라는 것이 있다. 앞서 설명한 스크럼의 경우 어느 정도의 형식이 갖춰졌다면 칸반의 경우 진행사항을 쉽게 보기 위하여 특화한 방법론으로 볼 수 있다. 또한 최근에는 스크럼에서 칸반으로 방법을 바꾸거나 함께 사용하는 경우가 많기 때문에 칸반에 대하여도 알아두면 유용하다.

칸반은 간판이라는 한글의 일본식 표기법이다. 토요타라는 회사에서 사용한 방식으로 일의 진행상태를 시각화하여 표현하며 이를 통해 일의 진행상태를 공유하고 관리하기 위한 방식이다.

토요타라는 자동차 회사에서는 정해진 공정과정을 통해서 작업을 수행했다. 그런데 각각의 공정 과정의 상태를 알지 못하여 특정 공정 구간에서 일이 몰려 있는 것을 알지 못하는 현상이 있었다. 일종의 병목현상이 발생하게 되면 자동차 생산에 많은 부정적 영향이 발생하는 것이다. 이런 문제점을 어떻게 해결할까 고민하다 만든 것이 칸반이라는 것이었다. 말 그대로 간판을 만들고 각각의 공정 상태를 기록하여 시각화한 것이다. 내가 속한 곳의 공정 작업이 끝나고 나면 다음 공정으로 넘어가게 되는데 해당 공정에서 일이 몰려 있으면 나는 적절하게 작업 사항을 줄여야 하는 것이다. 그리고 여건이 된다면 일이 몰려 있는 공정에 도움을 주어 병목을 해결함으로써 일의 흐름을 유지시키도록 하는 것이다. 이처럼 하나의 공정 단계에서 처리할 수 있는 일의 한계를 WIP_{Work In Progress}이라는 것으로 정하게 된다. 즉, WIP을 보고 병목 현상을 확인할 수 있다. 칸반에 대하여 모두 설명한 것은 아니지만 소개는 여기까지 하도록 하겠다.

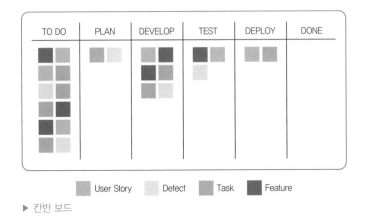

▶ 칸반 보드

스크럼과 칸반은 일하는 방식에 대한 방법론이다. 그런데 이런 방법론이 학습에도 동일하게 적용될 수 있다. 스크럼 방식은 작은 목표를 정하고 이를 달성하는 방식이다. 대부분의 학습이 작은 목표를 정하고 이를 달성해 나가면서 최종적인 목표에 도달하는 방식으로 하고 있다. 이것은 스크럼과 크게 다를 것이 없다. 또 학습을 진행하면서 학습할 것, 학습하고 있는 것, 학습이 잘 안 되는 것 등 세분화하여 구분하는데 칸반을 이용하면 시각화를 할 수 있고 내가 알고 있는 것과 모르고 있는 것 등의 구분이 용이해진다. 결국 우리가 하고자 하는 프로그래밍 학습도 스크럼과 칸반을 이용하여 할 수 있다. 단순하게 방법론으로 활용하는 것이 아니라 애자일에서 이야기하는 가치, 원칙 등도 프로그래밍 학습에 적용할 수 있다.

아래는 애자일 코치로 애자일 개발 방법론을 전파할 때 간단하게 애자일을 설명하는 방법이다.

> 불확실성이 높을 때 빠르게 시도하고, 빠르게 실패하고,
> 실패에서 배우고 개선하여 다시 시도한다.

학습을 한다는 것은 내가 알지 못하는 것을 접하게 되는 것으로 불확실성이 높다. 어떤 것을 배워야 하는지 어떤 것이 유용한지 불분명하기 때문이다. 이럴 때 애자일 공부법에 따라서 실질적인 코딩을 시도해 보고 내가 무엇을 모르는지 확인하고 이를 해결하기 위해 학습하고 점진적으로 동작하는 소프트웨어를 만들어 보면 된다.

아직은 이런 내용만으로는 프로그래밍 공부법과 애자일이 무슨 관계가 있는지 이해하기 어려울 수도 있다. 여기 일상에서 애자일과 학습이 어떻게 이뤄지는지 다음 이야기를 통해 조금 더 이해하도록 하자.

〈Y식당〉 이야기

케이블에서 방송되었던 〈Y식당〉은 연예인 4명이 해외에서 작은 한식당을 차리고 10일간 가게를 운영하는 과정을 담은 이야기이다. 이야기는 셰프이며 사장을 맡게 된 Y, 주방 보조역할을 맡은 J, 주문과 서빙 그리고 음료 등 홀 담당을 맡은 L, P 등이 스페인의 휴양지에서 한식 식당을 열게 되면서 벌어지는 에피소드를 담아냈다. 출연진 중 Y, J, L은 이전 편에서 식당을 운영했던 경험이 있다. 새롭게 투입된 P는 다양한 알바 경험이 있었다.

그렇다면 〈Y식당〉 이야기에서 애자일이 어떻게 다루어졌는지 살펴보자.

첫번째, 식당에서 제공할 메뉴를 결정하고 이를 학습하는 과정에서 발생한다. 셰프 Y는 비빔밥이라는 메뉴를 결정하게 된다. 하지만 전문요리사가 아닌 그녀는 메뉴를 정한 이후 다양한 시도를 하게 된다. 재료의 크기를 바꿔보거나, 소스를 다양하게 사용해 보고, 요리시간을 체크해보기도 한다. 수차례의 다양한 시도 끝에 자신에게 적합한 레시피를 찾게 된다.

이처럼 시도한다는 것은 실패를 전제로 하는 행동이다. 그리고 실패를 통해 학습하고 개선할 점을 찾는 것이다. 이는 학습의 기본적인 사항으로 빠르게 시도하고 빠르게 실패하고 실패를 통해 개선한다는 애자일의 기본 원리와 같다.

동일한 학습은 식당을 정식으로 운영하기 전에 한번 더 발생한다. 정식 오픈 하루 전날 새로운 식당에서 직접 요리를 해보고 현지인에게 식사를 대접한 것이다. 그리고 그들의 피드백을 받았다. 결과는 실패였다. 현지인들은 끝까지 식사를 하지 않았고, 이미 식사를 해서 배가 부르다는 변명을 했다. 맛이 없다는 것을 완곡하게 표현한 것이다. 이 과정을 통해 셰프 Y를 비롯한 이들은 레시피를 바꾸게 된다. 이는 먼저 시도해보고 피드백을 통해 실패를 확인하고 즉각적인 개선을 시도한 것이다. 사용자의 피드백을 받고 이를 개선한 부분은 보다 전문적이고 보다 직접적인 방법을 선택한 것이다. 이런 방법 또한 학습에 유용한 방법으로 '의미있는 피드백'에 대하여 차후에 설명하도록 하겠다.

두번째는 그들이 매일 일을 마치고 숙소에서 저녁식사를 하면서 나누는 이야기 속에서 찾을 수 있다. 그들은 자신이 경험한 과정에서 얻은 아이디어를 서로 주고 받는다. 테이블 세팅 방법에서부터 새로운 메뉴의 개발과 추가 등을 이야기하고 새롭게 시도할 수 있는 것을 정리하여 다음날 실행한다. 이렇게 하루를 돌아보는 시간과 지속적인 개선을 통해 식당 운영은 점점 더 개선된다.

애자일 방법론에서는 이와 같이 되돌아 보는 시간을 가지고 개선할 수 있는 방법을 찾는 행위를 회고Retrospective라고 한다. 학습도 유사한 방법을 사용하게 되는데 일종의 복습이라고 할 수 있다. 학습 회고는 학습한 내용을 살펴보며 잘 익혀지지 않는 부분은 재학습을 실행하고, 또한 학습했던 과정을 살펴보고 공부법도 개선하도록 하는 것을 말한다. 회고라는 것은 이와 같이 중요한 행위라서 관련된 내용은 깊이있게 설명할 예정이다.

▶ 하루를 돌아보는 시간과 지속적인 개선을 통해 식당 운영은 점점 개선된다.

〈Y식당〉의 또 다른 상황을 보자. 초기 식당 운영에서 주문을 받을 때 누가 주문했는지 구분 없이 주문한 메뉴만 적어서 주방으로 전달했다. 주방에서 음식을 만들고 내놓으면 L과 P는 테이블로 음식을 서빙한다. 문제가 발생한 것은 손님이 많아지면서 L과 P가 주문에 대한 사항을 서로 공유하지 않으면서 엉뚱한 테이블로 음식을 제공하게 되면서 발생한다. 이로 인하여 손님 중에는 먼저 왔음에도 음식을 제공받지 못하는 일이 발생한 것이다. 해당 사건을 통해 L과 P는 매일 아침 테이블 번호를 정하고 공유하며 주문표에 테이블 번호를 기록하게 된다. 실패에서 배우고 개선한 것이다.

다시 문제가 발생한 것은 주문표의 문제가 아니라 주방에서 발생한다. 식당 운영이 잘 되면서 손님의 수는 빠르게 증가하게 된다. 또 주문하는 내용도 많아지게 된다. 이로 인하여 주방에서는 먼저 주문한 요리를 하다보니, 하나의 음식이 나가는 시간이 길어지게 되는 것이다. 이때의 개선 방법으로 통합 주문표라는 것을 만들게 된다. 기존의 주문표는 테이블별로 주문된 내용에 대하여 필요했다면 주방에서는 여러 개의 주문표를 통합하여 동일한 메뉴는 한번에 요리하는 방법으로 시간을 줄일 필요가 있었다.

식당 운영 초반에는 이런 방법을 생각할 수 없었으나 손님이 많아지면서 문제 상황이 발생하고 이를 해결하기 위하여 새로운 방안을 학습하게 된 것이다. 식당 운영에 대하여 전문성이 없던 연예인들은 식당 운영 과정을 통하여 많은 것을 실패하였고 지속적 개선을 통해 학습하게 되었다. 만약 이들이 다시 식당을 운영한다면 어떻게 할까? 아마도 더 다양한 메뉴를 가지고 규모있는 식당을 운영할 수 있지 않을까 생각된다.

〈Y식당〉에서 발생한 모든 애자일한 학습에 대하여 이야기한 것은 아니다. 일상에서 어떻게 학습이 일어나는지 일부 내용을 소개한 것이다. 주된 내용은 시도하고 실패하고 실패에서 배우고 개선하는 이야기이다. 일반 공부법도 그렇지만 프로그래밍 학습은 더더욱 애자일한 공부법이 필요하다.

이번에는 프로그래밍 학습은 아니지만 다른 분야에서 애자일한 방법으로 지속적으로 학습했던 이야기를 하고자 한다. 〈Y식당〉 속의 학습은 주로 실패와 학습에 대한 이야기였다면 이번 이야기는 전문적으로 학습을 수행했던 과정으로 보면 된다.

애자일을 애자일하게 학습한 모임 이야기

나는 애자일 코치로 성장하기 위하여 관련된 전문 강의를 듣게 되었다. 단순하게 애자일이라는 것을 학습한 것이 아니라 애자일 개발 방법론의 도입을 위해 필요한 코치로서의 역량을 키우는 과정이었다. 아무리 강의가 훌륭해도 제대로 배우기 위해서는 복습이 필요했다. 그래서 강의를 함께 들었던 동기들과 학습 모임을 만들기로 하였다.

혼자서도 학습이 가능하겠지만 의지가 약해지거나, 어려움에 빠졌을 때 도움을 구하기란 쉽지 않다. 학습 모임을 만들거나 참여하는 것은 지속적인 학습을 수행할 뿐만 아니라 타인의 경험이나 지식을 통해 간접 학습이 가능하고, 언제든지 도움을 받을 수 있는 장점이 있다. 프로그래밍 학습도 이와 같은 배경으로 사회적 자본(인적 네트워크)이라고 할 수 있는 같은 목적을 가진 사람들을 활용하는 학습모임에 참석하는 것이 좋은 공부법의 하나이다.

나의 학습모임에서는 애자일한 방법으로 학습을 하기로 하였다. 그것은 목표 관리에 대한 것이었다. 먼저 주제를 정하고 해당 주제를 학습하는 것을 목표로 한다. 주제는 시간이 오래 걸리는 것이 아니라 4주 정도에 가능한 주제로 선택하였다. 때문에 목표 일정은 4주 후가 되었고 완료를 하면 정리하고 되돌아 보는 시간을 갖기로 하였다.

학습에 있어서 목표 관리는 매우 중요한 부분이다. 프로그래밍 학습에서 흔히 "파이썬Python을 배우겠어"라는 불분명한 목표를 세우는 경우가 있다. 이런 경우 목표를 달성하기에 모호한 부분도 있지만 너무 먼 미래가 되어 쉽게 포기하는 경향이 있다. 보다 구체적이고 되도록 짧은 주기로 성취할 수 있는 목표가 필요하다. 목표 관리에 대한 이야기는 이후 구체적으로 알아볼 것이다.

학습모임은 매주 토요일 오전에 진행되었다. 때문에 일주일이라는 시간동안은 혼자서 학습을 해야 한다. 우리는 개인 학습을 '실험'

이라고 불렀다. 실험은 매주 학습 모임에서 다음 한 주동안 해야 할 학습 중에 하나를 직접 수행해 보는 것이었다. 즉, 앞서 말한 시도와 실패의 학습 과정이 매주 반복되는 것이다. 계속해서 반복하는 내용이지만, 프로그래밍 학습도 배운 것을 시도하고 실패에서 배우는 과정이 필요하다.

학습모임에서 또 하나의 특별한 방법은 학습 초기에 전문가의 도움을 받는다는 것이다. 해당 분야의 전문가를 초대하여 인터뷰를 하거나 학습 주제의 전반적인 이야기를 듣는다. 이를 통해 앞으로 학습할 방향이나 내용을 정하게 된다. 학습 초보자는 전체 모습을 그려보는 것이 어렵기 때문에 이런 과정을 통해 학습 주제의 심성 모델Mental Model이란 것을 만든다. 심성 모델은 일종의 마인드 맵Mind Map으로 보면 된다. 프로그래밍 학습에서도 내가 배워야 할 과정들의 전반적인 내용을 알고 있고 전문가들이 겪은 학습의 어려움이나 중요한 부분에 대하여 설명을 듣는다면 학습을 더욱더 촉진할 수 있게 된다.

주기적인 학습에서 기본적으로 발생하는 것은 상호간의 학습에 대한 공유와 피드백이다. 타인의 학습 내용을 공유 받음으로써 간접 학습을 수행하고 상호 간에 질문과 답변을 통해 보다 깊이있는 정보를 들을 수 있다. 특히 같은 목적을 가지고 학습하는 이들이 상호 간에 정보가 담겨있는 피드백을 주고 받는 것은 학습을 더욱 촉진시켜 준다. 앞서 설명한 사회적 자본을 보다 확실하게 이용하는 방법이다.

이런 과정을 통해 습관 만들기, 효과적인 공부법 찾기, 측정하기, 평가하기, 근거 기반 훈련 등등 여러 주제를 2년 넘게 학습하게 되었다. 그리고 이런 학습에 대한 생각을 정리하고 1년 정도 강의를 진행하여 사람들에게 공유하는 기회를 갖기도 했다. 또 현재는 학습한 내용을 활용하는 업무를 하고 있고 데이터 분석과 기계학습, 경영 정보 관리 등의 새로운 학습에도 도전하고 있다. 새로운 학습은 몇년 더 걸리겠지만 학습 목표를 달성할 것이라 확신한다. 왜냐하면 제대로 된 공부법으로 학습하고 결과를 만들어 가고 있기 때문이다.

그러면 이제부터 직접 경험하고 알게 된 공부법 중에 유용하다고 생각하는 애자일 공부법에 대하여 본격적으로 소개하도록 하겠다.

목표는 마지막 목적지가 아니라 첫걸음 자체가 되어야

프로그래밍 학습의 최종 목표는 원하는 소프트웨어를 완성하는 것이다. 즉, 만들어 내는 능력을 익히는 것이 프로그래밍 학습이다. 그렇다면 소프트웨어를 만들어 내는 능력이라는 것은 무엇을 말하는 것일까? 단순하게 생각해보면 프로그래밍 언어의 사용법과 프로그래밍에 필요한 기초 지식으로 알고리즘, 통신 프로토콜, 컴퓨터 구조 등을 자유롭게 사용할 수 있는 것을 말할 것이다. 이러한 프로그래밍 학습 방법은 각각 다를 수 있다. 일반적인 학습 방법은 책을 통해 이해하고, 퀴즈나 시험을 보는 방법이 있다. 하지만 내가 생각하는 프로그래밍 공부법은 앞서 설명한 〈Y식당〉의 이야기처럼 실제로 시도해보면서 다양한 지식들을 활용하는 것이 제대로 된 공부법이라고 생각한다. 그러기 위해서는 우리에게 적합한 훈련법이나 공부법을 가지고 있어야 하는데 그 첫번째 단계는 구체적인 목표를 세우는 것이다.

이번 장에서는 목표 설정 및 관리에 대한 이야기를 할 것이다. 학습의 첫걸음이며 지속적으로 관리되어야 하는 것이 목표 관리이다. 나의 목표 설정과 실패 사례로 이야기를 시작해 보겠다.

초급 개발자였을 때 자바Java를 학습하기 위하여 목표를 설정했다. 당시에는 구체적인 목표가 있었던 것은 아니고 자바의 사용 방법을 익히고자 하였다. 자바 스펙에 대한 책을 구매하였고 이를 처음부터 천천히 학습하고자 하였다. 기본 문법을 익힌 후 조금씩 난이도가 올라갈수록 책을 읽는 속도가 떨어졌다. 바쁘다거나 진도가 안나간다는 이유로 학습 시간은 줄어들었고 당장 사용할 것만 익히다보니 학습의 재미가 떨어져 중도에 멈추게 되었다. 구체적인 목표가 없는 상황에서 학습이 어떻게 멈추는지 알 수 있는 흔한 사례이다. 그러나 나는 여기서 멈추지 않았다. 지속적으로 학습을 시도했고 학습 레벨이 점점 올라가게 되었다.

이후 다시 자바에 대한 전문성을 갖기 위하여 새로운 학습을 시도하였다. 자바 기반의 채팅 프로그램을 만들면서 자바 스펙에 대하여 제대로 알고 싶다는 생각이 들었다. 또한 자바 가상머신Java Virtual Machine, JVM에 대하여 구조와 원리를 알고 싶어서 학습을 하게 되었다. 채팅 프로그램을 만들기 위하여 필요한 기술 스펙을 학습한다는 구체적인 목표가 있었기 때문에 기존과 달리 제대로 학습할 것이라 생각했다. 채팅 프로그램을 개발하기 위하여 필요한 기술 스펙에 대하여 하나씩 살펴보게 되었다. 그런데 생각했던 것보다 학습해야 할 것이 많아서 스펙을 익히는 데 많은 시간이 필요했다. 결국 생각보다 많은 시간이 걸리고 학습해야 할 양도 많아서 얼마 못가서 학습을 포기하게 되었다. 그러던 중에 업무에서 채팅 프로그램을 작성해야 했고 이때는 구현하는 것이 중요하였기 때문에 필요한 스펙만 공부해서 만들어 냈다.

두번의 학습 실패 사례는 목표 관리를 제대로 하지 못한 것에 있다. 구체적인 목표가 없거나 많은 학습 목표로 인하여 학습을 멈추거나 포기한 사례이다. 이런 문제를 별도의 학습 모임에서 실행한 다양한 목표 관리 학습을 통해 개선하고자 시도하였다. 이제부터 내가 찾은 목표 관리 방안에 대하여 이 원고를 집필할 무렵 수행하고 있었던 파이썬Python 학습의 예를 들어 이야기해 보겠다.

구체적인 목표 수립하기

나는 파이썬에 대한 학습을 수행하고자 하였다. 단순하게 언어를 학습한다는 대략적인 목표를 가지면 실패한다는 사실을 알고 있었기 때문에 구체적인 목표를 설정하였다. 파이썬을 배우는 목적은 데이터 분석을 수행하는 프로그램을 만들기 위해서였다. 보다 구체적으로는 파이썬으로 수집된 로그를 분석하여 현재의 서비스 내에서 사용자 이탈이 어디서 발생하는지 분석하는 프로그램을 만드는 것을 최종 목표로 하였다. 기존의 언어를 학습하는 목표에서 구체적인 결과물이 존재하는 목표로 수정하였다.

이렇게 목표를 구체화해 보니 필요한 학습 대상이 정해졌다. 파일을 다루어야 하고, 엑셀도 다룰 수 있으면 좋을 것 같고, 피벗 데이블과 같은 기능을 수행하는 함수에서부터 그래프를 그리는 것까지 대략적으로 구현하고자 하는 기능들이 학습 대상이 되었다. 먼저 관련 정보를 습득하기 위하여 관련 서적을 살펴보게 되었다. 그렇게 해서 설정한 목표는 다음과 같았다.

목표	파이썬을 이용하여 데이터 분석을 수행하는 프로그램을 만드는 전문가가 되자.	
측정지표		
목표일정		
키 리절트(Key Result)		
구분	**내용**	**비고**
기본	로그 파일을 분석하여 사용자 이탈 분석을 수행하고 그래프로 표현하며 분석 데이터는 엑셀로 저장하는 프로그램을 만든다.	
액션 아이템 (Action Item)	• 파일을 다루는 기능 익히기 • 엑셀을 다루는 기능 익히기 • 피벗 테이블 만드는 기능 익히기 • 그래프 작성하는 기능 익히기	

▶ 구체적인 목표 수립을 위한 목표 관리표

목표 관리표에 따르면 목표와 키 리절트Key Result, 액션 아이템 Action Item 등이 기록되었고 측정지표와 목표일정은 작성되지 않았다. 이는 초기 목표이기 때문에 당시 확인된 사항만 기록하고 관리하는 것이다. 여기서 목표는 조금 먼 미래의 목표를 잡았다. 정확히는 "장기 목표(Long Term Goal)"라고 한다. 궁극적으로 이루고자 하는 이상적인 목표로 우리가 흔히 잡는 목표라고 보면 된다. 키 리절트는 보다 구체적인 목표라고 보면 된다. 내가 학습을 수행하고나면 달성하게 될 구체적인 결과를 말한다. 현재는 "기본"이라고 구분되지만 시간이 지나면 3~5단계의 레벨로 나누게 될 것이다. 키 리절트를 달성하기 위해 지금 당장 해나가야 할 일들을 액션 아이템이라고 한다. 사실상 학습을 수행함에 있어서 지금 바로 수행할 단기 목표가 되는 것이다. 이를 나우-액션Now-Action이라고 한다.

구체적인 목표 세분화하기

설정한 목표를 기준으로 학습을 진행하다보면 액션 아이템들을 하나씩 완료하게 된다. 필자의 경우 액션 아이템을 수행하다보니 다양한 서적과 라이브러리에 대해 알게 되었다. 그래서 해당 서적을 통해 학습하는 것을 액션 아이템으로 변경하였다. 그리고 키 리절트에 설정한 내용도 달성하게 되었고 일부는 학습이 더 필요한 사항을 발견하게 되었다. 당장에 데이터 분석을 하는 프로그램을 만들었으나 보다 복잡한 데이터를 분석하기 위해서는 더 많은 지식이 필요함을 알았고 스스로가 파이썬을 잘 다루지 못한다는 것을 알게 되었다. 이에 따라 목표를 변경하면서 구체화하였다.

목표	파이썬을 이용하여 데이터 분석을 수행하는 프로그램을 만드는 전문가가 되자.	
측정지표		
목표일정	201X년 11월 30일 (매달 말일 회고하기)	
키 리절트(Key Result)		
구분	내용	비고
5단계(최고)	4단계의 목표를 달성할 뿐만 아니라 학습 사례에 대하여 사내 발표하였고 머신 러닝 학습으로 확장하였다.	도전적인
4단계(상위)	필수 도서 학습과 예제 프로그램의 깃헙 등록을 하였고 회사의 주요 서비스에 대한 사용자 이탈 분석 프로그램을 제작하였다.	
3단계(중위)	필수 도서 3권에 대하여 학습을 수행하였고 예제 프로그램을 작성하여 깃헙(GitHub)에 올려두었다.	수행 가능한
2단계(하위)	필수 도서 중 파이썬 기초 서적 1권과 데이터 분석 서적 1권을 학습하였다.	
1단계(최하)	파이썬 기초 서적 1권과 데이터 분석 라이브러리에 대하여 학습하였다.	최소한 해야 할 것
액션 아이템	• 파이썬 기초 서적 학습하기 (Headfirst Python) • 파이썬 중급 서적 학습하기 (Python Cookbook) • 데이터 분석 라이브러리 학습하기 (Python for Data Analysis) • …	

▶ 학습을 하면서 구체화한 목표 관리표

우선 액션 아이템의의 내용이 바뀌었다. 기존의 액션 아이템은 완료 후에 삭제하였고 학습 범위를 확장하면서 학습할 서적으로 내용을 채웠다. 실제로 보다 구체적인 부분이 있는데 편의상 간단하게 작성하였다. 무엇보다 가장 많이 변한 부분은 키 리절트의 레벨이 5단계로 늘었고 다양하게 설정하였다. 이는 실제로 내가 목표 달성을 하였을 때 이루고자 하는 결과이다. 기본적으로 3단계를 달성하는 것이 목표이고 4/5단계는 보다 도전적인 목표이다. 학습에 실패를 하더라고 최소한 1단계 혹은 2단계를 하자라는 것이 해당 내용을 설정한 이유이다. 이렇게 구체적인 결과를 목표로 잡으면서 대략적인 일정에 따라서 목표 일정을 두었다. 해당 일정 또한 시간이 지나면서 구체적으로 수정할 수 있다.

측정하지 않는 것은 개선할 수 없다

학습을 지속적으로 수행하다 보면 난이도에 따라 목표는 변화하게 되는데 목표의 진행사항을 확인하기 위하여 측정이 필요하게 된다. 얼마나 했는지, 얼마나 잘 하고 있는지의 측정이 필요하다. 이는 다이어트를 수행할 경우 시간 경과에 따라 체지방을 분석해 보는 것과 동일한 방법으로 보면 된다. 파이썬 학습을 측정하는 지표는 다양하게 선정하였으나, 독자들의 이해를 위하여 간단한 측정 지표만 소개하도록 하겠다.

- 정량적 측정 지표

  - 학습한 서적 페이지 수, 권수, 시간

  - 직접 작성해 본 프로그램 수

  - 일일 생산 코드량

  - 풀어본 코딩 연습 문제 레벨 및 수량

  - …

- 정성적 측정 지표

  - 데이터 분석 라이브러리 사용에 대한 자신감

  - 파이썬 사용에 대한 자신감

  - 작성해본 프로그램에 대해 설명할 수 있는 자신감

  - …

나는 이와 같은 방법으로 목표 관리를 수행한다. 설명을 했듯이 목표는 지속적으로 수정되고 측정하며 장기 목표와 함께 단기 목표를 설정하고 구체적인 결과를 상상해 본다. 내가 사용한 방법은 익히 알려진 목표 관리 기법을 혼합하여 사용한 것이다. 관련된 기법에 대하여 간단히 소개하도록 하겠다.

SMART

아래와 같이 목표를 설장하는 데 필요한 5가지 원칙을 말한다.

- Specific : 구체적이고
- Measurable : 측정 가능하고
- Attainable : 달성할 수 있는
- Relevant : 적절하고
- Time Based : 시간 제약이 있는

OKRs

이루고자 하는 목표(Objectives)와 그에 따른 중요 결과(Key Results)를 수치화하여 표현하는 방법

BSQ

Think Big : 궁극적인 목표를 크게 생각하고
Act Small : 목표를 달성하는 데 도움이 되는 작은 이정표를 설정하고
Move Quick : 이정표 달성을 위해 시간제약을 두고 빠르게 실행한다.

대부분의 목표 관리 기법에서 공통적으로 말하는 부분은 구체적으로 수립해야 한다는 것이다. 구체적 수립을 통해 그것은 결과물이 될 수도 있고 어떤 행동이 될 수도 있다. 목표를 달성하기 위해 무엇보다도 중요한 부분은 지금 바로 행동해야 하는 것이다. 사실 이것이 진짜 목표가 되어야 한다. 해당하는 행동을 완수해야 다음 행동을 할 수 있기 때문이고 이를 통해 목표에 근접하게 될 것이다. 애자일 개발 방법론은 이런 목표 관리와 같은 방식으로 작은 목표를 세우고 이것을 수행하여 달성하고 수행 과정을 되돌아 보며 측정해 본다. 목표 관리와 애자일 개발 방법론은 다르지 않다. 프로그래밍 학습도 동일하다. 학습하고자 하는 목표를 이상적으로 잡을 수 있으나 하나하나씩 행동하고 결과물을 만들어서 최종적인 목표로 전진해

나가야 한다. 이 과정에서 반드시 현재의 상태와 목표에 근접 여부를 측정하는 목표 관리를 수행해야 한다.

이제 목표 관리를 위해 사용할 구체적인 학습의 액션 아이템 Action Item에 대하여 살펴보도록 하자.

효과적인 학습 방법은 지식을 꺼내는 인출 작업이 효과적이다

앞서 1장에서 애자일을 애자일하게 학습한 모임에서의 학습 방법을 소개하였다. 수많은 학습 방법들을 이야기 하고 있지만 우리에게 맞는 방법을 찾기 위하여 학습과 실험을 수행하였다. 우선 학습에 대한 서적들을 참고하여 어떤 방법들이 있는지 찾아보았다. 불확실성이 높을 때는 나와 같은 고민을 했던 사람들의 서적을 보는 것이 쉬운 액션 아이템이 될 것이다. 우리는 전문가가 추천해 준 서적을 각자 준비하였는데 아래와 같은 것들이 있었다.

- 『어떻게 공부할 것인가』(헨리 뢰디거 외 지음. 김아영 옮김. 와이즈베리, 2014)
- 『실용주의 사고화 학습』(앤디 헌트 지음, 박영록 옮김, 위키북스, 2015)

- 『학습은 어떻게 이루어지나』(수잔 앰브로즈 외 지음, 이경옥 옮김, 시그마프레스, 2012)

- …

위의 책들은 전문가가 추천해 준 방법으로 읽기로 하였다. 그것은 탐색적 논문 읽기Exploratory Paper Reading라는 방식으로 협동적으로 책을 읽는 방법이다. 애자일 방법론에 탐색적 테스팅의 원칙을 응용한 방법으로 빠른 시간 내에 가볍게 중요하다고 생각한 내용을 읽고 다음에 중요하다고 생각한 부분을 자세히 읽어가는 방식이다.

구체적으로 사용했던 방법은 20분 정도의 짧은 시간을 정한 후, 책 목차를 보고 읽고 싶은 부분을 선정하고 주어진 시간동안 읽는 것이다. 각자 다른 부분을 읽기 때문에 이후에 읽은 부분에 대하여 공유하는 별도의 시간을 갖는다. 1회 정도 진행해보고 계속해야 할지는 구성원들이 합의하여 진행하였다. 이런 방식으로 책읽기를 수행하면 여러 권을 한번에 읽는 효과를 볼 수 있다. 제대로 읽어보지 않고 어떻게 읽는 효과를 볼 수 있냐고 의문을 갖는 분들이 있을 것이다. 나의 경우 한권의 책을 읽고 어느 정도 시간이 지나면 읽은 내용의 20% 정도를 기억한다고 가정하였고, 해당 방법이 충분히 그 정도의 내용은 얻을 수 있다고 생각했다. 뿐만 아니라 인간의 뇌를 거치면서 통찰된 핵심 내용을 얻을 수 있다고 본다. 의구심이 든다면 동료들이나 친구들과 함께 시도해 보았으면 한다.

당시 『어떻게 공부할 것인가』라는 책에서 대다수의 학습 방법을 설명하고 있다고 생각하여, 해당 방법을 기준으로 학습했다. 그 내용에 대하여 소개를 하도록 하겠다.

1. 새로 배운 것을 인출하는 연습
2. 시간 간격을 둔 인출 연습
3. 다양한 문제의 유형을 섞어서 공부하기
4. 새로운 지식을 기존의 지식과 연결하는 정교화
5. 나름대로 문제를 풀어보고 표현하는 생성
6. 배운 것은 검토하고 스스로 질문해보는 반추
7. 기억을 붙잡아두는 정신적 도구, 기억술
8. 무엇을 알고 무엇을 모르는지 알아보는 측정

위 내용은 직접 활용한 방법 중에 유용하다고 생각하는 8가지 내용을 정리한 것이다.

각각의 내용이 무엇을 의미하고 어떻게 학습하는지에 대하여 프로그래밍 공부법과 함께 설명해 보도록 하겠다.

새로 배운 것을 인출하는 연습

새로 배운 것을 인출한다는 것은 바로 직접 해보기이다. 여기서 중요한 부분은 앞으로도 반복해서 이야기하게 될 "인출"이라는 것이다. 머릿속에 있는 것을 끄집어 내는 행위를 말한다. 보고 듣고 이해하는 학습보다 인출하는 행위를 통해서 기억이나 이해는 강화한다고 한다. 때문에 학습한 내용을 장기적으로 기억하기도 하고 제대로 알고 있는지 확인하기 위하여 인출 작업을 하는 것이다.

프로그래밍 학습에서 인출이라는 작업은 프로그래밍을 직접 해보는 것이다. 학습한 내용에 대한 퀴즈 같은 것이 있다면 풀어보는 것을 권장한다. 제공되는 문제가 없어서 어렵다면 관련한 코딩 문제 사이트를 이용하는 방법도 있다. 나의 경우 파이썬을 학습할 때, 학습한 내용을 기반으로 코딩 연습 사이트의 문제를 풀어본다. 파이썬의 기본적인 문법을 익힌 후에는 코딩도장(http://codingdojang.com/)이라는 사이트를 이용하였다. 코딩도장이란 곳은 일종의 코드 카타 Kata, 수련 사이트이다. 일본 무술에서 나오는 용어를 사용한 것이다. 코딩도장이란 곳은 다양한 코딩 문제가 있는데 난이도에 따라서 레벨을 나누고 있다. 다양한 언어로 해당 문제를 풀고 작성한 프로그램을 공유하면서 의견을 주고 받는다. 코딩도장 외에도 다양한 사이트가 존재하는데, 나같은 경우는 하나의 사이트만 이용하고 있다. 하나만 이용하기에도 충분한 문제가 있기 때문이다.

코드 카타 사이트를 이용하는 것은 알고리즘 문제와 같이 다소 간단하게 테스트를 해보기 위한 방법의 하나이다. 좀더 실제적인 시험을 진행하고 싶다면 프로그램을 직접 만들어 보는 방법이 있다.

간단한 프로그램에서부터 여유가 된다면 제대로 된 어플리케이션을 만드는 방법이 있다. 일종의 펫 프로젝트Pet Project를 수행하는 것이다. 펫 프로젝트라는 것은 애완동물을 키우는 것과 같이 일종의 취미생활로 일정의 제약이나 요구사항의 압박 없이 개인적으로 즐기면서 소프트웨어를 만들어 보는 프로젝트를 말한다.

초급 개발자일 때 자주 만들어 보던 프로그램은 게시판이나 일정 관리 프로그램이었다. 한참 개발할 무렵에는 C, CGI, C#, Perl, Java, Javascript 등 다양한 언어를 사용할 줄 알았는데 대부분 언어를 옮겨가면서 쉽게는 게시판을 만들었고 시간이 있을 때는 달력과 일정 관리 프로그램을 만들었다. 물론 경우에 따라 보다 난이도가 있거나 복잡한 기능이 있는 것을 만들기도 했다.

이렇듯 본인이 생각하는 프로그래밍 레벨 수준을 정하고, 해당 수준의 프로그램을 만드는 연습을 한다면 좋은 학습이 될 것이다. 예를 들어 웹 프로그래밍을 하고자 하는 초급 개발자라면 간단한 SNS 사이트를 만들거나 최소 기능의 쇼핑몰 사이트를 만들어 보는 것을 추천한다. 회원 가입과 로그인, 글쓰기, 수정, 삭제, 검색 등을 만들 수 있다면 초급 개발자에게 요구되는 실력은 충분하다고 할 수 있다.

시간 간격을 둔 인출 연습

앞서 설명한 것과 같이 인출은 좋은 기억법의 일종이다. 하지만 인간은 망각의 동물이며 일정 시간이 지나면 기억이 얼마 남아 있지 않게 된다. 그렇기 때문에 이미 학습했던 내용을 다시 인출해 보는 연습이 필요하다. 약간의 망각 후에 지식을 인출하는 데 많은 노력이 필요하기 때문에 기억을 강화하고 촉진하는 효과를 사용하는 것이다.

실제로 의대생들을 대상으로 한 실험에서, 한번에 전체를 학습한 그룹과 일주일 간격을 두고 학습을 시킨 그룹으로 나누고 수술 실습 실험을 진행하였는데 간격을 두고 학습한 그룹이 훨씬 좋은 성적을 거두었다고 한다. 한번에 학습한 그룹의 일부는 평가가 불가능할 정도의 결과가 나온 경우도 있다고 한다. 단편적인 이야기이지만 많은 인지과학자들이 여러번의 실험을 통해 증명하였다고 한다.

나의 경우 앞서 설명한 코딩 연습 사이트 문제를 중심으로 다시 풀어보는 것을 시도한다. 같은 문제였고 이미 풀어본 적이 있기 때문에 얼마나 잊었는지 확인하기 쉽기 때문에 사용한다. 아주 간단한 방법이지만 잘 안지켜지는 부분이기도 하다. 시간 간격을 둔다고 하였지만 그것조차 잊어 버리거나 한번 해봤으니라는 생각으로 직접 풀지 않고 머릿속으로만 생각해보는 경우가 종종 있는데 기억에 도움이 되지 않는다. 가능하다면 시간 간격을 명확하게 정의하고 모든 문제 풀이는 일자와 함께 저장해 두고 일정 관리 프로그램의 도움을 받아서 미리 알람을 설정해 두는 것을 추천한다.

앞서 펫 프로젝트에 대하여 설명하였는데 이것을 활용하는 방법도 사용한 적이 있다. 직장생활을 하면서 프로그램을 제작하는 일만 한 것은 아니다. 경우에 따라 프로젝트 관리를 하거나 제안서 작성 작업을 하는 등 프로그래밍을 하지 못하는 경우가 있었다. 이렇게 한동안 프로그래밍을 하지 못한 경우 펫 프로젝트를 통해 만들었던 소프트웨어를 처음부터 다시 만들어 보곤 했다. 이 또한 시간 간격을 둔 인출 연습이라고 할 수 있다. 이와 같은 방법으로 반복적으로 수련하다 보니 개발 툴의 사용과 프로젝트를 구성하는 속도가 빨라졌다. 물론 프로그래밍 실력도 늘어났다. 정확히는 기본적인 부분을 작성하는 속도가 빨라짐에 따라서 추가적인 기능을 구현할 수 있는 기회가 늘어 더 많은 것을 학습할 수 있게 되었다.

개인마다 망각의 정도는 차이가 있을 것이다. 때문에 자신에게 맞는 적절한 시간 간격을 두고 인출하는 연습을 한다면 과정을 통해 기억력을 높이고 더 많은 것을 학습할 수 있을 것이다.

다양한 문제의 유형을 섞어서 공부하기

다양한 문제의 유형을 섞어서 공부하는 방법도 결국 인출과 관련된 내용이다. 같은 유형의 내용을 학습하게 되면 익숙함이라는 함정에 빠져서 잘 학습하는 것 같은 착각에 빠진다. 때문에 다양한 문제의 유형을 마주하면서 익숙함이란 것을 깨고 새로움에 대하여 도전과 노력을 기울여야 한다. 전혀 다른 문제를 풀어볼 때, 즉 전혀 다른 지식을 인출하려고 할 때 많은 노력이 필요하고 뇌는 보다 강하게 기억하려고 한다는 것이다.

나 또한 익숙함이라는 함정에 빠진 경험이 있다. 이직을 준비하는 과정에서 있었던 실패의 사례이다. 일반적인 개발자 면접의 경우 코딩 시험을 보는 편이다. 보통은 복잡한 알고리즘의 문제를 내는 경향이 있다. 저자는 이런 사실을 알고 있었기 때문에 자주 나오는 유형의 문제를 많이 풀어보게 되었다. 심지어 문제만 봐도 어떤 부분을 보기 위한 것인지 파악이 가능할 정도다. 그러다 보니 문제만 보고 직접 풀어보지 않는 경우가 발생하였다. 그런 상태에서 면접을 보게 되었다. 당연히 코딩 문제가 나왔고 나는 문제를 풀기 위하여 설명을 하기 시작하였다. 그런데 쉬운 문제라고 생각했던 것이 풀리지 않는 것이었다. 문제의 유형은 파악했으나 살짝 꼬아놓은 문제를 제대로 해석하지 못하였고 예외적인 상황에 대응하지 못하게 된 것이었다. 결국 면접에서 떨어지게 되었다. 아무리 자신있는 문제라고 하더라도 다양한 경우를 대비하여 직접 풀어보는 시간을 가졌어야 했는데 그렇지 못했다. 이미 풀어본 유형의 문제고 나는 알고 있어라는 자만심으로 인하여 문제를 놓친 것이다.

이처럼 익숙하다는 것은 그것에 대한 학습이 이뤄지지 않을 가능성이 높다. 학습과는 관련이 없으나 운전의 경우 운전이 익숙해지는 1년차 정도에 사고가 날 확률이 높아지는 경향을 보이는 것이 그런 예라고 할 수 있다. 주의하지 않는 시기, 알고 있을 것이라는 착각, 잘 할 것이라는 자만 등이 학습을 방해하거나 이뤄지지 않게 하는 것이다. 때문에 다양한 유형의 문제를 통해 익숙함을 깨는 새로운 행위가 필요하다.

새로운 지식을 기존의 지식과 연결하는 정교화

새로운 지식을 기존의 지식과 연결하는 방법은 프로그래밍보다는 개념 지식을 익히는 데 유용한 방법이다. 본인이 잘 설명할 수 있는 기존의 지식은 이미 기억 속에 존재하는 지식이다. 때문에 이를 확장하는 작업은 훨씬 손쉽게 할 수 있다. 또한 기존의 지식이 갖고 있는 기억력을 활용하기 때문에 새로운 지식도 오래 기억할 수 있다. 이런 이유로 지식 간의 연결을 하여 지식 모델을 만드는 것이다. 이를 심성 모델Mental Model이라고 부르며 일종의 마인드 맵과 같은 것이라 생각하면 이해하기 쉬울 것이다.

나의 경우 특정 프레임워크를 개념적인 지식보다 다른 프로그램을 복제하면서 프로그래밍하는 법을 익혔던 적이 있다. 프로그램을 만들 수 있고 동작하게 만들지만 기반 지식을 알지 못했다. 이에 대하여 학습을 할 때 프로토콜이라든지 알고리즘 등의 개념을 익히면서 내가 알고 있는 프로그래밍 지식과 개념을 연결시켰다. 이를 통해 프로그램 속의 어떤 부분이 무슨 알고리즘으로 구현되었고 어떤 부분이 무슨 프로토콜을 처리해 주는지 연결시키고 확실하게 기억하게 되었다. 더 나아가 다른 사람에게 설명할 수 있을 정도가 되었다.

새로운 지식을 기존의 지식과 연결하는 작업을 일부러 진행하지 않아도 자연스럽게 알게 되는 경우가 존재하는데 이를 통찰이라고 한다. 과거의 경험과 현재의 지식이 "아하!" 하면서 연결되는 순간이 그런 예이다. 때문에 일부러 지식을 연결하는 작업을 하지 않더라도 일상에서 충분히 학습할 수 있는 것이다. 다만, 대부분 이런 시점을 그냥 놓치는 경우가 있기 때문에 "아하!" 하는 순간이 있다면 다시 이를 인출해보는 작업을 수행해보기를 바란다.

나름대로 문제를 풀어보고 표현하는 생성

나름대로 문제를 풀어보고 표현하는 생성이라 함은 정답이나 해답을 보기 전에 질문에 답을 해보거나 문제를 풀어보는 시도를 하라는 것이다. 그런 시도를 하면서 새로운 지식을 받아들이기 위한 마음이 만들어지기 때문이다.

나의 경우 어떤 문제가 주어지거나 알고 싶은 것들이 생기면 가설을 세워본다. "이 문제는 이렇게 하면 풀 수 있을 거야"라는 생각으로 가설을 세우고 직접 그렇게 풀어보는 시도를 한다. 요즘 프로그래머에게는 잊혀졌을 수도 있는 순서도를 작성해 보곤 한다. 이를 통해 문제를 풀지 못하더라도 시도를 함으로써 학습을 할 수 있게 된다.

프로그래밍은 시도하는 것 자체가 가설을 세우고 실행해 보는 것이다. 따라서 굳이 해당 방법을 위해 별도의 훈련법을 만드는 것이 아니라 되도록 많은 프로그래밍을 해보는 것이 좋은 학습이라고 할 수 있다. 그리고 해당 프로그램이 제대로 동작하거나 유용한 어플리케이션이라면 더욱 좋은 학습이 될 수 있다. 앞서 설명한 펫 프로그램을 작성하는 것이 그런 예가 될 수 있다고 할 수 있다.

배운 것은 검토하고 스스로 질문해보는 반추

반추는 학습한 것을 되돌아 보고 스스로에게 질문을 던지는 행위를 말한다. 어떤 부분이 잘 되었는지, 잘 될 수 있었던 것은 무엇인지, 능숙해지려면 무엇을 배워야 하는지 질문을 해보는 것이다. 반추는 배운 것에 대하여 다양한 관점을 더함으로써 지식을 넓히기도 하고 강화하기도 하는 등 정교하게 인출하는 연습을 말한다.

프로그래밍 학습에서는 리팩토링Refactoring을 하는 행위가 반추에 해당한다고 할 수 있다. 리팩토링은 코드의 동작이나 의도는 유지하면서 코드의 구조, 재사용성, 가독성을 개선해 코드의 악취를 제거하고 전체 디자인을 개선하는 방법이다. 쉽게 설명하면 프로그램을 수정하는 것이다. 이처럼 내가 만든 프로그램에서 잘 작성된 부분이 어디인지, 개선할 부분은 없는지, 개선할 부분이 있다면 어떻게 프로그래밍하는 게 좋은지 생각해보고 프로그램을 수정하는 것이 리팩토링이고 반추가 되는 것이다.

기억을 붙잡아두는 정신적 도구, 기억술

기억술은 학습의 필수 도구이다. 기억술에는 다양한 것이 존재하는데 아주 흔한 방법은 축약해서 기억하는 것이다. OSI 7계층에 대하여 배운 적이 있다면 "물데네전세표응"이란 말을 알 것이다. OIS 7계층인 물리 계층, 데이터 계층, 네트워크 계층, 전송 계층, 세션 계층, 표현 계층, 응용 프로그램 계층의 앞자만 따서 외운 방식이다.

나의 경우 그림을 활용한 기억술을 이용하는 편이다. 활자보다는 그림을 통채로 익히는 것을 선호하는 편이다. 아래의 그림은 디자인 패턴에 대하여 학습하였을 때 작성한 도식이다. 일반 디자인 패턴은 쉽게 이해하고 학습하였으나 쓰레드 디자인 패턴Thread Design Patterns의 경우 어려움을 겪어서 아래 그림처럼 작성하고 활용하였다. 또 해당 그림의 개별 패턴을 포스트잇에 그려 놓고 모니터에 붙여두고 기억하기 위하여 노력하였다.

이처럼 저마다 다른 기억법을 가지고 있을 것이다. 학습에서는 기억술이 중요한 역할을 하는 만큼 자신에게 맞는 기억법을 하나정도는 갖고 있어야 한다.

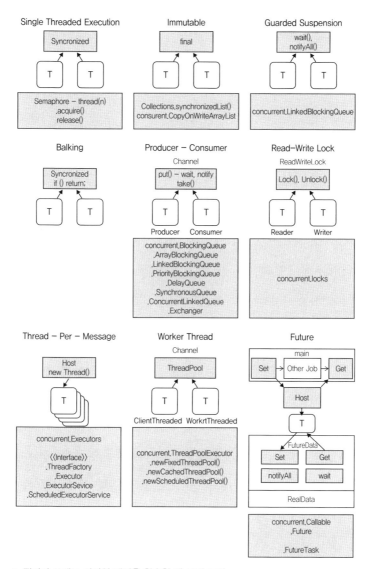

Single Threaded Execution

Syncronized

T　　T

Semaphore − thread(n)
.acquire()
release()

Immutable

final

T　　T

Collections.synchronizedList()
consurent.CopyOnWriteArrayList

Guarded Suspension

wait(),
notifyAll()

T　　T

concurrent.LinkedBlockingQueue

Balking

Syncronized
if () return;

T　　T

Producer − Consumer

Channel

put() − wait, notify
take()

T　　T

Producer　Consumer

concurrent.BlockingQueue
.ArrayBlockingQueue
.LinkedBlockingQueue
.PriorityBlockingQueue
.DelayQueue
.SynchronousQueue
.ConcurrentLinkedQueue
.Exchanger

Read−Write Lock

ReadWriteLock

Lock(), Unlock()

T　　T

Reader　Writer

concurrent.locks

Thread − Per − Message

Host
new Thread()

T

concurrent.Executors

《Interface》
.ThreadFactory
.Executor
.ExecutorSevice
.ScheduledExecutorService

Worker Thread

Channel

ThreadPool

T　　T

ClientThreaded　WorkrtThreaded

concurrent.ThreadPoolExecutor
.newFixedThreadPool()
.newCachedThreadPool()
.newScheduledThreadPool()

Future

main

Set　→　Other Job　→　Get

Host

T

FutureData

Set　　Get

notifyAll　　wait

RealData

concurrent.Callable
.Future

.FutureTask

▶ 필자가 쓰레드 디자인 패턴을 학습할 때 그린 그림

무엇을 알고 무엇을 모르는지 알아보는 측정

마지막으로 측정에 대하여 이야기를 해보겠다. 앞장에서 "측정하지 않으면 개선할 수 없다"라고 말한 부분이 있다. 학습에 대해서도 내가 알고 있는 것이 무엇이고 모르는 것이 무엇인지 측정을 해야 한다. 이를 위해서는 인출 작업을 해보면 알 수 있다. 프로그래밍을 하다가 막힌다든지, 개념에 대하여 설명을 하다가 잘 모르는 부분을 발견한다든지, 그림 기억법으로 기억했던 내용을 그려보다가 그리지 못하는 부분을 찾는다든지 여러 가지 방법을 통하여 확인할 수 있다. 이렇게 확인하는 방법을 간단하게 이야기하면 "인출"이며 우리가 학교 다닐 때 지겨워했던 "시험"이라는 것이 적절한 방법이다. 프로그래밍 학습에서는 코딩이 해당될 것이다.

나는 학습 정보를 다양한 곳을 통해 수집하고 있다. 대표적으로 유튜브 검색을 활용하며, 잘 정리된 교육 영상을 찾고자 할 경우 케이 무크K-MOOC(http://www.kmooc.kr/)와 같은 온라인 교육 사이트를 활용한다. Udacity(https://www.udacity.com/)라든지 코세라(https://www.coursera.org/) 등의 해외 사이트도 존재하는데 영어를 잘 한다면 활용하는 것도 좋다. 대부분의 교육 사이트는 학습 중간에 퀴즈와 같이 간단한 시험을 보도록 하고 있다. 이는 앞서 설명한 인출이라는 공부법을 위하여 사용하는 방법이며 무엇을 모르는지 확인할 수 있는 장치이다.

또 다른 자신의 지식 수준을 테스트 하는 방법은 학습한 내용을 정리하고 발표하는 것이다. 앞서 설명한 코딩 테스트를 수행하거나 직접 어플리케이션을 만들어 보는 작업보다 난이도가 높은 편이다. 자신이 학습한 내용을 정리하는 작업은 쉽게 할 수 있다. 하지만 이 것을 발표하는 수준으로 정리한다면 난이도가 높아지게 된다. 해당 지식을 잘 모르는 사람이 충분히 이해할 수 있도록 설명을 정리해야 하고, 이미 해당 지식을 가지고 있는 사람들에게는 지적 받지 않도록 준비해야 하고, 어떤 질문이든 답변 가능하도록 철저히 준비해야 한다. 이런 과정을 거치면서 학습의 효과는 점점 높아질 수밖에 없다.

나의 경우는 학습한 내용을 정리하고 발표자료를 만들어 슬라이드쉐어Slideshare 사이트에 올리고 공개하거나 사내에서 발표하기도 하고 교육 과정을 만들어서 진행해 보기도 한다. 발표자료를 만들고 발표한다는 것이 거창하게 느껴지기도 하고 새로운 지식을 발표해야 하거나 전문성 있는 것을 해야 한다는 생각을 가진다면 이 방법으로 학습하는 것은 어렵다. 이미 많은 사람들이 정리해 둔 것이 많다. 좋은 자료를 만들고 좋은 발표를 하는 것이 중요한 것이 아니라 내가 학습하는 것이 중요하고 내가 모르고 있는 것을 찾는 것이 중요하다. 때문에 비록 보잘것없는 내용처럼 느껴지더라고 직접 시도해 본다면 좋은 학습이 될 것이다. 물론 과정이 힘들고 발표에 따른 스트레스도 존재하는 것이 현실이다.

앞서 설명한 공부법들은 대부분 압박을 받거나 스트레스를 받을 수밖에 없는 방법들이다. 시험을 본다는 것은 꽤 힘든 일이다. 하지만 많은 과학자들의 실험이나 선배들의 경험에 따르면 아주 좋은 학습을 위한 도구인 것이 사실이다. 자신에게 스스로 학습하고 제대로 기억할 수 있는 환경을 만드는 것이 좋은 학습 방법이니 자신에게 맞는 방법을 선택하는 것을 권장한다.

전문가가 되기 위하여 전문가가 필요하다

애자일에서는 애자일 코치라는 역할이 있다. 애자일 코치는 말 그대로 애자일을 사용하는 데 도움을 주는 코치를 말한다. 스크럼이라는 방법론에서는 스크럼 마스터라고 불리며, 칸반에서는 칸반 센세이Sensei, 선생님라고 불린다. 각각 방법론을 적용하고 활용하는 데 어려움이 존재하기도 하지만 사람들이 과정에서 겪는 어려움을 돕기 위하여 존재한다고 보면 된다.

애자일 리더
애자일 팀에게 애자일을 적용하고 유지
하기 위해 애자일을 리딩하도록 한다.

퍼실리테이터
애자일 팀이 애자일을 진행하는 과정에서
팀원 간의 의사소통을 중재하고 팀에서
발생하는 이슈에 대하여 해결 방법을 찾
도록 한다.

스크럼 마스터(애자일 코치)

코치
애자일 도입에 어려움을 겪는 팀원들을 위
해서 애자일 적용 및 업무 수행에 대하여
코칭하도록 한다.

변화 관리자
애자일을 적용함에 있어 발생하는 수많은
변화에 대하여 관리를 하고 변화의 지속성
을 위해 끊임없이 변화를 유도하도록 한다.

▶ 애자일코치의 역할

위의 그림은 본인이 강의자료로 정리한 애자일 코치에 대한 설
명이다. 우선 애자일을 잘 알고 있는 애자일 리더로서 애자일을 적
용하고 유지하기 위하여 자신의 지식 기반에서 이끌어 주어야 한
다. 퍼실리테이터Facilitator로서 의사소통을 중재하고 문제를 해결할
수 있도록 도와준다. 구성원 중에 어려움을 겪고 있는 사람이 있다
면 코치로서 기꺼이 도와준다. 그리고 진행하는 과정에서 발생하는
수많은 변화에 대하여 관리하고 지속성을 유지해 주는 변화 관리자
Change Agent로서도 활동을 한다.

학습을 할 때도 이런 코치가 필요하다. 모든 학습은 본인이 모르
는 것을 학습하기 때문에 이를 잘 알고 있는 사람의 도움이 필요한

데 전문성뿐만 아니라 애자일 코치처럼 지도해주고 관리해주는 사람이 필요하다.

내가 참여한 학습 모임에서는 새로운 학습 주제가 결정되면 제일 먼저 그 분야의 전문가를 찾고 도움을 받을 수 있는 방안을 마련한다. 학습 초반에 전문가로부터 학습 주제에 대한 전반적인 이야기도 듣고 전문가가 학습하는 과정에서 중요하다고 생각하는 부분도 이야기를 듣는다. 또 인터뷰를 통해서 각자가 궁금해 하거나 잘 모르는 부분에 대하여 이야기를 듣는다. 이를 통해서 학습 범위와 학습 기간, 학습 목표 등을 정하도록 한다. 그리고 전문가의 도움은 많을수록 좋겠지만 여건이 안 되면 학습 초반 이외에 중후반과 마무리하는 단계에서 도움을 받는 것이 좋다. 초반은 목표 설정을 위해 필요하다면 중후반에는 학습 난이도가 올라갈 무렵 도움을 받기 위해 필요하다. 마지막 학습이 완료된 이후에는 얼마나 제대로 학습했는지 전문가의 견해를 들어보거나 전체를 정리한다는 의미로 도움을 받으면 좋다. 저자의 학습 모임에서는 하나의 주제에 대하여 적어도 한번은 도움을 받음으로써 학습을 촉진하는 데 효과를 얻었다.

분명한 것은 전문가의 도움을 받을 수 있다면 좋겠지만 경우에 따라 많은 비용이 발생할 수도 있고 시간적인 문제로 인하여 도움을 받지 못할 수 있다. 다행히도 온라인 상에서 도움을 주는 전문가들이 존재한다. 온라인 커뮤니티나 블로거, 유튜브로 강의를 하는 유튜버Youtuber 들이 존재한다. "내가 궁금해 하는 것처럼 세상의 누군 가는 궁금해하고 질문하고 답을 찾고 이를 정리한 사람이 존재한다" 라는 것에 동의한다면 쉽게 자신이 궁금해 하는 지식을 얻을 수 있을 것이다. 나의 경우 이런 생각을 갖고 있어서 순간 발생한 호기심 이나 궁금증은 바로 찾아보고 지식을 확장한다. 학습하는 사람이라 면 이런 호기심을 갖고 있을 것이다.

전문가들의 도움만이 학습에 도움이 되는 것은 아니다. 오히려 같이 학습하는 사람이나 나보다 조금 더 지식이 있는 사람들의 도움 이 필요한 경우도 많다. 그래서 생각보다 쉽게 주변에서 도움을 받을 수 있는 경우가 있다. 바로 친구나 동료들을 통해서다. 같은 학습을 위해 모인 스터디 그룹을 이용하는 방법이 가장 쉬운 동료로부터 배우는 방법이다. 회사에서도 스터디 모임을 만들 수 있으나 보다 좋은 방법이 있는데 그것은 "코드 리뷰", "페어 프로그래밍", "몹 프로그래밍"이 있다. 이에 대하여 모르는 분들을 위하여 간단하게 설명을 해보도록 하겠다.

"코드 리뷰"는 자신이 만든 프로그램을 동료들에게 설명하고 평가와 조언을 받는 방법이다. 잘못된 부분에 대한 지적을 받을 수도 있으나 더 나은 방법에 대하여 조언을 받을 수도 있다. 나에게 코드 리뷰는 엄청난 학습의 도구가 되었다. 내가 잘 모르는 프레임워크를 사용하다보니 프로그램을 어설프게 작성했던 적이 있는데 팀의 막

내에게 지적을 받으며 어떻게 하는 것이 좋은지 배울 수 있었다. 사실 자존심이 상해서 학습하게 된 계기가 되기도 했다. 지적하거나 조언하는 내용을 잘 듣고 배운다면 좋은 학습이 된다.

"코드 리뷰"와 유사하게 "페어 프로그래밍"이란 방법이 있다. 두 사람이 하나의 컴퓨터를 활용하여 토론하면서 하나의 프로그램을 만드는 방식이다. 컴퓨터 앞에서 입력을 하는 사람을 드라이버라고 하고 뒤에서 의견을 전달하는 사람을 내비게이터라고 한다. 내비게이터가 프로그래밍의 방향성을 전달하고 드라이버가 수행하는 방식인데 과정에서 서로 토론을 할 수 있다. 서로가 알고 있는 지식이나 문제해결 방식이 다를 수 있기 때문에 토론을 통해서 서로의 지식을 공유할 수 있게 된다. 페어 프로그래밍은 어려운 문제를 풀 때 사용하면 많은 도움이 된다. 즉, 어려운 학습 주제가 있는 경우 페어 프로그래밍을 통해 서로의 문제를 푸는 관점을 주고 받으며 좋은 방법을 찾아내게 되는 것이다.

"페어 프로그래밍"은 두 사람이 진행하지만 여러 사람이 진행할 경우 "몹 프로그래밍" 이라고 부른다. 하나의 문제를 여러 사람이 풀어나가는 것이다. 소수의 사람이 전문성이 있고 여러 사람이 잘 모를 경우 학습을 진행하는 데 도움이 된다. 전문성이 있는 사람은 되도록 질문을 많이 해주는 역할을 하고 배우는 사람들이 문제를 해결할 수 있도록 하면 효과가 있다. 조금 시간이 많이 걸릴 수 있겠지만 주어진 문제를 어떻게 해결하는지의 과정을 여러 사람이 학습할 수 있는 좋은 방법이다. 해당 방법은 스터디 그룹에서 사용하면 도움이 된다.

만약 학습을 위한 코치가 있다면 기량을 측정해 주고 적절한 난이도의 훈련법을 적용할 것이다. 하지만 우리는 쉽게 코치를 구하기도 힘들고 적절한 훈련법을 제시받지도 못할 것이다. 이 때문에 우리는 스스로에게 적합한 난이도의 공부법을 적용해야 할 것이다. 지금의 공부법이 쉬워서 지루함이 있다면 빠르게 난이도를 올려야 할 것이다. 혹은 너무 어려워서 진도가 안나간다면 난이도가 낮은 공부법을 적용해야 할 것이다. 그런데 우리는 대부분 스스로 난이도 조절이 잘 안 되는 편이다. 남들이 이정도 하니까 나도 해야지 하면서 도전하다가 실패한 적이 있을 것이다. 특히 운동을 하는 경우가 그렇다. 수영의 경우를 예를 들면 초보자에게 발차기를 시키는데 어른의 경우 발차기를 한 시간동안 시킨다면 시간 낭비가 될 것이다. 대부분의 어른들은 발차기는 5분 정도만 해도 충분히 익히기 때문이다. 아무리 어른이어도 초보자의 경우 접영을 배운다면 수영을 쉽게 포기할 수 있을 것이다. 자유형 정도는 해야 접영을 배울 수 있는 기본적인 조건이 되기 때문이다. 이처럼 우리는 학습을 수행함에 있어서 적절한 난이도를 선택하여야 한다.

학습이란 것은 익히 알고 있는 길에서 마라톤을 하는 것이 아니다. 전혀 모르는 길을 지도를 보며 찾아가는 익스트림한 모험이다. 다양한 도구의 힘이 필요할지도 모르겠지만 익히 길을 알고 있는 길잡이의 도움이나 함께 모험을 해줄 동료가 필요하다. 이런 도움을 줄 수 있는 사람들을 모두 전문가라고 부르고 싶다. 전문가의 도움을 선택하는 것이 쉬운 일이 아닐 수 있다. 하지만 제대로 학습하고 촉진하고 싶다면 다소의 비용이 발생하거나 투자가 필요하더라도 반드시 도움을 받는 것을 추천하고 싶다. 이런 글을 쓰고 있는 나 또한 현재 과감한 투자를 통해 전문가의 도움을 받고 동료들을 얻어 새로운 것을 학습하고 있다.

반드시 되돌아 보는 시간이 필요하다

앞에서 스크럼과 칸반과 같은 애자일 개발 방법론에 대하여 소개한 바가 있다. 스크럼의 경우 스프린트라는 기간을 통해 동작하는 소프트웨어를 만들고 스프린트가 끝나면 스프린트 리뷰라는 과정과 스프린트 회고라는 과정을 거치게 된다. 스프린트 리뷰는 작성한 소프트웨어를 제대로 만들었는지 고객과 함께 살펴보는 과정이고 스프린트 회고는 스프린트 기간 동안 우리가 한 일에 대하여 살펴보고 개선할 점을 찾는 행위이다. 학습에서도 동일한 방식으로 학습한 내용을 리뷰하는 시간과 학습 과정에 대하여 되돌아 보는 회고의 시간을 가질 수 있다.

학습한 내용을 살펴보는 리뷰라는 행위는 잘 알고 있는 "복습"이라고 할 수 있다. 이것은 앞에서 설명한 효과적인 학습 방법에서 말한 "인출"이라는 행위를 말하는 것이다. 회고는 앞에서 설명하였던 "반추"라는 것과 유사하다고 할 수 있다. 학습한 과정을 살펴보고 더 잘할 수 있는 것이 무엇인지 질문해보고 방법을 찾는다는 관점에서 "반추"와 같은 행위라고 할 수 있다. 회고의 다른 이름이라고 할 수 있는 것은 포스트모템Postmortem과 레슨 런드A Lesson Learned라고 하여 되돌아 보고 배우거나 개선할 것을 찾는 행위를 가리키고 있다. 일반적으로 학습에 따라 복습을 수행하는 작업을 할 수 있다. 마찬가지로 프로그래밍 학습에서도 리뷰와 회고 같은 방법을 통해 학습을 촉진시킬 수 있다. 우선 애자일에서 이야기하는 회고에 대하여 이해를 하고 학습 회고는 어떻게 하는지 알아보도록 하자. 아래는 애자일 회고의 대표적인 방법으로 다음과 같이 진행한다.

- 회고 분위기 만들기
- 데이터 모으기
- 회고하고 통찰 찾기
- 개선할 사항 도출하기
- 회고 종료하기

회고 분위기 만들기는 참여자들이 편안한 마음을 가질 수 있도록 조성하는 데 가볍게 참여 의사를 밝히거나 자신의 상태를 이야기하는 등 다양한 방법이 있다. 데이터 모으기 단계부터 회고에서 중요한 부분이라고 볼 수 있다. 지난 시간 동안 무엇을 했는지 주요 이벤트들에 대하여 자료를 찾아내고 모으는 것이다. 이렇게 모인 자료를 통해 무슨 일이 있었는지, 무엇을 잘 했는지, 무엇을 더 잘 할 수 있었는지 확인하는 작업이 회고하고 통찰을 찾는 단계이다. 그렇게 찾은 통찰을 바탕으로 개선할 사항을 도출하고 다음에 할 행동을 찾게 되는 것이 회고의 궁극적인 목표라고 보면 된다.

회고에서는 중요한 3가지 대표적인 질문이 있는데 다음과 같다.

- 우리가 잘 하고 있는 것은 무엇인가?
- 우리가 잘 하지 못하는 것은 무엇인가?
- 아직도 우리를 괴롭히는 것은 무엇인가?

회고는 되돌아보는 작업이기 때문에 위와 같은 질문을 통해 자세히 보려고 하게 된다. 이외에도 다양한 질문법을 통해서 과거의 했던 일에 대하여 깊이 있게 살펴보려고 노력한다.

회고의 원리는 "추론의 사다리(The ladder of inference)" 라는 원리를 바탕으로 만들어진 것이다. 아래는 추론의 사다리를 설명하고 있는 그림이다.

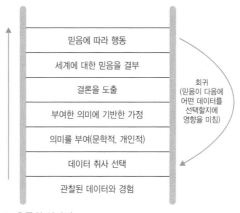

▶ 추론의 사다리

사람들은 관찰된 사실과 경험 중에서 중요한 데이터들을 취사선택 하게 된다. 그리고 의미가 있는 것들을 바탕으로 자신에게 무슨 의미가 있는지 생각하게 된다. 자신이 찾아낸 의미를 기반으로 어떤 결론을 도출하고 이것이 본인의 신념이나 믿음이 된다. 그리고 신념과 믿음에 의해 생활을 하게 되는데 이런 행위를 보다 의미있고 깊이있게 생각하는 것이 회고인 것이다. 그리고 이런 원리와 회고라는 행위는 학습에서도 좋은 효과를 발휘한다.

나의 학습 모임에서는 하나의 학습 주제를 잡고 4~6주 정도 학습을 수행하였다. 그리고 마지막에 학습한 내용과 학습한 방법에 대하여 회고를 하는 시간을 갖는다. 방식은 앞서 설명한 회고의 방식을 사용하였다. 학습 기간 동안 배운 내용과 어떻게 학습을 수행했는지 데이터를 모으는 작업을 했다. 모여진 데이터는 시간의 순서에 따라서 선형으로 배치가 되는데 아래와 같은 형태가 된다.

▶ 가로축은 시간, 세로축은 감정라인으로 정리한 회고의 사례

가로축은 시간의 순서를 의미하고 세로축은 감정라인으로 상단은 좋았거나 긍정적인 부분을 뜻하고 하단은 아쉽거나 부족한 부분을 뜻한다. 포스트잇 한장에 하나의 이벤트를 기록하고 시간의 흐름과 감정축에 맞추어서 배치를 한다. 각각의 이벤트를 하나의 포스트잇에 직접 작성하는 것은 기억을 되살리는 인출 작업이니 되도록 아날로그 방식으로 하는 것을 권장한다.

데이터 모으기가 끝나면 유사한 내용을 하나로 모으는 작업도 수행하였다. 그리고 모여진 데이터를 시간의 흐름으로 다시 살펴보면서 이야기를 나누었다. 잘했던 부분에 대해서는 어떤 점이 좋았고 앞으로 더 유지할 것인지의 여부에 대해 이야기를 나누었다. 잘 안됐던 부분에 대해서는 무엇 때문에 실패를 했는지, 어떻게 하면 좋을지 생각하고 토론을 하였다. 개선할 방법을 찾으면 별도로 기록을 해두었다. 개선 사항들은 다음 번에 수행할 액션 아이템으로 선정하기 위하여 별도로 분류해 두었다. 발생했던 모든 이벤트에 대하여 이야기를 나누다 보면 유지할 것과 개선사항을 생각보다 많이 찾아내게 된다. 이러한 개선 사항 중에 할 수 있는 것들을 선정하였다. 모두 시도하면 좋겠지만 실제로 그렇게 하기 어려웠기 때문에 적절하게 줄여본다.

이렇게 해서 찾은 액션 아이템들은 다음 학습에서 작은 목표로 두고 이를 지키려고 노력하였다.

학습 회고의 목표는 학습한 내용을 다시 살펴보고 학습 방법에 대하여 개선을 하는 것을 목표로 두고 있지만 또 다른 의미가 있다. 내가 수행한 학습의 성과에 대하여 성취라는 의미를 크게 부여하는 행위이다. 즉, 마무리를 하면서 성취감을 느끼는 것이다. 일부 회고를 진행하고 나면 함께 박수를 치는 행위를 하거나 함께 맛있는 것을 먹는 등 상호간의 축하를 통해 성취감은 배로 증가되기도 하였다.

프로그래밍 학습도 일반 학습과 다르지 않기 때문에 회고라는 행위를 통해 많은 것을 할 수 있다. 프로그래밍 학습이 일반 학습과 조금 다르다면 소프트웨어라는 것이 존재한다는 것이다. 나의 경우 하나의 프로젝트에 여러 개의 연습한 코드들이 들어있다. 대부분의 프로젝트에는 그라운드Ground라는 파일들이 존재하는데 연습을 하기 위해 만들어 놓은 파일이다. 최근에 학습하고 있는 파이썬의 경우 Ground.py라는 파일이 있고 궁금하거나 의문이 드는 경우 해당 파일을 지우고 직접 코딩을 해본다. 완성이 되고 의미가 있다면 파일을 하나 더 생성해서 옮기는 작업을 한다. 번거롭게 보일지 모르겠지만 인출이라는 과정을 반복할 수 있도록 만들어 놓은 나만의 방법이다. 현재 프로그래머로 일하는 것이 아니라서 경험할 기회가 적기 때문에 사용하는 방법이다.

프로그래밍 학습의 회고를 혼자 할 경우 자신이 만들어 놓은 프로그램을 다시 살펴보는 방식으로 하면 된다. 내용을 보기 전에 어떻게 만들었는지 생각해보고 살펴보면 혹시나 잊었던 부분이 무엇인지 확인할 수 있다. 그리고 한번 더 개선할 방법이 있는지 생각해보기도 한다. 만들 당시에는 몰랐지만 회고를 통해 종종 리팩토링이 가능한 경우를 찾곤 한다. 여럿이 학습할 경우 학습 모임에서 했던 방식으로 회고를 해보면 좋다. 회고를 하면서 퀴즈를 내고 풀어보는 작업을 해보거나 발표를 해보는 등 다양한 방법으로 재미있게 진행할 수도 있다.

회고라는 과정에는 몇가지 더 좋은 효과가 있다. 단순하게 보면 복습을 하고 학습 방법을 개선하는 것을 수행하겠지만, 그 과정에서 학습한 내용에 대하여 심성 모델을 강화하는 작업을 수행하게 된다. 학습한 내용을 시간의 순서로 다시 살펴보면서 머릿속에 저장된 학습 모형을 바꾸는 작업을 하게 된다.

다른 좋은 방법으로는 앞에서 설명하였던 목표 관리를 하는 시간을 가질 수 있는 것이다. 회고를 통해 개선 사항을 찾아내는데 이것이 목표에 추가되어야 하고 회고를 하면서 목표를 다시 살펴보는 행위를 하면서 목표를 수정할 수 있는 기회를 가질 수 있다.

목표 관리 방법에 대해서는 앞장에서 사례를 바탕으로 설명을 하였다. SMART, OKRs, BSQ 등의 기법을 소개하였는데 회고와 결합된 방법을 하나 더 소개하고자 한다. 해당 방법은 목표나 액션 아이템을 찾기 힘든 경우 적용해보면 유용하다. 소개하고자 하는 방법은 퓨처스펙티브Futurespective라는 것이다. 퓨처스펙티브는 회고의 영어 단어인 Retrospective에서 과거를 뜻하는 Retro를 미래를 뜻하는 Future로 바꾼 것이다. 회고는 과거를 되돌아본다면 퓨처스펙티브는 어떤 특정 시점의 미래에서 과거를 돌아보는 것이다. 잘 이해가 가지 않을 수 있어서 한 가지 사례를 들어 설명하도록 하겠다.

학습 모임에서 조금 어려운 주제를 다룬 적이 있다. 해당 주제를 어떻게 공부해야 할지 막막하기도 하였고 구성원들이 각각 다른 의견들이 존재하여 퓨처스펙티브를 사용하기로 하였다. 우선 해당 주제로 학습을 마친 미래로 우리의 시각을 이동하였다. 정확히는 학습을 마치고 마지막 회고를 하는 시점이다. 구성원들은 자신이 학습을 마쳤다는 가정하에 연기를 하기 시작한다. 그리고 회고와 동일하게 데이터 모으기를 시작한다.

데이터 모으기는 했던 일들에 대하여 기록하여야 하는데 실제로 일어난 일이 아니므로 순순하게 구성원들의 상상에 맡기는 것이다. 이때 구성원들은 하고 싶은 것이나 두려운 일 등을 투영하여 가상의 이벤트를 만들어 낸다. 발생한 시점도 학습 시작일을 기준으로 대략 설정하여서 기록을 한다.

이렇게 데이터 모으기가 끝나면 자신이 작성한 내용을 구성원들에게 소개를 한다. 있지도 않았던 일들이기 때문에 발표를 할 때 부끄럽게 느낄 수도 있겠지만, 그냥 재미있게 하면 된다. 대부분 개인의 상상으로 만들어진 것이기 때문에 다른 구성원들이 질문을 하게 될 것이다. 이때 질문에 대한 내용은 잘 기록해 두면 데이터가 보다 풍부해지기 때문에 별도로 기록하면 좋다. 해당 과정을 통해 생각 정리나 통찰을 찾아내는 것을 시도하는 것이 좋다.

많은 데이터가 모이고 살펴보았다면 이제 현재의 시점으로 돌아온다. 그리고 모아진 데이터를 기반으로 학습의 대상과 학습 방법, 기타 액션 아이템들을 선정하도록 한다. 모아진 데이터 중에는 배우고 싶은 대상을 구체적으로 기록한 부분이 있고, 원하는 학습 방법도 있고, 걱정하는 내용들도 있기 때문에 적당히 카테고리별로 데이터를 묶은 다음 구성원과 토론해 보면 다양한 목표들과 액션 아이템을 찾을 수 있다.

▶ 어느 특정 시점의 미래에서 과거를 돌아보는 퓨처스펙티브

개인적으로 퓨처스펙티브를 매우 좋아한다. 위와 같이 학습 목표를 잡을 때 사용하기도 하지만 주로 회사에서 팀의 목표를 잡을 때 사용한다. 위의 예제에서는 설명하지 않았지만 퓨처스펙티브의 미래 시점을 2가지 정도 관점으로 둘 수 있다. 학습 목표를 잡을 경우 학습이 잘되어서 모든 구성원이 전문가가 되었을 경우, 학습이 잘 안 되어서 제대로 못 배운 경우 등의 잘된 경우와 반대의 경우로 가정하는 관점이 있다. 두개의 관점이 장단점이 있는데 일반적인 상황에서 두개 다 가정하고 사용을 한다. 잘된 경우로 가설을 세우면 사람들이 생각보다 가상의 데이터를 만들어 내는 것을 잘 못하는 경

우가 많다. 하지만 긍정적인 가설은 긍정적인 효과를 주는 부분이 있다. 반대로 잘 안 되었을 경우를 가정하면 사람들은 생각보다 많은 양의 데이터를 빠르게 만들어 낸다. 하지만 부정적인 의견이 많아서 목표를 세우는 데 실패를 하는 경우가 발생할 수 있다. 두개의 방식에서 나온 데이터에서는 긍정적인 부분은 지키려고 하고 부정적인 부분은 회피하는 방법을 찾아서 액션 아이템을 만들면 된다.

회고는 학습을 떠나서 개인의 성장, 조직의 성장 등 많은 분야에서 개선을 하고자 할 경우 유용한 도구이다. 애자일 개발 방법론을 모르거나 싫어하는 사람들이 있다고 하더라도 회고라는 것은 익혀 두었으면 한다. 프로그래밍 학습을 하기 위하여 이 책을 읽고 있는 독자들에게 권장하고 싶은 것은 회고를 위한 3가지 질문을 기억하고 본인의 학습 과정에서 틈틈이 질문을 하고 답을 하는 반추를 하였으면 한다.

학습하려면 회복 탄력성이 필요하다

학생 시절 선생님들로부터 이런 이야기를 들었다. "공부는 머리로 하는게 아니라 엉덩이로 하는 것이다." 공부을 할 때 얼마나 많은 시간을 투자하는지가 중요하다는 이야기다. 실제로 많은 시간을 투자하는 것이 학습에 도움이 될 수 있다.

시간 투자의 중요성을 얘기했던 책 중 『1만 시간의 법칙』이라는 책이 있다. 누구나 1만 시간을 투자하면 전문가가 될 수 있다는 이야기이다. 몇년 후 해당 저자는 독자들이 책의 내용을 잘못 해석한다면서 『1만 시간의 재발견』이란 책을 출간했다. 내용을 보면 단순히 1만 시간을 투자하는 것이 아니라 의도적으로, 의식적으로, 사려 깊은 1만 시간을 활용해야 한다는 이야기를 하였다. 쉽게 말해 의식을 집중해서 훈련하는 1만시간이 필요하다는 것이다.

또한 저자는 의식을 집중하는 1만 시간을 사용함에 있어서, 집중하는 것뿐 아니라 집중으로 인하여 소모되는 체력이나 정신력을 빠르게 회복하는 것이 중요하다고 말한다. 즉, 회복탄력성이 있어야 한다는 것이다.

지금껏 애자일 코치로 활동을 하면서 다양한 코칭을 수행하였다. 대부분의 사람들은 새로운 무언가를 시작했을 때 제대로 진행되지 않는 것에 대하여 상담을 요청한다. 그럴 때마다 나는 "사티어의 변화모델"이라는 것에 대해 이야기한다.

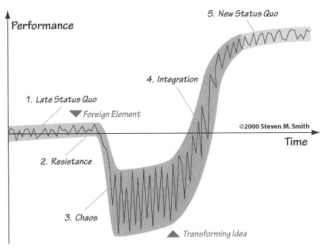

▶ 사티어의 변화 모델 (http://stevenmsmith.com/ar-satir-change-model/)

사티어의 변화 모델은 5개의 단계를 통해 설명하고 있다.

- 1단계 Late Status Quo : 익숙하고 안정적인 상태를 말한다.
- 2단계 Resistance : 갑작스런 외부 요인의 등장. 익숙함이 깨
  지는 순간
- 3단계 Chaos : 안정성이 깨지고 변화로 인한 혼돈의 상태
- 4단계 Integration : 외부 요인에 대응할 수 있는 전환이 되고
  있는 상태
- 5단계 : New Status Quo : 변화에 성공하고 성과를 만든 상태

해당 모델은 우리가 새로운 학습을 할 때 겪는 현상을 설명하기
도 한다. 학습을 하는 것은 2단계의 갑작스런 외부 요인에 해당하고
학습이 시작되는 순간 3단계로 접어든다. 천천히 학습하면서 5단계

를 향해 갈 것이라고 생각하지만 시간은 부족하고 이해력은 떨어져 답답하고 마음먹은 대로 진도가 나가지 않아 스트레스를 받게 된다. 어느 정도의 학습이 이뤄지고 지식이 축적되면 천천히 4단계로 들어서게 된다. 조금씩 전문성이 생기면서 얼마 지나지 않아 5단계의 상태가 되는 것이 학습의 최종 목적지가 된다.

사티어의 변화 모델에서 2단계와 3단계 과정에서 필요한 것이 회복 탄력성이라는 것이다. 회복 탄력성은 크고 작은 다양한 역경과 시련 그리고 실패를 오히려 도약의 발판으로 삼아 더 높이 뛰어 오르는 마음의 근력을 의미한다. 학습을 하는 데 있어 우리는 많은 도전을 하고 실패를 반복하면서 때론 지치고 때론 좌절하게 된다. 이를 회복하기 위해서는 회복 탄력성이 높아야 한다는 것이다. 실제로 회복 탄력성에 대한 사례를 살펴보도록 하자.

'에이미 멀린스Aimee Mullins'는 종아리뼈가 없는 선천적 기형으로 태어났고, 평생 휠체어에 의지해야 하며 운동은커녕 걸을 수도 없을 것이라는 진단을 받았다. 결국, 힘겹게라도 걷기 위해 그녀는 1세 때 두 다리의 무릎 아래를 절단하고 의족을 선택하였다. 그런데 멀린스는 미국의 육상 선수이며 배우이고 모델이며 Ted 강연으로 유명하기도 하다. 영화 "킹스맨"에서 "가젤"이라는 의족을 칼날로 만들어 사람을 죽이는 캐릭터가 있는데 멀린스가 모티브가 되었다고 한다. 멀린스가 어떻게 육상 선수, 배우, 모델이 될 수 있었을까를 살펴보면 회복 탄력성에 대하여 이해하기 쉽다. 멀린스는 자신의 장애를 슬퍼하지 않고 긍정적인 마인드로 어떻게 변화를 만들어 갈지 도전하였다고 한다. 그렇게 1996년 장애인 올림픽 선수로 출전하여 100m, 200m, 멀리뛰기에서 기록을 남겼고 모델과 배우로도 성장하게 된 것이다. 그리고 그런 자신의 경험을 TED를 통해 전세계에 알리기도 하였다.

멀린스의 회복 탄력성은 매우 높다고 할 수 있다. 장애를 가졌음에도 이를 극복하고 도전을 했으며 결국 다양한 분야에서 여러 가지 일들을 할 수 있게 되었다. 멀린스는 장애가 자신을 이렇게 강하게 만들었다고 말하기도 한다. 멀린스의 회복 탄력성은 긍정적인 마인드에서 나오는 것이다. 이런 긍정적인 마인드는 자신의 도전과 실패에 대하여 멈추지 않고 나아갈 수 있도록 해 준 것이다. 프로그래밍 학습도 장애 극복처럼 꾸준히 노력해야 하는 도전임에는 틀림이 없다. 또 학습 과정에서 지치고, 거듭되는 실패에 그만 두고 싶은 일들이 생기기도 한다. 그런 마음이 들지 않기 위해서는 멀린스처럼 긍정적인 마인드를 가지는 것이 중요하다.

나는 긍정적인 사고를 갖기 위하여 별도의 취미를 가진 적이 있다. 즉흥연기(Improv)라는 것인데, 즉흥연기라 함은 대본 없이 무대에서 두명 이상이 즉흥적으로 연기를 하는 것이다. 일반적인 연극 무대에서 하는 즉흥극과는 조금 다른데 연극보다는 코미디 분야에 속한다고 할 수 있다. 연극은 현실적인 것을 다룬다면 즉흥연기는 범위의 제한이 없다고 보면 된다. 내가 용이 될 수도 있고 무대를 우주로 만들 수 있다. 즉흥연기를 통해 긍정적인 사고를 만들게 된 과정을 소개해 보도록 하겠다.

먼저 즉흥연기 중에 하나를 소개하겠다. "결혼식" 이라는 10여 분 동안 진행하는 짧은 형식의 즉흥연기가 있다. 무대에는 5명의 사람이 연기를 한다. 설명했듯이 대본은 없으나 각자의 역할은 있다. 주례를 맡은 이가 "이 결혼에 대하여 이의가 있는 사람이 있습니까?" 라는 질문을 하는 역할이다. 그리고 신랑과 신부가 있고 신랑 들러리와 신부 들러리가 있다. 각자의 역할이 있지만 주례사의 질문에 아무나 이의를 제기할 수 있다. 실제로 있었던 극중의 일부를 묘사해 보겠다.

주례 : 이로써 신랑 제임스와 신부 줄리아의 결혼식을 마치도록 하겠습니다. 이 결혼에 대하여 이의가 있는 사람이 있습니까?

신부 들러리 : 이의 있습니다!!

다같이 : 뭐~~!!~

신부 들러리 : 사실 저는 제임스와 이미 사랑에 빠졌습니다. 지난 결혼 발표 파티에서 그만…

—— 갑자기 무대는 결혼 발표 파티장으로 변한다 ——

신랑 제임스 : 이렇게 저와 줄리아의 결혼 발표 파티에 와주셔서 감사합니다. 오~ 데이지! 신부 들러리를 해줘서 고마워요. 신랑 들러

리로는 리차드가 하기로 했어요. 자~ 여기 들러리들을 위한 선물이 있어요. 데이지에게는 좀 더 특별한 선물이 있는데… 이런, 방에 두고 왔나보네요. 데이지 함께 가보죠.

신부 줄리아 : 데이지! 멋진 선물을 준비했으니 받으러 갔다와

신부 들러리 데이지 : 와우~ 기대되는데.

신랑 들러리 리차드 : 이런 뭐야! 차별하는거 아냐? 난 술이나 먹어야겠군

즉흥연기에서는 이렇게 일부 형식이 있는 경우 배우의 이름이나 성별이 존재하지 않는다. 주례가 신랑과 신부의 이름을 붙여주었고 각 역할을 맡은 사람은 그 이름으로 행동하면 된다. 마찬가지로 신랑, 신부 들러리의 이름은 신랑 제임스가 만들어 주었다. 결혼식에서 결혼 발표 파티장으로 변하게 된 것은 신부 들러리가 결혼 발표 파티라는 설정을 해주었기 때문에 모두가 그때의 시점으로 이동한 것이다. 이런 모든 것들과 대사들이 각자의 머리속에서 즉흥적으로 나와서 연기를 하는 것이다. 어떻게 이렇게 할 수 있냐라고 하는 독자들이 있을텐데 즉흥연기의 가장 중요한 요소가 있기 때문이다. 그것은 "Yes, and" 라는 것이다. 상대 배우가 무슨 말을 하든 무슨 행동을 하든 긍정해주고 자신의 의견을 덧붙여 주는 원칙이 있기 때문에 자연스러운 연기가 가능한 것이다. 갑자기 한 배우가 "No, but" 라고 하게 되면 모든 것이 부정이 되고 배우들은 해야 할 행동의 방

향을 잃게 된다. 언제나 상황을 받아들이고 긍정적으로 이야기를 덧붙이는 것이다.

이외에도 즉흥연기의 중요한 요소로는 앙상블Ensemble, 공동 창작Co-Creation, 진정성Authenticity, 실패Failure, 동조자를 따르라Follow the Follower, 경청Listening 등이 있다. 자세히 들여다 보면 앞서 설명한 학습 방법과 원리 등이 유사한 것을 볼 수 있다. 특히 학습 모임과 같이 함께 학습을 할 경우 해당 요소들에 대하여 사용한다면 학습의 효과를 배로 늘릴 수 있을 것이다. 실제로 즉흥연기는 긍정적인 사고를 위해서도 배우지만 팀워크Teamwork를 만들기 위하여 배우는데 협업이나 팀빌딩Team Building에 매우 적합한 방법 중에 하나이다.

나는 프로그래머 출신이었고 논리적으로 일하는 것을 매우 좋아했다. 추리를 하거나 논리를 추론하는 것을 좋아하다보니 경우에 따라서는 부정적인 논리를 이야기하는 경우가 있었다. 대부분 안 되는 이유를 찾는 경우가 그런 것이었다. 문제는 이런 부정적인 논리들이 일상에서 새로운 시도를 방해하고 새로운 경험과 학습의 기회를 놓치게 하는 경우가 발생하곤 했다. 이러한 논리중심의 사고 방식을 수정하는 것은 실제로 힘든 일이다. 그래서 기존의 사고방식을 바꾸었다기 보다 새로운 사고방식을 배웠다고 생각한다. 먼저 긍정적인 요소를 찾는 노력을 하는 것이다. 즉흥연기를 통해 이러한 긍정적 마인드를 배울 수 있었다.

회복 탄력성을 위해서는 이처럼 긍정적인 사고와 더불어 또 다른 중요한 요소가 있는데 그것은 바로 성장 마인드셋이다. 성장 마인드셋이라는 것은 자신의 능력을 얼마든지 발전시킬 수 있다고 믿는 것을 말한다. 긍정적인 사고와 같은 의미이기도 하다. 성장 마인드셋과 반대되는 개념이 고정 마인드셋이라는 것인데 능력은 변화하지 않는 것이라고 믿는 것을 말한다.

학습이나 회복 탄력성 모두 긍정적인 사고와 성장 마인드셋이 필요하다. 모두 변화와 관련된 요소이기 때문이다. 회복 탄력성 관점에서보면 실패를 만났을 경우 이를 극복할 수 있는 힘이 필요한데 변화하지 못한다는 믿음을 가지고 있는 경우 새로운 시도나 개선을 할 수 없게 된다. 성장 마인드셋으로 실패를 극복하고 변화할 수 있다는 믿음만이 새로운 결과를 만들어 낼 수 있다.

성장 마인드셋의 사례는 스포츠 분야에서 많이 볼 수 있다. 수많은 스포츠인들 중에는 어려운 역경을 이겨내고 결국 최고에 이른 사람들이 있다. 이들은 하나같이 자신이 할 수 있다는 믿음을 가지고 피땀 흘리는 노력을 하여서 성공에 이르른 것이다.

프로그래밍 학습은 끝이 없는 도전이다. 하루가 멀다하게 새로운 개념이나 지식들이 나오고 수많은 사람들이 빠르게 지식을 습득하여 오픈 소스와 같은 다양한 지식의 산출물들을 쏟아낸다. 이런 흐름 속에서 자신의 전문성을 유지하기 위하여 노력한다는 것은 엄청난 도전이다. 개인적으로는 끊임없이 근육의 상태를 유지하기 위해 노력하는 보디빌더Body builder 처럼 끊임없이 두뇌의 근육을 만들고 유지하는 노력을 해야 한다고 생각한다. 시간이 부족해서, 하루 일과로 인해 피곤해서, 집중력이 떨어져서 등의 이유로 학습을 할 수 없다고 생각하는 것은 고정 마인드셋에 해당한다. 할 수 없다는 믿음을 갖는 순간 우리의 뇌는 쉽게 지식들을 잃어버리게 된다. 성장 마인드셋을 갖추게 되면 일상을 바라보는 관점이 바뀌게 된다. 아무리 바빠도 작은 틈새의 시간을 발견하고 학습을 할 수 있으며 피곤한 일상에서는 피로를 회복할 수 있는 방법을 찾으며 비록 하루 10여분씩 공부하더라도 아무것도 안한 100일보다 10분씩 100일을 학습하여 1000분이라는 시간을 활용한 결과를 얻을 수 있게 된다.

누구나 알고 있으며 당연한 이야기가 될 수 있겠지만 긍정적인 사고와 성장 마인드셋에 대하여 이렇게 설명하는 것은 그만큼 중요한 이야기이기 때문이다. 물론 이 글을 보고 있는 사람이라면 이미 긍정적인 사고와 변화할 수 있다는 믿음을 가지고 있는 독자일 것이다.

나의 경우는 즉흥연기를 통해 긍정적인 사고를 만드는 방법을 찾았다. 독자들도 보다 긍정적인 사고를 만들어 언제든지 회복할 수 있는 강한 탄력성을 가졌으면 한다.

소프트웨어 장인이 되도록 하자

지금까지 이야기한 것들은 프로그래밍 학습에 대한 이야기도 있었지만 일반적인 학습 방법에 대하여 더 많은 이야기를 했다. 이는 이번 장에서 이야기하고자 하는 것들을 위하여 다루었다고 보면 좋을 것이다. 이번 장에서는 다소 반복되는 내용이 있을지 모르겠지만 프로그래밍 공부법에 대한 모든 내용을 설명한다고 보면 된다.

프로그래밍 공부법을 익힌다는 것은 소프트웨어 개발자로 성장하겠다는 것이다. 우리의 근본적인 목표이자 장기 목표Logn-Term Goal는 소프트웨어 장인Software Craftsman이 되는 것이다. 한땀 한땀 수를 놓듯이 완성도가 높은 소프트웨어를 만드는 장인이 되고자 하는 것이다. 이와 같은 소프트웨어 장인이 되기 위하여 필요한 마음가짐을 소프트웨어 장인정신Software Craftsmanship 선언문에서 볼 수 있다.

동작하는 소프트웨어뿐만 아니라,
　　정교하고 솜씨 있게 만들어진 작품을,

변화에 대응하는 것뿐만 아니라,
　　계속해서 가치를 더하는 것을,

개별적으로 협력하는 것뿐만 아니라,
　　프로페셔널 커뮤니티를 조성하는 것을,

고객과 협업하는 것뿐만 아니라,
　　생산적인 동반자 관계를,

---

http://manifesto.softwarecraftsmanship.org/

해당 선언문은 애자일 선언문(http://agilemanifesto.org/iso/ko/manifesto.html)을 기반으로 만들어진 것인데 앞쪽의 문장인 "~ 뿐만 아니라" 라는 부분은 애자일 선언문에서, 뒤쪽 문장인 "~을" 라는 부분은 소프트웨어 장인정신에서 강조하는 부분이다. 애자일 선언문과 마찬가지로 모두 중요하지만 소프트웨어 장인의 입장에서는 뒤쪽 문장이 더 중요하다는 것이다.

해당 선언문에서는 프로페셔널리즘과 기술적 탁월함, 고객 만족 등의 이야기를 하고 있다. 이런 장인이 되기 위하여 프로그래밍 공부법을 익히고 지속적으로 성장하여야 하는데 부족한 시간과 목표, 일정이라는 현실적인 압박으로 인하여 장인으로의 길이 쉽지 않다. 자주 듣게되거나 들어봤을 말이 "기술 부채"라는 것이다. 시간이 부족하여 동작하는 소프트웨어를 만드는 것에만 집중한 나머지 품질이 낮은 소프트웨어를 만들게 되고, 오히려 이를 고치는 비용을 지불하게 된다는 의미에서 부채라는 말을 사용한 것이다. 그럼에도 불구하고 우리는 소프트웨어 장인이 되기 위하여 노력하여야 한다. 많은 기업에서 소프트웨어 개발자를 많이 채용함에 있어서 실제로 보편적인 능력을 가진 사람보다 장인과 같은 실력을 가진 사람을 채용하려고 한다. 소프트웨어 장인을 뽑기 위하여 코딩 시험이 있는 기술 면접을 보는 것이다. 심한 경우 합숙을 하면서 문제를 해결하는 과정을 관찰하여 채용하는 곳도 있다. 우리는 이런 채용 현실에서 성공하기 위하여 더더욱 소프트웨어 장인으로 거듭나야 한다.

앞서 설명한 공부법에서도 많은 내용이 나왔지만 구체적으로 소프트웨어 장인이 되기 위해 알아야 할 것과 노력해야 할 것들에 대하여 살펴보도록 하자.

최신 정보를 유지하는 노력

최신 정보를 유지하는 노력이 필요하다. 우리는 학습을 함에 있어서 최신 정보가 잘 정리된 책을 제대로 파악하고 있어야 한다. 소프트웨어 장인들은 자신의 경험을 정리하여 책을 만들기 때문에 이런 책들을 활용할 줄 알아야 한다. 그런데 책에도 상황에 따라 봐야 할 종류들이 다르다. 어떤 종류의 책들이 있는지 살펴보기로 하자.

- 기술 명세 서적(Technology specific books)

- 개념 서적(Conceptual books)

- 행동 지침서(Behavioral books)

- 혁신 서적, 일명 고전(Revolutionary books)

기술 명세 서적은 Java, C, C++, Python, Node.js 등 개발 언어에 대한 서적을 말한다. 주로 언어의 문법이나 사용법 등 언어의 명세를 가르쳐주는 책이다. 초보자에게는 필수 서적이지만 책의 유효성은 언어의 개발과 함께 사라지기 때문에 짧은 주기를 가지고 있다. 프로그래밍 학습의 필수적인 학습 대상이며 해당 서적의 유효성이 존재하지만 가장 자주 구매하여야 하는 책이기도 하다.

개념 서적은 기술에 대한 개념을 설명하고 있는 책이다. 예를 들어 객체지향 설계, 테스트주도 개발, 함수형 언어 등과 같은 개념에 대하여 설명해주는 책이다. 본인의 관심에 따라서 개념적인 부분을 깊이있게 파악하고자 할 경우 보는 서적이다.

행동 지침서는 개발 방법론에 대한 책이나 기술 철학, 조직 관리 등 개발자보다는 개발 관리자를 위한 서적이다. 예를 들어 애자일 개발 방법론, 린 소프트웨어 개발, 프로그래밍 심리학 등을 들 수 있다. 이런 종류의 책은 초보자보다는 중고급 개발자에게 필요한 것으로 충분한 경험과 지식이 쌓인 경우 보는 것을 추천한다.

마지막으로 필수 서적이 되었으면 하는 고전, 혁신 서적이 있다. 개념 서적으로 분류될 수도 있지만 단순한 개념 서적이 아닌 반드시 읽어야 하는 책이다. 예를 들어 디자인 패턴, 클린 코더, 리팩토링 등의 책들이 있다. 프로그래머라면 반드시 읽어야 하는 책이라고 보면 된다. 초급자에게는 어렵겠지만 어느 정도 지식이 쌓인 개발자라면 고전 서적은 필수적으로 읽을 것을 권장한다.

나 또한 책에 대하여 투자를 많이 하는 편이다. 책을 사서 읽은 책들도 있으나 그렇지 못한 책들도 많았다. 비용적인 면에서도 부담되는 부분이 존재한다. 이를 해결하기 위하여 월정액으로 개발 서적을 볼 수 있는 서비스를 이용하는데 사파리북스온라인(https://www.

safaribooksonline.com/)이란 곳이다. 다양한 서적을 보유하고 있으며 최신 서적 중에는 아직 출간되지 않고 저자가 작성중인 기술 서적도 볼 수 있다. 또한 해외 컨퍼런스 영상뿐만 아니라 개발 언어나 개념을 가르쳐주는 강좌도 볼 수 있어서 적은 비용으로 많은 효과를 볼 수 있어 경제적이다. 다만 영어로 되어 있어서 직접 해석해서 봐야 하는 번거로움이 있다. 매년 12월 무렵에는 1년 구독 할인행사도 하고 있으니 이때 구독하는 것을 추천한다.

이처럼 다양한 종류의 책을 통해 최신 기술을 유지하는 것도 있겠지만 최신 기술에 대한 소식을 전하는 기술 사이트를 활용하는 것도 중요하다. 예전에 매셔블Mashable, 엔가젯Engadget, 테크크런치TechCrunch, 인포큐InfoQ 등의 다양한 기술 사이트를 보려고 노력하였다. 그런데 종류가 많고 학습할 내용이 많아 흐지부지 되는 부분이 많았다. 그래서 이 중에 단 하나만 사용하고자 하였다. 트렌디한 지식뿐만 아니라 특정 부분에 대하여 깊이있게 다루기도 하고 기술뿐 아니라 방법론이나 조직 문화 등도 다루는 곳이었으면 좋겠다라는 기준을 잡았다. 그렇게 해서 결정한 곳이 인포큐라는 사이트였다. 단 하나의 사이트를 정하는 데 나름의 원칙이 있다. 단순하게 제공되는 글을 보는 것이 아니라 관련된 링크를 쫓아가서 깊이있게 학습하는 원칙을 가졌다. 즉, 제공되는 글을 이해할 수 있도록 관련된 주변 지식도 학습하고자 하였다. 처음에는 방대한 내용이 있어서 하나의 글을 이해하는 데 오랜 시간이 걸렸으나 그렇게 학습된 지식이 쌓이면서 점점 많은 내용을 빠르게 볼 수 있게 되었다. 생각보다 시간이 많이 걸리니 편하게 잡지를 구독해서 보는 것이라 생각하면 좋다. 최신 기술의 학습을 통해 프로그래밍의 트렌드를 읽고 필요한 정보를 확인하기 위해서는 이런 기술 사이트 하나를 지속적으로 살펴보는 방법도 좋은 공부법이라 생각한다.

또 소프트웨어 장인이 되기 위해서는 다양한 오픈소스에 대하여 살펴보는 것을 추천한다. 예전에 한참 개발할 무렵에는 대부분의 필요한 기능을 직접 만들어 사용하였다. 그래서 개발하는 속도도 느리고 품질적인 측면도 보장하기 힘들었다. 하지만 요즘에는 수많은 소프트웨어 장인들이 품질이 좋은 소프트웨어를 만들고 이를 무료로 사용할 수 있도록 제공하고 있다. 오픈소스를 잘 알고 있다는 것은 집을 짓기 위해 벽돌을 한장 한장 쌓아 올리는 것이 아니라 철제 빔으로 골격을 만들고 각종 자동화 도구를 통해 건물을 쌓아 올리는 것처럼 할 수 있는 범위가 늘어나게 되는 것이다. 때문에 어떤 오픈소스가 있고 어떤 것이 유용하고 많이 사용되는지에 대하여는 알고 있어야 한다. 최근에는 많은 개발 작업들이 오픈소스 기반으로 시작하고 많은 오픈소스를 조합하여 생산 기간을 단축하는 방식으로 개발을 진행하기도 한다.

최신 정보를 유지하는 데에는 서적이나 기술 사이트도 있지만 유명한 소프트웨어 장인의 블로그나 사이트를 보는 것도 좋다. 대표적인 소프트웨어 장인의 사이트가 "리팩토링"이라는 책의 저자인 마틴파울러의 사이트(https://martinfowler.com/)이다. 해당 사이트는 개인 사이트라기보다는 기술 사이트에 해당하지만 소프트웨어 장인의 지식들이 담겨 있는 사이트이기 때문에 개인 사이트로 구분하였다. 이외에도 소프트웨어 장인들이 각자의 경험을 기록한 사이트를 찾아보는 것을 제안해 본다.

의도적 수련, 의도적 수련, 의도적 수련

프로그래밍 학습을 촉진하기 위해서는 의도적 수련Deliberate Practice을 수행하여야 한다. 주기적으로 반복해서 하는 훈련은 의미 없는 훈련이 될 수 있지만 의도적 수련은 집중을 해야 하는 점과 성능 향상이라는 특정 목표를 가지고 있기 때문에 체계적인 실천법이며 특별한 훈련법이다. 인간의 뇌는 자연스럽게 반복되는 행동을 습관으로 바꾸는 경향이 있다. 이런 경우 집중하지 않으면 무의식적으로 반복하게 되고 실제로 훈련이나 연습이 아니고 습관이 된다는 것이다. 이런 의도적 수련은 다양한 분야에서 활용되고 있다. 유명한 초밥 장인도 초밥 만드는 기술을 익히기 위하여 한번에 적당한 밥알을 잡는 법, 칼을 사용하는 법, 물고기를 종류별로 자르는 법 등 세

부적으로 집중하여 연습을 하였고 체스 그랜드 마스터였던 장인도 지속 가능하고 집중할 수 있는 학습을 위하여 컴퓨터를 상대로 훈련을 수행하였다. 프로그래밍도 명확한 목표를 가지고 다양한 학습방법을 활용하여 의도적 수련을 하여야 한다. 그리고 수련에 대하여는 반드시 피드백을 받고 생각하는 시간을 가져야 한다.

프로그래밍 학습의 의도적 수련 중의 하나는 알고리즘을 기반으로 한 코딩 훈련이 있다. 대표적인 사이트가 CodeKata와 같은 코드 수련 관련 사이트를 활용하는 것이다. 나의 경우 여러 개의 사이트를 활용하기보다 하나의 사이트를 사용하는데, 무료 문제들이 레벨별로 제공되는 코딩도장이 대표적인 사이트이다. Java와 Python을 사용하는데 각 언어로 문제를 풀 수 있는 능력이 되는지, 무엇을 모르는지 측정할 때 사용하고 있다.

또 좋은 의도적 수련으로는 직접 어플리케이션을 만들어 보는 방법이 있다. 서비스를 하겠다는 목표를 가지고 만들어 보는 것도 좋겠지만 자칫 많은 시간을 사용할 수 있기 때문에 적당한 펫 프로젝트Pet Project를 만드는 것을 추천한다. 초급 개발자였을 때 펫 프로젝트로 자주 만들던 것이 게시판과 달력기 반의 일정 관리 프로그램이었다. 새로운 언어를 사용할 때마다 동일한 기능을 해당 언어로 만들어 보는 작업을 통해 프로그래밍을 학습하였다. 요즘에는 새로운 언어나 프레임워크에서 펫 프로젝트을 제공해 주는 경우가 많다.

대표적으로 Java 기반의 스프링프레임워크SpringFramework에서는 펫 클리닉Pet Clinic라는 프로젝트 소스를 제공해 주고 있다. 제공해 주는 것도 활용하면 좋겠지만 개인적으로 적정한 목표 수준을 갖추고 있는 펫 프로젝트를 하나 가지고 있는 것이 중요하다고 생각한다.

사회적 자본의 활용

앞장의 학습 모임에서 설명했듯이 학습을 위해서는 사회적 자본을 활용하는 것을 추천한다. 최근에는 커뮤니티나 스터디 모임이 발달되면서 주변에서 쉽게 찾을 수 있을 것이다. 아마존웹서비스 한국 사용자모임, 파이콘, 한국 스프링 사용자 그룹 등 이름 있는 커뮤니티에서부터 소규모의 스터디 모임이 존재하고 있으니 충분히 활용할 수 있을 것이다. 직접 참석은 못하더라도 스터디에 가입되어 있다면 많은 정보를 접할 수 있을 것이다. 하지만 되도록 직접 모여서 하는 스터디를 추천한다. 이는 상호간의 학습을 독려하고 의식있게 집중할 수 있는 환경을 만들어주며 공부법에서 유용하다고 알려진 "인출"이라는 작업을 훨씬 가능하게 해주기 때문이다. 혼자서 학습할 경우 쉽게 포기하고 집중력도 떨어지기 때문에 함께 학습하는 것을 추천한다.

시간이 부족하여 이런 모임에 참석이 어렵다면 회사 내에서 하는 방법도 있다. 사내 스터디를 만들어서 점심 시간이나 저녁 시간에 학습하는 방법도 있다. 이보다는 업무를 통해 학습할 수 있는 기회를 만드는 것이 있는데 코드 리뷰, 페어 프로그래밍, 몹 프로그래밍 같은 것들이 있다.

코드리뷰는 각자 업무의 일환으로 만든 프로그램을 어떻게 만들었는지 함께 살펴보는 방법이다. 직접 코드를 만든 사람이 구현 방법에 대하여 설명하고 이를 동료들이 구현 방법에 대하여 이해하고 더 나은 방법에 대하여 토론하는 것이다. 이때 적극적인 참여를 통해서 다른 사람의 의견을 들으면서 학습하게 되는 것이다.

페어 프로그래밍은 두명이 하나의 컴퓨터로 프로그래밍 하는 방법으로 한명은 직접 프로그램을 작성하고 한명은 어떻게 작성하는게 좋을지 자신의 의견을 말하는 방법이다. 적당한 시간을 두고 위치를 바꿔가면서 진행하는 것이다. 어려운 프로그래밍 부분을 페어 프로그래밍으로 함께 푸는 경우 그 과정에서 학습이 이루어지게 된다. 몹 프로그래밍은 페어 프로그래밍과 달리 여러명이서 하는 방법인데 마찬가지로 하나의 컴퓨터를 이용하고 여러명이 토론하여 의견을 모아 작성하는 방법이다. 사람이 많은 만큼 문제 풀이에 대한 아이디어가 다양해 학습하는 내용이 많아질 수 있다.

사회적 자본을 활용하는 방법 중에 시간과 노력이 많이 드는 방법으로 컨퍼런스에서 발표하는 방법이 있다. 대부분의 학습한 내용은 발표를 할 수 있는 상태로 만들어 두는 편이다. 그리고 기회가 되면 발표를 시도한다. 발표 기회가 없는 경우 한명의 동료를 대상으로 설명하기도 한다. 이런 방식은 자신이 알고 있는 지식을 인출하는 작업이기도 하고 발표를 준비하는 과정에서 철저히 학습하게 되기도 한다. 컨퍼런스에서 발표를 할 수 있다면 좋은 기회이겠지만 그렇지 않더라도 항상 타인에게 설명할 준비를 하는 것도 좋은 학습 방법이다.

반드시 필요한 자기 관리

지금까지 이야기 했던 방법들을 수행하기 위해서는 자기 관리가 무척 중요하다. 목표를 설정하고 하나씩 수행하면서 시간과 노력을 들여야 하고, 그 과정에서 자신의 시간 관리와 해야 할 업무 관리, 목표 관리 등 많은 노력이 필요하다. 이를 위해서는 코치와 같은 전문가의 도움을 받거나 시간 관리 도구나 TODO 관리 도구 등 적극적인 활용이 필요하다. 이런 부분에서 다소 비용이 발생할 수 있는데 개인적인 상황에 따라서 투자할 것을 추천한다. 어느 정도의 투자는 학습을 촉진하는 데 효과가 있기 때문이다.

주의할 점으로는 자칫 기술 중심적으로 생각하여 신기술만 고집하는 것은 피하길 바란다. 실제로 기술은 사람의 생활을 윤택하게 하기 위해 존재하는 것이다. 고객 또는 사용자가 원하는 기능을 제공하는 것이 소프트웨어임에도 자신의 욕심을 위해 기술에 집중하다보면 결국 기술만 성공하는 결과를 맞이할 수 있다. 그러므로 그렇게 되지 않도록 노력해야 할 것이다.

가치와 원칙

애자일 개발 방법론에는 XP라고 불리는 익스트림 프로그래밍이라는 것이 있다. XP에서는 3가지 중요한 요소를 이야기 하고 있는데 가치(Value), 원칙(Principle), 실천방안(Practices)를 말한다.

가치에는 커뮤니케이션Communication, 존중Respect, 용기Courage, 피드백Feedback, 단순성Simplicity 등의 5가지 요소가 있다. 이는 프로그래밍과 관련된 부분보다 함께 문제를 풀어나가는 데 필요한 가치를 이야기 하고 있다. 소프트웨어 장인으로 기술력도 필요하겠지만 함께 일을 해나가는 데 혹은 함께 학습하는 데 5가지의 가치를 갖추어야 된다는 것이다.

원칙과 실천방안에는 더 많은 것들을 이야기 하고 있다. 여기서는 일일히 소개하지는 않겠지만 소프트웨어 장인이 되고자 한다면 알고 있어야 하는 사항이므로 관련된 책을 참고해 보기 바란다.

아래는 XP에서 이야기하고 있는 실천방안들이다. 3개의 원으로 구성되어 있는데 소프트웨어 장인이 되기 위해서는 중심에서 가까운 제일 작은 원에 해당하는 부분은 반드시 실천하여야 한다. 테스트 주도 개발TDD, Test-Driven Development, 리팩토링Refactoring, 단순한 설계Simple Design, 짝 프로그래밍Pair Programming 등 적어도 4가지의 실천방안을 실천해야 한다는 것이다.

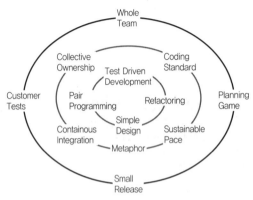

▶ 익스트림 프로그래밍의 실천방안

테스트 주도 개발은 만들고자 하는 기능을 위한 테스트를 우선 만들고 이를 통과하는 프로그램을 만드는 방법을 말한다. 일반적으로는 유닛 테스트 프로그램을 작성하고 만들게 되는데 테스트 프로그램은 리팩토링을 위해서도 반드시 필요하다. 리팩토링은 자신이 만든 프로그램을 보다 성능이 좋게 수정하는 것으로 수정하고 정상적으로 동작하는지 확인하기 위해서는 반드시 테스트 프로그램이 필요하다. 때문에 테스트 주도 개발과 리팩토링은 함께 실천해 나가야 한다.

단순한 설계라는 것은 말 그대로 복잡한 설계가 아닌 단순하게 설계하라는 의미이다. 복잡한 설계는 복잡한 코드를 만들고 이를 다른 사람들이 이해하는 데 어려움이 발생하고 심지어 자신도 어려움을 겪게 되기 때문에 가능하면 간단하고 명료하게 만드는 것을 말한다. 자신만 알 수 있는 복잡한 코드는 실력이 있음을 말해주지 않는다.

이와 같이 프로그래머에게 필수적인 실천방법들은 좋은 소프트웨어를 만들기도 하고 또 소프트웨어 장인으로 성장하는 데 좋은 공부법이고 실천법이다. 나머지 설명하지 않은 실천법도 모두 소프트웨어 장인이 되기 위한 방법과 환경 등에 대한 이야기이므로 별도로 살펴보았으면 한다.

익스트림 프로그래밍에서 제시하였듯이 소프트웨어를 만들기 위해서는 위와 같은 다양한 활동들을 수행하여야 한다. 단순하게 코딩을 배우는 것이 프로그래밍을 학습하는 것이 아니고 제대로 된 소프트웨어를 만드는 것을 배워야 하는 것이다. 그러기 위해서는 소프트웨어 장인정신을 제대로 이해하고 의도적 수련을 지속적으로 수행해야만 한다.

마무리 하며

　　지금까지의 프로그래밍 학습에 대한 나의 경험과 생각은 매우 개인적인 사례이다. 나의 경우 애자일이란 것을 오랜동안 학습하고 수련을 해왔기 때문에 애자일한 방법으로 학습을 수행할 수 있는 것이다. 해당 방법이 본인에게 맞는지는 직접 확인을 해보아야 할 것이다. 또한 소개한 내용 중에 본인에게 맞는 방법을 적용하여도 된다. 학습에는 왕도가 없다라는 것은 잘 알고 있을 것이다. 마지막으로 당부하고 싶은 말은 프로그래밍 학습은 단기간에 이뤄지는 것이 아니기 때문에 장거리 마라톤을 하듯이 자신의 페이스pace를 조절할 수 있었으면 한다. 부디 이 글이 누군가에게는 도움이 되기를 바란다.

배우기에 늦은 때는 없다

이재현(니마시니 인공지능 개발자)

Q. 간단한 자기 소개 부탁드려요.

A. 개발 경력 13년차에 이르는 SI 프로그래머이자, 열렬한 자바스크립트 애호가이자, 인공지능 연구자입니다. 1974년생이고, 컴퓨터를 처음 접한 건 초등학교 때, 직접 쓰기 시작한 건 대학교 1학년 때, 첫 코딩을 한 건 2003년입니다. '3살 때부터 컴퓨터를 가지고 놀다가 중학교 때 해커로 이름을 날리고, 대학 때 큰 업적을 세워 세계적인 프로그래머가 되었다'는 식의 뛰어난 프로그래머에 대한 편견과는 전혀 관계없는 개발 궤적을 가지고 있어서, 아직도 정체성 혼란을 겪고 있는 중입니다. 인공지능은 2016년 초에 처음 관심을 갖게 되었고, 본격적인 연구는 그해 말, 그리고 2017년 초에 '니마시니Mnemosyne'라는 인공지능 알고리즘을 개발하고 그해 4월 19일에 서울대에서 첫 발표를 한 이후로, 이 알고리즘의 확산과 보급에 최선을 다하고 있습니다. 2018년 암호화폐 '스팀'에 관심을 두어 jSteem(http://www.jsteem.com)이라는 서비스를 개발하기도 했습니다.

Q. 요즘 리얼리티 프로그램이 대세잖아요. 하루 일과를 그냥 가감없이 보여줌으로써 시청자도 같은 감성을 공유하거나 삶을 간접적으로 체험한다거나. 이런 관점에서 하루 일과를 공유해주신다면?

A. 개발자식으로 말씀 드리면, 직장에 다니고 있을 때, '기상→출근→업무→퇴근→코딩→잠'을, 직장에 다니고 있지 않을 때는 '기상→

코딩→중식→코딩→석식→코딩→잠'의 순서를 반복하고 있습니다. 가끔, 서울대와 대구경북과기원DGIST의 자문회의에 참석하고, 외부 강연 요청을 소화하는 것이 저 루틴을 깨는 유일한 일들이라 생각합니다(물론 불규칙한 다른 많은 일들도 있습니다). 역시 '코딩을 하지 않을 때에는 집 앞 해변에서 서핑을 즐기거나 동남아에서 쌀국수를 먹곤 한다'는 유명 개발자들의 여가 선용식 라이프 스타일과는 전혀 상관없는 삶이지만, 늦게 배운 도둑질처럼 날새는 줄 모르고 코딩을 합니다. 제 느낌엔 이제 좀 코딩을 할 만해서, 더 늙기 전에 최대한 많은 코딩을 하는 것이 목표인 것 같고, 이상하게 들릴 수도 있지만, 코딩을 할 때, 모든 스트레스가 날아가는 편입니다. 따라서 이런 삶을 산다고 불쌍하게 생각할 필요는 없을 것 같습니다.

Q. 프로그래밍 공부를 시작하게 만든 강력한 동기가 무엇이었나요?

A. 세상엔 많은 유행들이 왔다가 갑니다. 그런 유행들 중에는 아무리 생각해 봐도 사라지기 어려운 것들이 있습니다. 없어지기 어려운 일에는 적절한 관심과 나아가 전문적 지식이 필요합니다. 그렇지 않으면 더불어 살 수 없겠죠. 아파트에 코끼리가 들어와서 당분간 나갈 생각이 없다면, 코끼리와 더불어 사는 방도를 연구해야 하고, 만약 그렇게 하지 않는다면 집주인이 얼을 거라곤 베란다에서 빨래를 널다가 코끼리에 밀려 아래로 떨어지는 것뿐입니다. 누구나 각자에게 자기만의 코끼리가 있겠지만, 저에겐 그게 프로그래밍이었습니다. 꿈에 신령님이 나타나서 『C programming language』같은 책을 주고 가셨으면 더 그럴 듯 했겠지만, 안타깝게도 그저 해야 할 것 같아서 했고, 이왕 했으면 잘하고 싶었습니다. 다행히 적성에 맞아서 오래 할 수 있었을 뿐이고, 적성을 찾아서 기쁠 뿐입니다.

Q. 맨처음 누구나 프로그래밍 공부는 막막할 것 같습니다. 혼란스러웠던 시기의 에피소드를 얘기해주실 수 있는지요?

A. 근본적으로 프로그래밍은 마스터의 경지란 존재할 수 없고, 혼란스럽지 않으면, 멈춰버린 개발자일 뿐이라고 생각합니다. 눈에 띄진 않지만, 새로운 개발 언어는 늘 나오고 있고, 그런 언어들은 그 시대의 '변화하는 요구'에 맞춘 것입니다. 게다가 시대가 개발자에게 원하는 작업은 늘 절박하고, 하나도 동일한 것이 없습니다. 결론적으로 말하면, 세상이 변하는 만큼이나 프로그래밍도 빨리 변하니까, 개발자들에게 혼란은 숙명과도 같습니다. 그래도 그 중에 대표적인 에피소드를 하나 고르라면 역시 그 모든 것을 알지 못했던 시기의 시행착오들 속에서 하나 뽑아야 할 것 같습니다. 저는 개발자 초기 시절에 『비주얼 베이직 6.0 무작정 따라하기』(길벗)'라는 책을 1년 내내 읽었습니다. 개발의 'ㄱ'자도 모르는 시기였기 때문에 우선 서문의 첫 문장부터 전혀 이해할 수 없었습니다. 그때의 막막함을 떠올리면, 인공지능 개발은 재미있는 편이죠. 그때 절실히 체득한 것 중의 하나는 '아무리 모르는 개념도 곧 알게 되리라'는 교훈이었습니다. 포기하지 않는 한, 답은 나오게 되어 있습니다. 하지만 그 과정에서 느껴지는 정신적 고통도 만만치 않으니까, 주변에 추천하고 싶지는 않습니다. 부디 이 글이 '나는 예전엔 못났으나 지금은 잘났노라'는 식으로 읽히지 않기를 바랍니다. 사실을 묘사하자면 '나는 예전에 못났으나 지금도 특별히 나아진 건 없노라'가 맞을 겁니다. '99%의 자책과 (곧 오해로 밝혀질) 잠깐의 깨달음', 저에게 개발은 그런 존재입니다.

Q. 자신만의 프로그래밍 공부법이 있으셨을 것 같습니다. 초창기, 성장기, 그리고 현재 왕성하게 활동하고 있는 기간, 이 세 기간으로 나누어서 소개해주실 수 있나요?

A. 간단하게 말할 수 있을 것 같습니다.
초창기: 코딩, 성장기: 코딩, 현재: 코딩

개발은 이론이 아니라 일종의 '기술'입니다. 그리고 그것이 악기 연주가 되었든, 무술이 되었든, 아니면, 벽에 시멘트를 바르고, 벽지를 입히는 일이 되었든, 모든 기술은 그 기술을 끊임없이 수련하는 데에서 발전의 의미를 찾을 수 있습니다. '하루라도 글을 읽지 않으면 입에 가시가 돋친다'는 말처럼, 하루 연습을 안하면 내가 알고, 이틀 안하면 평론가가 알고, 사흘을 안하면 관객이 안다는 연주자들의 격언처럼, 천재든 둔재든, 입이 아니라 코드로 말하는 것입니다. 공부법을 알아낼 시간에 코딩에 열중하는 것, 그리고 그것을 되도록 오래 하는 것, 그게 공부법이 아닌가 생각합니다.

Q. 프로그래밍 공부에서 알고리즘이나 수학이 중요하다고 하는데요. 꼭 그런가요?

A. (꼭 그래야만 한다면) 동일한 목적을 달성한 두 코드의 우열을 따지는 방법은 알고리즘과 수학 이외에는 없습니다. 플랫폼이나 라이브러리가 난무하는 최근의 추세에 알고리즘이나 수학이 기술의 전제조건이라고 생각하지는 않습니다만, 그저 빌려 쓰는 것에 만족하지 못하고 스스로 무언가를 하고 싶은 사람의 등대는 늘 수학과 알고리즘 이론일 뿐입니다. 그것 없이도 행복하다면 수학과 알고리즘 능력이 필요하진 않다고 생각하기 때문에, 기술을 배우기 위한 필수 과목이라고 말하진 않겠습니다. 하지만 코딩을 오래 즐겁게 하고 싶다면, 배워두는 것이 좋을 것이고, 결국은 그렇게 될 거라고 생각합니다. 첨언하면, 프로그래밍을 하는 데 수학의 전분야가 필요한 것도 아닙니다. 알아두면 좋은 친구입니다.

Q. 프로그래밍에서 중요한 것 세 가지만 꼽는다면 무엇이 있을까요? 세 가지 넘어도 됩니다.

A. 짧게 답하겠습니다: 조건문, 반복문, 입출력

Q. 닮고 싶은 프로그래머가 있나요? 동료도 좋고 유명한 프로그래머도 좋습니다. 그리고 그 이유는?

A. 다익스트라(Edsger Wybe Dijkstra 1930-2002)라는 분을 존경합니다. 우리가 즐겨쓰는 운영체제가 오늘과 같은 모습을 띠기까지 무수한 사람이 무수한 방식으로 기여했지만, 특히 알고리즘 분야에서 큰 기여를 하신 분입니다.

Q. 처음 프로그램다운 프로그램을 만든 경험담이 있으신지요? 어떤 프로그램이었나요? 그리고 지금 생각해보면 그 프로그램은 프로그래머 인생에서 어떤 역할을 했다고 생각하나요?

A. 영어 학원에서 프로그래밍을 겸업하고 있을 때, 학원을 위한 홈페이지 프로그램을 만든 적이 있습니다. 학원이 지점까지 있었기 때문에 지점 홈페이지까지 함께 만들었습니다. ASP로 시작해서, ASP.NET까지 혼용해서 썼는데, 단지 홍보용 홈페이지가 아니라, 학원에서 일어나는 사무규칙이나, 학습자료, 채점방식이나 간단한 통계 자료를 쓸 수 있는 프로그램이었는데, 그 모든 작업을 40만원 정도 주고 산, 메모리 256M의 일본산 싸구려 노트북(sotec)으로 해결했습니다(이후엔 안드로이드 앱도 이걸로 만들었습니다). 가장 놀라운 건 (무식의 발로였겠지만) 자바스크립트 코딩을 메모장에서 해결했다는 것과, 듀얼 모니터를 쓰지 않았다는 것을 들 수 있겠습니다. 이 작업의 교훈은 '무식하면 용감하다'라는 것과, SI 환경은 사실 근무하기 좋은 환경(많은 장비와, 도움이 되는 동료와, 풍부한 정보들)일 수 있다는 것이고, 이 이후로는 모든 프로그램은 혼자 작업이 가능하다는 전제에서 프로젝트를 볼 수 있었습니다. 그런 전제 하에서 jSteem이라는 서비스가 나올 수 있었다고 생각합니다. jSteem은 좋은 환경에서 한 달만에 만들 수 있었습니다.

Q. 책을 쓰신 저자시잖아요. 어떤 책을 쓰셨으며 책을 쓴 이전과 이후에 달라진 점이 있나요? 책 집필을 통해 얻은 것은 무엇이었나요?

A. 로드북의 임성춘 대표님의 제안으로 『지능의 본질과 구현』이라는 책을 내게 되었습니다. 우선은 제 아이디어가 책을 낼 만하다는 판단을 얻은 것이 좋았고, 한두 마디로는 어려울 수 있는 '니마시니'의 근본 원리에 대해 원없이 설명할 수 있는 기회가 되어 좋았습니다. 알다시피 책을 쓰는 작업은 말라서 퍽퍽해진 뇌를 다시 짜서 백지에 잉크를 뿌리는 오래된 고문의 한 장르인데, 책을 쓰기 전엔 그 존재를 전혀 알 수 없었던 역류성 식도염을 체험해 보는 좋은 기회를 가질 수 있게 되었습니다. 신기하게도 원고를 넘기고는 자취도 없이 사라졌으니, 집필 작업의 여파인 건 의심할 바가 없을 것 같습니다. 따라서 집필을 통해 얻은 것이라면 첫번째로 '역류성 식도염'을 꼽겠습니다. 그 외로는 약간의 자신감, 편안한 얼굴, 그리고 경력에 '저자'라는 한 줄이 추가된 것 정도겠습니다. 그리고 한 작업의 성공을 위해서는 정말 많은 사람들의 기여가 필요하다고 하는 진리를 다시금 깨달을 수 있었습니다.

Q. 프로그래머라서 행복할 때는 그리고 불행하다고 생각할 때는?

A. 이것도 짧게 대답이 가능하겠네요. 행복할 때는, 프로그램을 할 때와 잠깐 쉴 때, 그리고 불행할 때는 오랫동안 프로그램을 못할 때와 잠깐밖에 할 수 없을 때 정도가 되겠네요. 프로그래머는 일이 다소 고되기는 하지만, 연봉도 꽤 괜찮고 일거리도 여전히 많은 좋은 직업 중 하나입니다.

Q. 지나온 과거를 돌이켜볼 때, "아~ 그때로 돌아가면 이런 공부를 좀 하고 싶다"라는 게 있는지요?

A. 가끔 학창 시절에 수학과 물리학을 더 공부했으면 좋았겠다는 생각을 하기는 하는데, 막상 돌아가더라도 실천은 못할 거라는 생각이

듭니다. '노는 것'이 종교일 수 있다면, 대학 때의 저는 그 종교의 광신도였기 때문이죠. 아마 인생에 노는 시간의 총량이 정해져 있다면, 저는 그때 그걸 다 썼다고 생각하기 때문에, 오늘날 이렇게 오랫동안 작업하는 것에도 큰 불만이 없습니다. 보통 '이런 공부를 하고 싶다'는 생각이 들면, 어려워도 그 자리에서 그 공부를 해 보는 편입니다. 평범한 이야기지만 배우기에 늦은 때는 없다고 생각합니다.

알고리즘과 수학 자체는 죄가 없다

신상재(소프트웨어 아키텍트)

Q. 간단한 자기 소개 부탁드려요.

A. 삼성SDS의 신상재라고 합니다. 직무로 말하자면 소프트웨어 아키텍트 역할을 하고 있습니다. 과거 한창 SI 프로젝트를 할 때는 JEE 기반의 엔터프라이즈 시스템의 실행 아키텍처를 만들고 프레임워크를 구성하는 일을 했는데, 요즘에는 인공지능과 머신 러닝을 주력으로 하는 팀에 얹혀서 한국어와 일본어의 번역 데이터를 정제하는 일을 돕고 있습니다.

Q. 요즘 리얼리티 프로그램이 대세잖아요. 하루 일과를 그냥 가감없이 보여줌으로써 시청자도 같은 감성을 공유하거나 삶을 간접적으로 체험한다거나. 이런 관점에서 하루 일과를 공유해주신다면?

A. 지구 밖 화성(경기도)에 살고 있는지라 집에서 서울 근무지까지 대기권(경기권)을 돌파해야 합니다. 그래서 하루의 시작이 빠른 편인데, 5시에 일어나서 6시에 출근 버스를 타면 7시에 회사에 도착합니다. 통상 근무 시간은 9시부터이기 때문에 이 아침 시간을 어떻게 활용하느냐가 관건인데, 기술서 번역을 의뢰 받았을 때는 작업할 원고를 통독하거나 몇 단락을 자투리 번역 하기도 합니다.

예전에 SI 프로젝트를 할 때는 야간 근무를 하면서 업무의 강도 조절이나 페이스 조절이 가능했기 때문에 작업 시간이 충분했던 반면, 최근에는 야간 근무를 거의 하지 못하는 상황이라 가능하면 업무 시간에 업무가 마무리되도록 노력합니다.

그 외의 시간에는 주로 번역 활동에 할애하는데, 아침의 자투리 1시간 외에도 점심 시간에 테이크아웃 도시락을 먹으면서 확보하는 1시간과 일과를 종료한 후의 1시간에 대부분의 작업을 하고 있습니다.

업무를 하다 보면 피로가 쌓여 일과 이후에 그로기 상태가 되는 일이 많다 보니 중간에 몸을 리셋해줄 필요가 있는데, 피트니스에서 가벼운 운동을 하고 샤워를 하거나 쪽잠을 자고 나면 하루를 2배로 살 수 있는 힘이 생깁니다.

토요일, 일요일 주말 중 하루는 가족들을 위해 쓰고, 남은 하루는 제 자신의 자기 계발을 위해 사용합니다. 프로그래머 특성상 자기계발에 소홀하면 밥벌이가 어려워진다는 걸 가족들도 잘 이해하고 있는지라 언제부터인가 그렇게 주말을 활용하는 것을 양해해주고 있습니다. 그렇게 확보한 주말 시간에는 기술 컨퍼런스에 참여하거나 주중에 작업하지 못했던 번역 작업 진도를 캐치업합니다.

번역을 하지 않을 때는 대부분 개발 관련 커뮤니티나 짬짬이 찍어둔 지식 모임 발표 영상 편집에 올인하는데, 지인들의 커뮤니티 행사를 돕거나 회사의 지식 공유 모임을 기획합니다. 일과 이후나 주말에 다른 밋업이나 콘퍼런스를 다니는 이유는 흥미로운 주제를 찾기 위한 것도 있지만 특정 주제나 분야에 나름의 스토리를 가지고 있어서 다른 이에게 영감을 주거나 삶의 변화를 일으킬 수 있는 사람들을 찾기 위함입니다. 그들이 가진 이야기와 제 아이디어를 교환하고 특정 주제와 방향을 잡고 나면 다른 이들이 그러한 자극에 노출되었을 때 자신의 잠재력이 어떻게 각성되는지, 어떻게 증폭되는지, 또 다른 이들과의 네트워킹을 통해 어떻게 새롭게 융합되는지 지켜보고 함께 그 즐거움을 나누는 것이 API를 연계해서 시스템을 구축하는 것만큼이나 흥미로운 일입니다.

Q. 프로그래밍 공부를 시작하게 만든 강력한 동기가 무엇이었나요?

A. 아버지가 업무에 활용하려고 애플 IIe 컴퓨터를 사오셨던 걸로 기억합니다. 전자 타자기 정도로 생각했던 기계를 사용하기 위해 컴퓨터 잡지를 사보게 되고 부모님 권유로 당시 '컴퓨터학원'이라는 곳을 다니게 되었습니다. 어느 학원이나 그러하듯이 그냥 뭣 모르고 다녔던지라 강력한 동기는 없었습니다만 나름 재미가 있었는지 프로그램 몇 개는 외워서 칠 수 있었는데 사실 대단한 능력은 아니었고 피아노 학원을 다니면 곡 몇 개를 외워서 치는 것과 같이 의례히 반복 학습을 하다 보면 되는 자연스러운 일이었습니다. 언젠가 백화점에 전시된 컴퓨터가 있었는데 아무것도 실행되고 있지 않아서 그 자리에 서서 그림을 그리는 프로그램을 짜주었던 걸로 기억합니다. 키보드 'I', 'J', 'K', 'M'을 누르면 초록색 점이 상하좌우로 이동하면서 선을 그리는 프로그램으로 아마 그걸 계속 살을 붙이면 'Snake'라는 뱀 게임을 만들 수 있는 전초 단계였던 걸로 기억합니다. 컴퓨터 매장에 놀러가면 제가 꺼진 기계의 전원을 켜고 혼자 타이핑해서 그 프로그램을 띄워놓고 놀았는데 (당시에는 휴대용 저장 장치가 고가여서) 그럴 때마다 매장의 아저씨는 저를 반겨주었던 것 같습니다. 제가 서서 프로그래밍을 하는 것이 업무 방해가 되었을 법도 하지만 요즘으로 치자면 대형마트 시식 코너에서 바람 잡는 역할을 나름 했었던 것으로 생각됩니다.

프로그래밍이 매력적이었던 것은 '무'에서 '유'를 만드는 것 같은 착각 때문인 것 같습니다. 뭔가 만들어 냈을 때의 성취감은 당시에 비싼 취미였던 프라모델을 만드는 것보다 컸던 것 같고, 무일푼이지만 엄청난 힘을 발휘할 수 있는 드라마틱한 역할을 할 수 있다는 것에 매력을 느꼈던 것 같습니다.

Q. 맨처음 누구나 프로그래밍 공부는 막막할 것 같습니다. 혼란스러웠던 시기의 에피소드를 얘기해주실 수 있는지요?

A. 초등학교(저는 국민학교 시절) 때 뭣 모르고 배운 것은 사실 프로그래밍이라고 보기엔 어렵고 장기자랑에 가까웠으니 논외로 하겠습니다. 제대로 고민하면서 프로그래밍을 한 것이라면 역시 컴퓨터 공학과에 입학하고 1학년 첫해에 배운 PASCAL이었습니다. 일단 영어 원서 자체를 제대로 이해하지 못했기 때문에 명령어 구문을 읽어 내지 못하고 각각의 단어의 뜻을 이해하는 데도 한참 애먹었던 기억이 납니다. 이후 C를 배운 후에야 전산 용어에 대한 감이 잡혀 '프로그래밍이 이런 것이구나'하고 이해하기 시작했습니다.

가장 재미있게 다룬 것은 비주얼베이직이었는데 당시 윈도우즈 3.1의 GUI 환경에서 어드벤처 게임을 만들어서 학기 텀 프로젝트에서 좋은 점수를 받았던 기억이 납니다. 이후에 배운 어셈블리는 사실 그리 어렵지 않았고 오히려 비주얼 C++을 배우면서 MFC_{Microsoft Foundation Classes}의 개념을 잡는 것이 정말 힘들었습니다. 스스로 바보가 아닌가 싶을 정도로 프레임워크라는 개념을 이해하지 못했던 것 같습니다. 당시에 가장 이해하기 어려웠던 것은 도큐먼트_{Document}와 뷰_{View} 구조와 파운데이션_{Foundation}, 클래스_{Class}라는 개념들이었는데 그것들이 필요한 기존의 제약과 환경을 이해하지 못했으니 당연히 그것들이 어떤 역할을 하는지 공감하지 못하고, 그러다 보니 이게 외운다고 외워지지 않는 형태가 없는 지식으로 머릿속을 한참 떠돌았던 것 같습니다. 게다가 군대를 제대하고 처음 배운 것이다 보니 가뜩이나 사회화도 덜 된 상태에서 학업을 따라가는 것은 쉽지 않았습니다.

학교를 다니면서 제대로 이걸로 밥 벌이가 가능하겠구나 생각하기 시작한 것은 학교 벤처 창업 보육센터에 상주하면서 PHP와 Perl을 배울 때였습니다. 실제로 이때는 이 두 가지 언어만 알고 있으면 리눅스에 웹 서버를 띄우고 데이터베이스를 연동할 수 있었습니다. 당시엔 '웹마스터'라는 역할이 궁극의 경지였는데 지금으로 말하자면 서버 관리자, DBA, 웹 프로그래머, 웹 디자이너까지 아우르는 '풀 스택 개발자'의 원형이었던 것 같습니다. 실제로 이 당시에 몇몇 단체와 병원 등의 시스템을 작업할 공간을 제공해주는 대가로 보수 없이 개발을 해주었는데 소위 요즘 말하는 '열정페이'로 SI프로젝트를 했던 것이라는 걸 최근에야 깨달았습니다. 이때 당시에 CGI를 경험해본 것은 졸업 후, 지금의 회사에 입사할 때 큰 도움을 주었는데 기술 면접에서 3 티어에 대해 설명해보라고 했을 때 양복 자켓을 벗고 와이셔츠 소매를 걷은 다음, 화이트 보드에 미친 듯이 그림을 그리고 설명을 했던 것 같습니다.

프로그래밍의 완성은 자바를 배웠을 때였습니다. 당시에는 데스크톱 애플리케이션은 비주얼 C++, 웹 애플리케이션은 PHP가 대세였고 서버 관리 스크립트에서는 파이썬은 펄Perl 보다 인기가 없었습니다. PHP를 잡기 위한 ASP는 MS에 대한 반감 때문에 쳐다보지도 않았고 JSP는 미완이었고 서블릿Servlet과 애플릿Applet이 웹 프로그래밍의 떠오르는 기술이었습니다. 당시 어느 대학에서도 그랬겠지만 등교 길에 자본가를 비판하고 노동자를 찬양하는 노동요(?)가 아침 방송으로 매일 나오던 때라, 자본주의에 대한 반감이랄까 공유 정신에 대한 도취라고 할까 리눅스를 써야 멋있어 보였고 MS를 쓰는 것은 자본으로 인생을 쉽게 살려고 하는 돈의 노예라는 인식이 있었던 것 같습니다.

남들은 인공지능을 한다고 LISP도 배우곤 했는데 일단 저는 자바를 맛본 후에 다른 언어를 더 배우지 않고 자바만 깊숙이 파고 들었습니다. 객체지향은 C++을 배우면서도 알고 있었지만 어딘지 모르게 미덥지 않은 불안정한 구석이 있었고, 때마침 새로 배운 자바는 그러한 불확실성을 제거하고 견고한 모양을 갖추고 있어서 여기에 베팅을 해야겠다고 느꼈던 것 같습니다. 다행히 이때 잡은 이 기술은 이후에 지금의 회사에서 자리를 잡고 십여 년간 크고 작은 기업형 시스템을 만드는 데 큰 역할을 해주었습니다.

Q. 자신만의 프로그래밍 공부법이 있으셨을 것 같습니다. 초창기, 성장기, 그리고 현재 왕성하게 활동하고 있는 기간, 이 세 기간으로 나누어서 소개해주실 수 있나요?

A. 초창기에는 별다른 학습 방법이란 걸 몰랐을 때였기 때문에 무조건 입문서를 줄 그어가며 읽고 입문서의 코드를 기계적으로 따라 쳤던 것 같습니다. 머리가 이해를 못하고 기억을 못한다면 손가락이 기억하도록 반복해서 쳤습니다. 지금은 우스갯소리로 머리로 기억하지 말고 근육이 기억나게 하라는 의미에서 머슬 메모리라고 말하곤 하는데 일단 이 방법은 문법적인 이해도가 낮고 코드의 해독력이 떨어질 때 반복적인 작업으로 일정 패턴을 스스로 깨닫게 만드는 데 도움이 되었습니다.

그 이후는 온갖 글을 닥치는 대로 봤습니다. 당시에도 인터넷이 있긴 했지만 WWW 보다는 고퍼와 메일 서비스를 주로 사용했고 주로 하이텔, 천리안, 나우누리와 같은 대형 BBS와 지역 컴퓨터 학원에서 운영하는 사설 BBS의 동호회에서 공부할 거리를 찾아서 봤습니다. 읽어볼 만한 컴퓨터 관련 글이 있으면 도트 프린터로 찍어서 버스에서 읽었었는데 지금의 A4 용지는 없었고 연속 용지라고 부르는 아코디언처럼 접어서 보관하는 두루마리 화장지 같은 종이를 사용했습니다.

학습 과정에서 가장 큰 위기는 역시 군 복무 기간이었습니다. 시력이 좋지 않아 좋은 급수가 나오지 않다 보니 애매한 곳에서 뺑이치느니 (?) 복무 기간이 길더라도 기술병으로 자원하여 커리어를 살려야겠다고 생각했습니다. 그래서 공군 통신대대에 유선정비병으로 들어가서 유선 통신 관련 기술을 그때 익혔었습니다. IT를 하는 사람에게 네트워크는 언젠가 한번 넘어야 할 산이기 때문에 이때 익힌 고전적인 유선 기술은 이후에도 적지 않은 도움을 주었던 것 같습니다. 다만, 폐쇄적인 군 부대 특성상 기술 교본 말고는 볼 것이 없었기 때문에 온갖 IT 회사의 사보, 홍보용 책자를 신청하여 구독을 했었습니다. 그런 책자들은 보통 무료로 받아 볼 수 있었기 때문에 위문 편지를 받아보는 것만큼이나 그런 사보가 오는 것을 기다렸었습니다. 당시 받아본 IT 회사의 홍보 책자는 삼보 트라이젬, 큐닉스, 한국통신과 같은 회사의 소식지였는데 해당 기업의 문화나 주력하고 있는 기술 소개, 동향, 신제품 소식 같은 것을 보면서 바깥 세상의 트렌드를 따라가려 했던 것 같습니다.

한편, 제대 후 다시 복학한 후의 공부도 쉽지는 않았습니다. 지금은 프로그램을 짜면 깃헙GitHub 같은 곳에 올려서 서로 리뷰도 하고 풀리퀘스트도 날리지만 당시에는 모자익 브라우저로 플레이보이 사이트를 띄우는 것도 엄청 힘든 일이었던지라 플로피 디스크에 프로그램을 복사해서 친구들에게 보여주며 모르는 부분을 해결했었습니다. 말이 좋아 코드 리뷰이지 그냥 고등학교 때 문제 풀다가 모르는 걸 물어보는 것과 크게 다르지 않은 수준으로 서로 프로그램 짠 것을 들여다보고 버그를 잡곤 했습니다.

지금처럼 개발자 밋업이 왕성해서 라이브 코딩을 본다거나 하는 것은 사실상 불가능했고 간혹 '리눅스 공동체 세미나' 같은 큰 규모의 커뮤니티가 서울에 열리면 전국의 개발자들이 새벽 기차를 타고 올라가 개발 노하우를 전수받곤 했었습니다.

Q. 프로그래밍 공부에서 알고리즘이나 수학이 중요하다고 하는데요. 꼭 그런가요?

A. 약간의 논란이 있을 듯하여 시기를 조금 잘라서 구분하고 싶습니다. 초창기 개발을 배울 때는 절대적으로 필요합니다. 논리적인 사고에 대한 훈련과 자료구조 등에 대한 이해를 해야 하기 때문입니다. 현존하는 컴퓨터의 동작 원리를 CPU 프로세서의 아키텍처까진 이해를 못하더라도 최소한 메모리 상에서 데이터를 어떻게 다루어야 문제를 풀 수 있는지는 알고 있어야 합니다.

다만, 이 단계가 자연스럽게 느껴질 정도로 몸에 체화한 이후라면 그때는 좀 더 다른 보다 복잡한 문제를 해결하는 데 관심을 두어야 합니다. 예를 들어 고등학교와 대학교에서 근의 공식을 유도하거나 미적분의 원리를 이해하는 것은 중요하지만 실제 사회에 나와서는 그것은 응용하는 도구로 활용해야 하는 것과 같습니다. 기초 과학을 하는 입장과 응용 공학을 하는 입장은 분명이 다르기 때문에 만약 일반적인 혹은 대부분의 경우에 해당하는 애플리케이션 개발에서는 동작 방식을 이해하기 위한 개념으로는 활용되더라도 그것 자체를 구현할 기회는 극히 적을 겁니다. 그것은 우리가 바닥부터 모든 것을 만들어야 하는 것이 아니라 클래스나 펑션(함수), 라이브러리나 모듈, 프레임워크와 같은 재사용 가능한 단위를 최대한 활용하면서 해결해야 할 문제에 집중해야 하기 때문입니다.

기초에 대한 이해의 폭이 넓을수록 더 복잡한 문제도 잘 해결하는 데 도움은 되겠지만 결국은 시간이라는 리소스는 제한되어 있기 때문에 가장 효과적인 결과를 얻기 위해 선택과 집중을 해야 합니다. 그렇다고 본다면 알고리즘과 수학은 올바른 해법을 선택할 수 있는 기본 소양과 판단력을 키우는 데 분명히 도움을 주지만 그것 자체에 지나치게 집착하는 것은 논리를 전개하며 커뮤니케이션을 하는 것을 목적으로 두지 않고 상대의 무지를 꼬투리 잡아 비방하는 소피스트와 같을 수 있습니다.

결국 알고리즘과 수학 자체는 죄가 없습니다. 그것을 가지고 어떤 상황에서, 어떤 관점으로, 어떻게 활용하는지에 대해 판단하는 사람의 문제로 봐야 합니다. 비슷한 케이스가 디자인 패턴인데 애당초 복잡한 문제 해결을 위해 반복되고 공통된 패턴에 대해 이름을 붙이고 사용 용처를 정리하여 이해와 커뮤니케이션에 도움을 주려던 것을 이 패턴을 아니 모르니, 패턴 적용이 맞니 틀리니 하면서 논쟁을 벌이는 것은 누가 더 기억력이 좋은가를 가리는 싸움이지 문제 해결에는 전혀 도움이 되지 않습니다. 실제로 초기 자바 개발자들은 J2EE Core Design Pattern을 책을 보고 실제로 한땀한땀 손으로 구현하며 시스템을 만들었습니다. 그때는 비즈니스 로직보다 그러한 골격 자체를 만들 수 있느냐가 기술 우위를 결정했기 때문에 다들 그걸 어떻게 만들 것인가 어떤 패턴이 맞냐 틀리냐로 갑론을박하며 성장할 때가 있었습니다. 하지만 요즘엔 그렇게 밑바닥부터 만들지 않습니다. 그런 문제를 다 해결한 프레임워크를 사용하고 심지어 다양한 컨텍스트 상황에 맞게 골라 쓰고 조합해서 씁니다. 그 내부에 어떤 패턴을 쓰는지, 어떤 알고리즘으로 구현이 되었는지는 중요하지 않습니다. 해결하려는 문제는 비즈니스 요구사항이지 그 구현 방식이 아니기 때문입니다.

그래서 일정 학습 단계를 지났다면 문제 해결 방법을 거시적으로 보는 안목이 필요합니다. 내가 해결해야 하는 문제에 어떤 알고리즘을 써보는 것이 좋은지, 그 이름을 알고 있고 그 이름으로 구현된 라이브러리를 찾아 쓸 수 있으면 됩니다. 최근 IT 환경은 그 어느 때보다도 기술 스펙트럼이 넓어졌기 때문에 내가 직접 구현할 것과 남에게 의지해서 활용할 것에 대한 빠른 판단이 필요합니다. 간혹 자신이 사용한 라이브러리의 버그 때문에 곤욕을 치른 분들이 직접 만들어서 사용하는 것에 안도감을 느끼기도 하는데 그런 경우는 개인적인 취향을 존중해줘야지 무조건적으로 뭐가 맞다 틀리다 이야기할 것은 아닙니다. 심지어 서버도 잘 돌다가 오류 나면 버리고 새로 만들거나 교체하는 것이 요즘 패러다임입니다. 어떤 알고리즘을 사용할지 판단이 가능하고 그것을 사용했을 때 문제가 있다면 재빨리 그것을 버리고 다른 대안을 찾아서 교체하면 됩니다. 굳이 "Immutable(불변의)"이라는 단어를 가져오진 않더라도 방망이를 깎는 노인보다 용처에 맞는 방망이를 얼른 사와서 활용하는 지혜가 필요할 때입니다.

그런 의미에서 직원을 평가하거나 구인을 할 때 알고리즘 시험으로 평가를 하는 것에는 주의가 필요합니다. 알고리즘 문제를 줄 때는 이 사람이 얼마나 컴퓨팅 사고를 가지고 있는지, 주어진 문제 상황을 어떻게 풀어가는지, 현재 그가 얼마나 학습이 되어 있는지, 알고 있는 지식을 잘 활용할 수 있는지, 그리고 그것을 활용한 경험이 있는지와 같은 다양한 관점에서 판단을 해야 합니다. 단순히 무슨 문제를 풀었기 때문에 개발자로 인정한다거나 역량이 높다고 판단하는 것은 지극히 관리의 편의주의적인 생각일 수 있습니다.

이미 알려진 그런 허점을 방치하면 할수록 과거 입시위주 교육이 낳은 폐해나 영어로 대화를 못하는 토플 고득점자의 양산 사태와 같이 개발자 코스플레이어를 양산하고 신분 세탁에 악용되며, 개발자 생태계 자체를 교란시키는 행위가 될 수 있다는 점을 항상 경계해야 합니다.

Q. 프로그래밍에서 중요한 것 세 가지만 꼽는다면 무엇이 있을까요? 세 가지 넘어도 됩니다.

A. 결국은 문제를 해결하는 것이 목적이라 한다면 입력과 출력, 그리고 처리 과정에 대한 개념을 머릿속에 빨리 그려낼 수 있는 감각이라 생각합니다. 이 과정에서 지엽적인 기술 용어나 유행하는 버즈 워드를 갖다 붙일 것이 아니라 본질 자체에 다가서는 노력이 필요합니다. 간혹 유행하는 기술이 있으면 앞 뒤 안 가리고 그 키워드를 사용

하며 그걸 꼭 사용해야 한다고 바람을 잡는 사람들이 있는데 이런 접근 방식은 개발자라기보다는 시장의 활력을 만들어야 하는 마케터나 컨설턴트의 접근 방식이라고 생각하고 구분해서 바라볼 필요가 있습니다.

새로운 시장을 만들고 일거리를 창출해야 하는 사람과 주어진 문제를 해결하는 사람은 일의 접근 방법이 다릅니다. '프로그래밍'이 문제를 해결하는 사람의 액티비티라고 가정한다면 '문제 해결'을 위한 입력, 출력을 분명히 정의하고 그 중간의 처리 과정에서 어떤 전략을 펼칠지 고민하는 순서가 되어야 한다고 생각합니다. 그 중간의 전략을 뽑아내는 과정에서 제약 조건을 확인하고 제한된 리소스를 어떻게 조합하고 활용할지에 대한 판단이 필요하게 되는데 이것은 경험의 정도에 따라 다른 판단이 내려질 수 있는 만큼 그 부분은 시간과 노력으로 커버해야 하는 부분입니다.

Q. 닮고 싶은 프로그래머가 있나요? 동료도 좋고 유명한 프로그래머도 좋습니다. 그리고 그 이유는?

A. 지금은 조금 생각이 바뀌었지만 한참 사회 초년생이었을 때 롤 모델이었던 사람이 몇 사람 있긴 했습니다. 여러 사람을 롤 모델로 삼았던 것은 이 업계가 단순히 개발만 잘한다고 돌아가는 곳은 아니었기 때문에 각 역할이나 관점 별로 따르고 싶은 사람을 별도로 설정했던 것 같습니다.

제게 가장 큰 영향력을 미쳤던 사람은 '데이비드 커틀러'인데 DEC에서 마이크로소프트로 이적해서 윈도우 NT 개발팀의 리더가 된 분입니다. 제가 현재의 대형 ICT 기업에 들어가기 전까지는 실제 필드에서의 개발팀이 회사 내에서 프로젝트를 어떻게 수행하고 품질이나 마케팅 같은 다른 팀들과 어떻게 협업을 하는지 전혀 몰랐는데 『싸우는 프로그래머-빌 게이츠 사단의 무서운 천재들』(

"Showstopper", 1994, G. 파스칼 재커리 지음, 정성호 옮김, 억조 출판사)이라는 책을 대학교 2학년 때 처음 읽고 실제 필드에서는 어떻게 소프트웨어가 만들어지는가에 대해 많은 것을 간접 경험할 수 있었습니다.

지금 생각하면 실력과 카리스마를 겸비한 자는 일을 추진하기 위해서 폭력적이어도 된다는 상당히 위험한 선입견이 생겼던 것 같습니다만, 데스마치 프로젝트를 실행하는 과정에서 온갖 트러블을 겪으면서도 임무를 완수해내는 인간 군상의 스토리와 그들의 리더의 이야기는 적잖이 큰 인상을 남기는 데 충분했습니다. 실제로 그와 관련된 다양한 일화들이 실제 제 개발자의 삶 속에서 모방 심리랄까, 오마주처럼 녹아든 것이 많았는데 데이비드 커틀러가 힘든 일을 해내면서도 짬짬이 스키를 즐기는 모습이 너무 멋있어서 눈도 안오는 부산 촌놈인 제가 굳이 서울의 회사에 입사해서 강원도의 스키장에서 스노우보드를 타겠다는 목표를 세우게 되었습니다. 그리고 그 꿈은 실제로 이루어졌는데, 그 정도가 지나쳐 그룹사 최대의 스노우보드 커뮤니티의 운영을 맡게 됩니다. 평일에 힘들게 일을 끝낸 다음, 당일 야간으로 강원도까지 달려 스노우보드를 탈 때면 데이비드 커틀러가 이런 기분이었을 것이라며 쌓인 스트레스를 풀곤 했습니다.

그 밖에도 그 책에 나오던 이야기 중에 제품의 품질을 높이기 위해 개발팀 스스로가 '도그푸드'(직접 만든 소프트웨어를 스스로 사용해보면서 버그를 잡는 과정)를 먹으면서 개발을 하는 이야기가 있는데 '도그푸드'라는 용어를 사람들이 생소해 할 때부터 개발자라면 당연히 해야 하는 당연한 덕목으로 각인할 수 있었던 것 같습니다.

그 책에 나오던 수많은 마이크로소프트웨어의 개발자들의 일화를 보면서 다양한 인생과 가치관을 배웠는데 힘들어 일하는 것에 대한 보상으로 고급차를 사는 것을 보고 나도 언젠가는 내가 번 돈으로 내 차를 사겠다는 목표를 세웠고 (이것도 실현됨), 데스마치 프로젝트를 진행하는 과정에서 개발자가 이혼을 하거나 죽는 장면을 보고 무척이나 안타까워했던 탓인지, 우리나라 모 회사에서 제품 개발 과정 중에 몇 사람이 이혼을 했다며 자랑처럼 이야기하는 이를 보고 분노하게 되는 감성도 그 책의 영향이었던 것 같습니다.

그 밖에는 『해커, 그 광기와 비밀의 기록』(스티븐 레비, 김동광 옮김, 사민서각)에 나왔던 수많은 해커들, 그리고 각종 해킹 영화에 나오던 가상의 인물들이 롤 모델이었는데 문제 해결을 위해 심취하는 집중력과 긱geek한 모습에 상당한 매력을 느끼고 흉내 내고 싶어했던 것 같습니다.

한편 해커의 문화에 일방적으로 심취했던 단계는 일종의 사고의 전환을 거치게 됩니다. 전설의 해커(라고 쓰고 크래커라 부르는) 케빈 미트닉과 시모무라 츠토무의 대결을 그린 책 『컴퓨터 테러리스트』(제프 굿델 저, 문혜원 옮김, 예음 출판사)를 봤을 때는 그야말로 흥분의 도가니에 빠져 몰입하게 되었는데, 단순히 과장된 선과 악의 구도가 아니라 기술을 가진 자, 즉 능력을 가진 자의 책임과 영향에 대해 생각해보는 기회로 작용했던 것 같습니다. 내가 앞으로 다룰 기술의 양면이 사회에 어떤 영향을 줄지, 내가 어느 편에 서야 할지를 나름 진지하게 고민하게 했던 것 같습니다.

Q. 처음 프로그램다운 프로그램을 만든 경험담이 있으신지요? 어떤 프로그램이었나요? 그리고 지금 생각해보면 그 프로그램은 프로그래머 인생에서 어떤 역할을 했다고 생각하나요?

A. '프로그램답다'라고 표현하긴 좀 그렇지만 가장 재미있게 만들었던 프로그램은 학교 다닐 때 만든 어드벤처 게임이었습니다. 당시에는 학교에 386, 486 PC가 있었던 때라 도스DOS와 윈도우즈 3.1을 함께 사용할 때였거든요. 비주얼베이직으로 GUI 프로그램을 만드는 것이 상당히 즐거운 작업이었습니다. C 라이브러리로 화면 요소를

그리던 것에 비하면 GUI의 화면 편집 방식이나 이벤트 처리는 정말 환상적이었죠.

당시에 만들었던 어드벤처 게임은 소년이 모험을 떠나서 악당을 물리친다는 스토리였는데 문제 상황에서 어떤 선택을 하느냐에 따라 이야기가 분기되는 지극히 단순한 switch case와 if else로 점철된 게임이었습니다. 중간중간에 미니 게임으로 random 기능으로 카드 게임(섯다 게임)을 하기도 했던 것 같습니다.

만들다 보니 마우스로 그림을 그리는 것이 힘들어서 지인의 디지타이저 태블릿도 빌려서 썼었습니다. 당시에도 와콤 태블릿은 고가였던지라 언젠가는 꼭 사고 싶었던 로망의 아이템이었는데 한참 후에 회사 다니면서 자생력이 생긴 후에야 와콤 태블릿을 사서 감개무량했던 기억이 납니다.

지금 생각하면 Visual Basic으로 게임을 만든다는 것이 이상하게 보일 수 있는데 당시에는 GUI 프로그래밍이라는 매력 때문에 언어의 특징이나 주력 용도 같은 건 신경 쓰지 않고 할 수 있는 건 다 해봤던 것 같습니다. 지금은 프로그래밍 언어의 특징이나 용도 같은 것을 감안해서 언어를 골라 쓰는데 당시에는 마냥 뭔가를 만들 수 있다는 즐거움 하나로 프로그래밍 언어가 할 수 있는 한계까지 최대한 끌어내면서 놀았던 것 같습니다.

지금 그렇게 기술에 대한 선입견 없이 순수한 즐거움만으로 밤샘 코딩이 가능할까 생각해보면 솔직히 자신이 없습니다. 그때는 젊었고, 잘 몰랐고, 내가 가는 길이 내 길이라고 생각했던 근거없는 무모함으로 똘똘 뭉쳤을 때라 무엇이든 가능했던 것 같습니다.

Q. 신상재님은 번역을 많이 하시잖아요. 책 번역을 통해 얻은 것은 무엇이었나요?

A. 국내 굴지의 대형 ICT 회사에서 십여 년 개발을 하며 얻은 것보다 최근 몇년 간 번역을 하면서 얻은 것이 더 많은 것 같습니다. 실제로 한 일은 많았지만 폐쇄적인 시공간에서 제 능력과 성과를 제대로 내보일 수가 없었기 때문에 대외비로 점철된 제 행위들로는 저를 자극하는 피드백을 받을 수가 없었습니다. 그러다 보니 오히려 공개된 시공간에서 펼친 번역 활동에 따른 피드백이 제게 더 큰 의미로 다가오는 것 같습니다.

번역을 시작한 이래 도저히 이 지면으로 설명하지 못할 정도의 놀라운 일들이 제게 벌어지는데 그런 경험을 '기술서 번역이 개발자에게 미치는 영향에 대하여'라는 타이틀로 두어 차례 발표를 했었습니다. 발표 자료가 170페이지에 육박하고 50분안에 다 말을 하지 못할 만큼 하고 싶은 말이 넘치는데 기회가 된다면 또 자리를 마련하여 많은 분들에게 '기술서 번역이 개발자에게 미치는 영향'에 대해 제 경험을 공유하고 그들에게도 번역을 하고 싶다는 동기를 부여하고 싶습니다.

Q. 프로그래머라서 행복할 때는 그리고 불행하다고 생각할 때는?

A. 무에서 유를 창조할 수 있는 크리에이터라는 생각에 자신이 자랑스럽고 행복합니다. 무일푼이라도 가치를 만들어낼 수 있다는 것을 감안하면 자본을 가진 자가 노동자를 통제하는 기존 프레임에 상태 전이를 일으킬 수 있는 잠재 능력자라는 점에서도 매력 있는 플레이어라고 생각합니다.

단지 프로그래머라서 불행하다고 생각해본 적은 없었던 것 같은데, 다만 프로그래머 역할을 하면서 일을 하는 방식이나 제약 때문에 가족들에게 부담이 가는 일이 생기면 그 상황이 속상한 일은 종종 있었던 것 같습니다. 하지만 그것은 프로그래머라서 불행한 것과는 다른 이야기일 것 같고 직장인이라면 누구나 겪게 되는 과정이라 생각합니다.

Q. 지나온 과거를 돌이켜볼 때, "아~ 그때로 돌아가면 이런 공부를 좀 하고 싶다"라는 게 있는지요?

A. 누구나 그렇겠지만 어줍잖은 영웅 심리 때문에 너무 컴퓨터에 몰입하지 말았어야 했다는 생각을 하곤 합니다. 제가 학교를 다닐 때는 전공 공부를 열심히 해야 실력자로 인정을 받고 전공엔 소홀한데 외국어 공부를 열심히 하고 있으면 그건 다른 생각을 품은 부적응자(?) 정도로 보는 시각이 어느 정도 있었던 것 같습니다. 그렇다고 제 스스로 컴퓨터 공학 전공 자체를 그리 잘했던 것은 아니었는데, 그 당시에도 어른들이나 선배들이 귀아프게 했던 말 '영어 공부해라'라는 이야기를 왜 그리 대수롭지 않게 생각했나 후회하고 있습니다.

같은 이야기를 사회에 나와서 직장생활 할 때도 듣게 되는데 '개발 관련 문서를 읽을 정도면 된다'라는 생각에 영어 공부하기를 계속 등한시 했던 것 같습니다. 왜냐면 그 당시에도 매뉴얼이나 레퍼런스를 제대로 읽을 수 있고 간혹 영문 뉴스 그룹이나 메일링 리스트에 포스팅할 정도면 업무는 진행이 되었기 때문입니다.

반면 요즘에는 해외 유명 개발자들과 온오프라인으로 인터랙션하는 것이 쉬워졌고 실시간으로 정보를 주고 받을 수 있게 되었습니다. 그 결과 영어로 해외 개발자들과 커뮤니케이션을 하는 능력은 짧은 시간에 엄청난 경험치를 줄 수 있는 핵심 역량이 되었습니다. 과거에 영어 공부에 소홀하여 현재의 그런 기회를 제대로 살리지 못하는 것이 무척이나 안타까운데, 만약 지금 새로운 프로그래밍 언어를 배울지, 영어를 배울지 선택하라고 물어 본다면 주저 없이 영어를 배우겠다고 할 것 같습니다.

그런 생각의 변화는 영어가 기술 지식 습득이나 해외 개발자와의 기술적인 커뮤니케이션뿐만 아니라 폭넓은 커뮤니티 활동에도 필요하다는 것을 뒤늦게 깨달았기 때문입니다. 최근 일본 최대의 AWS 사용자 커뮤니티 모임인 JAWS DAYS 2018에 다녀온 적이 있었는데 그 때 키노트를 맡은 세지 아카츠카 Seiji Akatsuka 씨가 했던 말을 잊을 수가 없습니다. '나는 원래 회사에 다닐 때 영어를 잘하는 편이 아니었다.' 그런 그는 지금 전세계의 AWS 커뮤니티의 사용자들과 커뮤니케이션하면서 국경을 넘고 온갖 제약을 넘는 'no border'라는 철학을 몸소 실천하며 그의 철학이 세상을 변화시킬 수 있다는 것을 증명하고 있었습니다.

이제까지 학교를 다닐 때나 회사를 다닐 때, 선배들이 영어 공부에 대한 중요성을 그렇게 귀가 닳도록 이야기를 해왔어도 '내가 기술 문서를 볼 수 있을 정도면 된다'라는 생각에 더 노력하지 않았었습니다. 하지만 아카츠카씨가 그간 보여주었던 활약상을 보니 '영어 공부가 하고 싶다'라는 생각을 마흔이 넘어서야 가지게 되었습니다.

결국 '무엇을 공부할 것인가?', '무엇이 공부하고 싶은가?' 라는 것보다 '무엇이 하고 싶은가?', '내가 멋있다고 생각하는 일은 무엇인가?'를 먼저 생각하고 그것을 실천하는 과정에서 필요한 것을 공부해서 채워가는 것이 진짜 공부가 아닐까 생각해 봅니다.

지금 가장 하고 싶은 거요? 네, 영어 공부를 더 열심히 해서 해외의 커뮤니티 사람들과 더 재미있는 일을 만들어보고 싶습니다. 그간 고객들이 원하는 일을 해 왔잖아요? 이젠 제가 하고 싶은 것을 하고 싶습니다.

호기심, 열정, 친절함

윤성열(데이터 수집 분석 서비스 개발자)

Q. 간단한 자기 소개 부탁드려요.

A. 현재 16년째 개발자로 살고 있네요. 사회 생활의 처음은 펌웨어와 이미지 인식 분야에서 개발을 시작하였고 그 후로 데이터베이스 모니터링과 보안 솔루션을, 이후엔 SKP에서 아키텍트 생활을 하다가 회사 분사 이후로 SK techx에서 데이터를 수집하고 분석하는 서비스를 개발하며 살고 있는 낭만 프로그래머를 꿈꾸는 윤성열이라고 합니다.

Q. 요즘 리얼리티 프로그램이 대세잖아요. 하루 일과를 그냥 가감없이 보여줌으로써 시청자도 같은 감성을 공유하거나 삶을 간접적으로 체험한다거나. 이런 관점에서 하루 일과를 공유해주신다면?

A. 6시 30분에 기상해서 지하철을 한 시간 넘게 타고 가는 출근길에 요즘은 MOOC 온라인 교육을 듣고 있습니다. 자막 없는 영어(--;)라 한 번 들어서는 이해가 잘 안가지만 관심있는 인공지능 강의라 어떻게든 배우려고 하고 있습니다.

9시 40분에 팀 데일리를 시작으로 하루 일과와 리스크에 대한 공유를 하고 한 시간 일하고 10분은 쉬려는 스케줄을 가지려고 노력하고 있습니다. 회사의 문화가 회의가 좀 많아 하루에도 수차례 있어 노트북을 들고 왔다 갔다 하고 있으며 적어도 하루에 하나씩은 위키wiki에 무언가를 기록하려고 하고 있습니다.

Q. 프로그래밍 공부를 시작하게 만든 강력한 동기가 무엇이었나요?

A. 초등학교 시절 옆집 살던 형집에서 애플컴퓨터로 컴퓨터를 처음 경험하고 엄마를 졸라 XT 컴퓨터를 집에 들여놓은 후로 컴퓨터 학원을 초등학교 시절 내내 다녔던 것 같아요. 중고등학교 때는 잠시 컴퓨터를 내려놓았지만 대학에 진학할 때부터 또 어김없이 이쪽 분야에 끌려서 전공을 하고 현재까지 밥벌이로 진행하고 있습니다.

Q. 맨처음 누구나 프로그래밍 공부는 막막할 것 같습니다. 혼란스러웠던 시기의 에피소드를 얘기해주실 수 있는지요?

A. 처음 초등학교시절에 학원을 다닐때 게임의 소스가 잔뜩 적힌 책을 따라서 코딩을 시작한 것 같아요. 한 시간 넘게 코딩하고 테이프에 저장하고 막상 타이핑을 할 때는 코드의 의미를 몰랐지만 테이프에 저장되는 그 시간이 되면 기분이 무지 좋았던 것 같습니다.

다행히도 그때 재미를 많이 느꼈던 것 같아요. 사회 초년생일 때는 대학 때 배웠던 게 실업무에 별 도움이 안 되구나 라는 걸 깨달은 후로 스터디 모임을 많이 참가했습니다.

비슷한 업무를 하는 사람들끼리 여러 정보도 많이 나누고 인맥도 넓힐 수 있는 기회였습니다.

Q. 자신만의 프로그래밍 공부법이 있으셨을 것 같습니다. 초창기, 성장기, 그리고 현재 왕성하게 활동하고 있는 기간, 이 세 기간으로 나누어서 소개해주실 수 있나요?

A. 초창기에는 주로 책을 따라 읽고 타이핑을 했어요. 이해가 가지 않는 부분이라도요. 그러다가 머릿속으로 한 사이클 돌려볼 수 있는 경험이 쌓였고 그때는 조금만 고민하면 뭐든지 만들 수 있을거란 자존감이 넘쳤었죠.(ﾟ) 그러다가 머릿속으로 생각하는 것에도 한계를 느껴 이젠 종이에 적고 바라보고 다시 그리고 또 고민하고 하는 습관이 생겼습니다.

작은 것이라도 기획할 때는 위키나 개인 공간에 마인드맵과 아키텍처를 꼭 한번 그려보고 시작합니다. 아마 개발하고 있는 서비스의 크기가 점점 커져감에 따라서 기록과 기획을 하던 버릇이 바뀌어가고 있는 것 같습니다.

Q. 프로그래밍 공부에서 알고리즘이나 수학이 중요하다고 하는데요. 꼭 그런가요?

A. 개인적으로 중요하다고 봅니다. 20줄의 코딩이 3~4줄로 작성될 수 있고 프로그램의 성능에도 많은 영향을 미칩니다. 코딩의 라인수가 적다고 많은 게 달라지진 않지만 실업무를 오랫동안 해보니 유지보수 측면에서도 많은 도움이 됩니다.

자료구조, 알고리즘은 일단 기본으로 깔고 시작하는데 업무에도 많은 도움이 됩니다(그리고 실제 회사의 면접에서도 관련된 많은 질문을 하기 때문에 면접에도 도움이 됩니다!!).

Q. 프로그래밍에서 중요한 것 세 가지만 꼽는다면 무엇이 있을까요? 세 가지 넘어도 됩니다.

A. "호기심, 열정, 친절함"

호기심과 열정은 자기 자신이 세운 목표를 달성하는 데 많은 도움이 됩니다. 작게는 무엇인가를 탐구하고 고민할 때 정답을 찾는 유일한 길은 호기심과 열정이라고 생각합니다.

1인 회사에 다니지 않는 이상 혼자 무언가를 다 만들 수는 없습니다. 백엔드, 프론트엔드, 앱을 만들 때 다른 개발자들과 커뮤니케이션은 필수입니다. 그때 당연히 친절함이 요구됩니다. 또한 이것저것 도움도 받을 수 있고 많은 것을 공유 받을 수 있기 때문에 다른 이들에게 친절함이야 말로 자기 자신에게 많은 도움이 됩니다.

Q. 닮고 싶은 프로그래머가 있나요? 동료도 좋고 유명한 프로그래머도 좋습니다. 그리고 그 이유는?

A. 이메일을 처음 만들 때부터 빌게이츠를 머릿속에 두고 nobelbill 이란 아이디를 계속 사용하고 있어요. 빌게이츠라는 이름을 계속해서 기억하고 생각했습니다. 그렇다고 빌게이츠의 일대기를 막 조사하고 그런 것 아니였는데 유명한 사람이 되고 싶었던 것 같아요.

"윤성열"이라는 이름 석자가 유명해지기를 바랐지만… 언젠가 그 꿈이 이루어지겠죠. (^^)

Q. 처음 프로그램다운 프로그램을 만든 경험담이 있으신지요? 어떤 프로그램이었나요? 그리고 지금 생각해보면 그 프로그램은 프로그래머 인생에서 어떤 역할을 했다고 생각하나요?

A. 모니터링 솔루션 회사에 다닐 때 많은 것을 배웠어요. 프론트엔드쪽 작업을 하면서 실사용자와 개발자의 갭을 경험하며 좌절도 많이 하였지만 솔루션을 완성해서 업체에 제공하고 실사용자에게 좋은 피드백을 받게 되면 그때 기분이 무척 좋았습니다. 그때부터 내가 사용하는 서비스가 아니라 실사용자 입장에서 편한 서비스를 만들려고 고민을 했던 것 같습니다.

Q. 책을 쓰신 저자시잖아요. 어떤 책을 쓰셨으며 책을 쓴 이전과 이후에 달라진 점이 있나요? 책 집필을 통해 얻은 것은 무엇이었나요?

A. SKP에서 인연을 맺은 이상민(자바의신 저자)님 덕분에 『개발자가 되고 싶으세요?』라는 책을 공동집필하게 되었습니다. 처음엔 무모하게 하겠다고 했지만 쓰다보니 보통 어려운 게 아니였네요. 하지만 그 경험과 결과는 절 기분 좋게 만들어줬습니다. 프로그래밍 언어를 배웠던 것처럼 집필은 경험해보지 못한 미지의 영역을 배운 기분이었습니다. 서점에 가면 꼭 제 책을 찾는 취미도 생겼고요.

Q. 프로그래머라서 행복할 때는 그리고 불행하다고 생각할 때는?

A. 내가 필요한 것을 직접 만들 수 있어서 좋습니다. 필요한 앱을 아무나 만들 수는 없는 거잖아요~. 그리고 나이를 먹어갈수록 전문적인 일이 아닌 쪽에서는 실무를 손에 놓는 경우가 많은데 아직 이쪽 분야에서는 자신만 노력하면 좀더 나이를 먹어도 실무를 할 수 있다는 게 좋습니다.

불행까지는 아니지만 컴퓨터만 망가지면 전화를 하는 친구들 때문에 가끔 속상합니다. (ㅎㅎ)

Q. 지나온 과거를 돌이켜볼 때, "아~ 그때로 돌아가면 이런 공부를 좀 하고 싶다"라는 게 있는지요?

A. 대학때 이것저것 프로젝트를 많이 진행을 못해본 게 제일 아쉽긴 합니다. 그때만큼 시간을 자유롭게 쓸 수 없는 직장인이 되고 나니… 서비스를 기획부터 배포까지 달려볼(?) 수 있는 기회를 갖고 싶네요.

성공하는
프로그래밍
공부법

컴퓨터와 사람들과 소통하는
국어 이야기

남재창

코딩: 소통의 통로

소통의 열망

삶을 살아간다는 것은 다른 누군가와의 관계의 연속을 의미한다. 태어나는 순간 나의 의지와 상관없이 부모와 관계를 맺어 누군가의 자녀가 된다. 사회와 격리되어 교도소 독방을 사용하는 수형자도 정기적으로 교도관과 어떤 식으로든 관계를 맺게 된다. 무인도에서 자급자족 하더라도 사시사철 먹을 것을 제공해 주는 동식물들과 관계를 맺고 살아야 한다. 어떠한 관계라도 없으면, 삶은 의미가 없고 결국 허무하게 죽음과 맞닥뜨리게 된다. 반대로, 관계의 범위가 좁든 넓든 만족스러운 관계 안에서는 삶은 풍성해지고 행복감은 커진다.

그렇다면, 관계의 연속이라는 삶의 당연함 속에서, 나를 발견하고 행복과 삶의 의미를 찾기 위해 반드시 필요한 것은 뭘까? 누군가와의 소통이다. 나를 알리고 가르치며 누군가에 대해 알고 배우는 것, 누군가를 격려하고 세워주고 인정하고 또 내가 격려 받고 세움 받고 인정받는 것, 관계 안에서 이루어지는 모든 종류의 소통이 관계를 형성해 주고 견고하게 해준다. 때로는 서로 다른 관점, 태도, 습관, 성격의 차이로 누군가를 미워하고 싸우기도 하다가 관계를 중단하기도 한다. 잘못된 소통이 주는 관계의 단절이다. 우리 삶에서 소통이 무척 중요함은 이루 말할 수 없다.

사람들과의 소통은 주로 언어를 통해 이루어진다. 언어는 인간의 소통을 간결하고 오랫동안 유지 가능하게 만들었다. 언어의 기원에 대한 다양한 설이 있지만, 그 중 많이 알려진 이야기 중 하나가 성서에 나오는 바벨탑 사건이다. 하지만, 본질적인 언어의 기원은 창세기의 시작부터 나온다. 성서는 세상의 모든 시작이 신의 말씀으로 시작했다라고 이야기하기 때문이다. 또 말씀으로 마지막에 만든 인간이 가장 먼저 한 일은, 세상에 존재하는 동식물들의 이름을 지어주는 일이었다. 그렇게 이름을 지어주는 것을 시작으로 아담은 주변에 있는 모든 것들과 관계를 맺게 되고, 마침내 자신의 갈빗대로 지어진 아내의 이름도 지어준다. 존재하는 무엇에 이름이 부여되고 관계가 시작되었다. 그리고 그 관계가 소통을 통해 유지됐다. 특히 인간들은 정교한 언어를 통해 다양한 현상, 생각, 감정들을 소통한다. 김춘수의 '꽃'이란 시에서 "이름을 불러주었을 때 그는 나에게로 와 꽃이 되었다"는 표현은 우리의 존재와 관계, 언어와 소통, 이 모든 것들을 한꺼번에 생각하게 해주는 기막힌 싯구가 아닐까 싶다.

　　사람들마다 나름의 소통 방식이 있다. 요즘과 같이 IT 기술이 보편화한 세상에서는, 카톡이나 LINE 같은 스마트폰 메신저 앱을 통한 소통이 대표적이다. 모바일 폰이 보편화한 2000년대 전후에는 음성 통화와 문자가 최고의 소통 매체였다. 조금 더 거슬러 올라가면, 삐삐를 통한 '8282' 같은 식의 소통도 기억할 수 있다. 책, 신문, 잡지, 방송 등등 대중을 향한 전통적인 소통 방식도 여전히 유효하다.

코딩을 이야기하는 책에서 뜬금없이 소통에 대한 이야기로 거창하게 시작하는 이유는, 코딩이 정보화 시대 누구에게나 허락된 중요한 소통의 통로 중 하나이기 때문이다. 코딩을 단순히 컴퓨터를 유용하게 활용하기 위한 소프트웨어를 만드는 데 필요한 기술로 이야기할 수도 있다. 하지만 소프트웨어가 존재하는 이유는 사람들이 컴퓨터의 능력을 더욱 쉽게 활용하기 위해 즉 컴퓨터와 더 잘 소통하기 위해 존재한다고 이야기할 수 있다. 소프트웨어를 만드는 기술인 코딩은 결국 컴퓨터를 세밀하게 활용할 수 있도록 돕는 소통의 도구인 셈이다. 다시 말해 가장 본질적인 컴퓨터와의 소통 활동을 코딩이라고 할 수 있다.

▶ 컴퓨터를 세밀하게 활용할 수 있는 배경에는 코딩이 있다.

사람들과 소통하기 위해 나의 생각과 감정의 조각을 한 문장 한 문장 표현하는 것을 작문법이라고 하고, 작문법을 통해 문장들을 연결하여 하나의 생각의 실타래를 완성하는 것을 작문이라고 한다면, 컴퓨터와 소통하기 위한 작문법은 코딩, 작문은 프로그래밍으로 볼 수 있다.

　　다른 사람에게 나의 생각과 감정을 오롯이 전한다는 소통의 동기가 있어 누구나 글을 쓰듯이, 누구나 코딩을 익히고 프로그래밍을 하기 위해서는 컴퓨터와 소통을 해야 한다는 분명한 동기가 필요하다. 동기가 분명할 때 적성과 상관없이 기본적인 코딩과 프로그래밍을 잘 할 수 있다. 그렇다면 컴퓨터와의 소통의 동기는 과연 뭘까?

　　컴퓨터와의 소통의 본질적인 동기는 문제 해결이다. 컴퓨터를 한자어로 표현하면 계산기計算機다. 무엇인가 계산을 한다는 것을 다른 말로 표현하면 문제를 푼다고 표현을 할 수 있다. 계산이라는 말 때문에 컴퓨터가 해결하려는 문제를 수학적인 문제만으로 오해할 수 있는데, 사실 세상의 다양한 문제들을 컴퓨터와 연결시킬 수 있다. 내가 가진 전화기로 인터넷을 통해 공짜로 문자를 보내고 싶은데 어떻게 하면 되지? 라는 질문에서 우리가 지금 사용하는 카카오톡이나 LINE같은 메신저 앱이 나왔다. 스마트폰에서 인터넷을 통한 공짜 통화는 안 될까? 라는 문제를 해결하려다 보니, 메신저 앱에 음성통화 기능도 추가되었다. 거래 기록을 안전하게 유지하고 보관하는 방법이 없을까 고민하다가 요즈음 뜨거운 감자인 블록체인도 나왔다. 0, 1만 계산할 줄 아는 차가운 하드웨어인 컴퓨터가 사람들의 코딩을 통해 다양한 문제를 해결한다. 그리고 사람들은 컴퓨터가 제공하는 다양한 소통의 경험을 하고 있다.

▶ 문제 해결을 통해 SNS도 나오고 블록체인도 등장했다.

해결하고 싶은 문제가 있는가? 그 문제를 해결하는 데 컴퓨터를 이용하면 도움이 될까? 이 질문에 "예" 라고 답할 수 있으면, 컴퓨터와의 소통, 코딩을 위한 충분한 동기가 된다. 이러한 동기가 열망이 되면, 코딩은 우리가 자유자재로 말과 글을 사용하듯이 컴퓨터와 소통을 위한 자연스러운 수단이 될 수 있다. 컴퓨터와 네트워크가 보편화한 지금의 세상에서는 세상에 존재하는 대부분의 문제에 컴퓨터가 역할을 할 수 있다. 우리가 자유롭게 글을 쓰고 말을 하듯, 각 영역에서 전문가로 살고 있는 사람들이 자유자재로 코딩을 하여 컴퓨터와 소통할 수 있다면, 세상은 글이 대중화하면서 이룬 변화보다 더 큰 변혁을 이룰 수 있지 않을까? 상상만 해도 벅차다.

이 글에서 필자는 코딩 학습의 막강한 동기가 될 수 있는 소통에 대한 평소 필자의 경험과 생각을 나누고자 한다. 한정된 경험이기에 어쭙잖겠지만, 글을 읽는 누군가에게 코딩을 해볼까라는 마음을 갖게 하고 코딩을 효과적으로 경험하고 배울 수 있는 마중물의 역할을 할 수 있기를 소망해 본다.

깐깐한 친구, 컴퓨터와 소통하기

컴퓨터와의 소통에는 사람들과의 소통과는 다른 특별함이 있다. 모든 컴퓨터들이 순수, 단순, 무식이라는 획일적인 특성을 가지고 있기 때문이다. 다른 말로 개성이 없다. 물론 컴퓨터마다 더 많은 정보를 받아들이고 처리하는 성능의 차이는 있겠지만, 기본 특성은 같다. 컴퓨터의 순수, 단순, 무식한 특성은 코딩을 처음 배우는 사람들에게 코딩이 무척 까다롭게 느껴지게 하는 이유 중 하나다. 반대로, 한 번 익숙해지면 모든 컴퓨터에 쉽게 익숙해질 수 있다.

> 순수: 내가 하는 말, 표현된 생각, 감정을 있는 그대로 받아줄 수 있는 순수한 누군가가 단 한 사람이라도 있다면, 행복한 사람이다. 코딩을 통해 컴퓨터에게 무엇인가 말하면, 컴퓨터는 있는 그대로 받아준다.
>
> 단순: 순수함을 다르게 표현하면 단순하다고도 할 수 있다. 순수함이 단순함이 되어, 결함을 넣어줘도 일단 잘 받아준다.
>
> 무식: 단순하면 자주 무식이란 단어가 함께 따라오기도 한다. 컴퓨터는 결함도 단순히 받아 그것을 또 그대로 받아 행동한다. 받지 말아야 할 것을 받은 것도 모자라 받은 대로 잘못 행동하여 오류를 만들어 내는 것을 보고 무식하다라고 볼 수 있다. 무식하면 용감하게 행동하듯, 결함을 있는 그대로 받아 오류를 만들어 내는 컴퓨터를 보고 무식하면 용감하다라고 말할 수 있다.

짤막한 비유의 표현이지만, 순수, 단순, 무식한 컴퓨터와의 소통은 정말 쉬운 일이 아니다. 예전에 군에 있을 때, 예하부대 중대 행정보급관으로 근무하던 상사 한 분이 계셨는데, "어이 거기, 거시기에게 그거 거시기 좀 찾아서 거시기 하라고 그래"라고 휘하의 병사들과 소통하곤 했다. 전산보안 점검차 방문했다가 행정보급관의 명령을 정확히 알아듣고 행동하는 중대본부 행정병을 보고 대단하기도 하면서도 저런 소통의 경지까지 얼마나 많은 시간이 걸렸을까 또 저 행정병은 얼마나 고생했을까라는 생각에 만감이 교차했다. 행정보급관의 입장에서는 얼마나 쉬운 소통인가! 사람과의 소통은 이렇게 시간이 지나면 익숙해지고, 눈빛만 봐도 알 수 있는 경지의 소통이 가능하다. 하지만, 컴퓨터와의 소통에서는 이런 경험의 축적이 현재 기술로 불가능하다. 그래서 컴퓨터에게는 한 단어라도 대충 전달할 수 없고 모든 것을 자세히 풀어서 알려줘야 하는 소통의 번거로움이 있다. 컴퓨터와 소통하는 사람이 치밀하지 않으면 컴퓨터와 원하는 소통을 이루어내기가 어렵다. 그래서 컴퓨터는 깐깐한 친구이다.

▶ 사람과의 소통은 눈빛만 보아도 알 수 있는 경우가 있지만, 컴퓨터와의 소통은 한치의 실수도 용납하지 않는다.

　하지만, 반대로 생각하면 변하지 않는 컴퓨터에게 우리가 익숙해지면 소통은 수월해진다. 갓 부임한 중대본부 행정병의 경우 못 알아듣는 명령을 내리는 행정보급관이 무척이나 깐깐하게 보였을 테다. 하지만 시간이 지나면서, 대충 이야기해도 정확하고 자세히 알아 듣는 행정병으로 거듭나게 됐다. 소통에 있어서 깐깐함을 응대해 줄 수 있는 한 쪽이 있으면 성공적인 소통을 할 수 있다는 말이다. 순수, 단순, 무식한 컴퓨터와 코딩으로 시작하는 소통은 마치 어리버리한 이등병 중대본부 행정병과 같을 수 있다. 시간이 지나 일병, 상병, 병장 이렇게 계급이 높아지면, 행정보급관이 사용하는 불특정 대명사 하나만으로 소통이 가능하게 익숙해진다. 막 중대본부에 배치 받은 이등병처럼 코딩을 통해 깐깐한 컴퓨터와 관계를 맺고 익숙해지면 시간이 지나 능숙한 소통이 가능하게 될 것이다.

코딩, 결국은 사람들과의 소통

아주 오래 전 안드로이드 폰이 등장하였을 때, 내가 좀 필요한 앱이 있어 직접 만든 경험이 있다. 내가 편하게 사용하기 위해 만든 앱이긴 하지만, 필요한 분들이 있을 것 같아 배포를 했는데, 그 당시 내가 만든 앱의 기능이 편리했던지 몇만 명의 사람들이 초기에 사용하기 시작했고, 신문에 기사로 나오기도 했다. 그러면서, 사용자들이 이런 기능이 필요하다, 저런 기능이 필요하다 안드로이드 마켓에 많은 댓글과 평점을 남겨주었다. 적극적인 사용자들은 기능을 개선시킬 기발한 아이디어를 주어 처음에는 단순한 기능만 있던 앱이 여러 편리한 기능을 가진 앱으로 발전할 수 있게 됐다.

안드로이드 앱을 만들면서 처음에 프로그래밍을 배워 한창 코딩을 할 때의 희열을 다시 경험했다. 그런데 코딩의 기쁨이 어디서 오는가 했더니, 결국은 사람들이 댓글로 달아주는 앱에 대한 의견, 문제 보고와 제안 등이었다. 사용자들이 알려주는 크고 작은 문제들을 해결하면서, 고맙다는 답장도 받고 때론 욕도 얻어 먹어가면서 소통했던 과정들이 코딩의 동기와 즐거움을 한꺼번에 가져다 주었다.

코딩이 본래 컴퓨터와의 소통을 위한 것이지만, 순수, 단순, 무식한 컴퓨터와는 소통의 한계가 있을 수밖에 없다. 하지만 코딩을 통해 완성된 프로그램을 매개로 하여 개발자는 사용자들과 소통을 한다. 내가 만든 프로그램이 수천 명에서 몇 십만 명이 사용할 때 느끼는 보람은 이루 말할 수 없다.

▶ 코딩은 결국 수많은 사람들과의 소통을 가능하게 해준다.

"컴퓨터와의 소통? 말도 안돼!"라고 생각할 수 있지만, 코딩이라는 활동의 본질은 결국 사람들과의 소통이다. 내가 만든 프로그램을 다른 사람들이 사용할 때 어떨까? 라는 관점에서 코딩을 한다는 것은 마치 내가 누군가에게 하고 싶은 이야기가 있을 때 편지를 쓰는 관점과 다를 바가 없다. 사실 코드를 쓰는 것과 글을 쓰는 것도 다르지 않다. 내가 알고 있는 언어로 누군가에게 나의 생각과 논리, 때론 감정을 전하는 동일한 언어 활동이다.

이런 점에서 프로그래밍 공부를 잘하는 방법을 찾는다는 것은 컴퓨터와 소통을 잘하는 방법을 찾는 것과 일맥상통한다. 내 생각을 오롯이 진하기 위해 누군가에 편지를 쓰듯 코딩하며, 매일 매일의 코딩 기록을 일기처럼 나의 코드에 남길 수도 있다. 누군가는 시 쓰기를 좋아하고 누군가는 소설 쓰기를 좋아하듯 코딩 스타일도 산문식과 운문식의 관점으로 이야기할 수 있다. 어떤 개발자는 프로그램으로 해결해야 할 문제가 있을 때 두괄식 관점으로 해결을 하지만, 또 어떤 개발자는 미괄식의 관점으로 문제를 해결한다. 독서를 많이 하는 사람이 사고의 폭이 넓어지고 글을 잘 쓰듯이, 다른 사람이 작성한 코드를 많이 읽은 사람이 컴퓨터와 더 면밀하게 소통을 할 수 있는 코드를 작성할 수 있다. 이어지는 장에서는 프로그래밍 공부의 시작을 이와 같은 국어의 관점에서 찾아보려고 한다.

편지 쓰듯 코드 쓰기

가는 게 있으면 오는 게 있어야

소통이란 단어를 네 글자의 한자어로 풀어 쓸 수 있다.

내재거재(來在去在)

가는 게 있으면 오는 게 있다 쯤으로 해석할 수 있다. 새로 이사와서 그릇에 떡을 담아 이웃에게 돌리면, 이웃은 그 그릇에 과일이나 다른 먹거리를 담아 돌려준다. 어렸을 때 부모님과 이사를 여러 번 다니면서 목격했던 모습이다. 지하철이나 버스에서 연인이나 친구와 나란히 앉아 이런저런 많은 대화들을 한다. 기뻤던 일, 화났던 일,

슬펐던 일, 즐거웠던 일들을 옆자리에 앉은 친한 친구에게 이야기하면, 내 이야기를 잘 들어주고 반응을 보이며 공감하며 답을 주기도 한다. 이 모든 것들이 우리가 경험하는 익숙한 소통의 모습이다.

전달되는 시차가 있기는 하지만 글쓰기도 소통의 한 통로이며, 여러 가지 글쓰기 중 소통의 으뜸은 편지 쓰기가 아닐까 싶다. 어버이 날이나 스승의 날 감사의 마음을 전하기 위해 몇 자 적는 편지들, 전기요금이 밀려서 독촉하는 관공서에서 날아오는 독촉장도 일종의 편지이다. 썸을 타는 누군가에게 나의 진심을 전하기 위해 편지를 보내기도 한다. 요즘 아이돌 팬들도 그런지 모르겠지만, 좋아하는 아이돌이 있으면 팬레터를 쓰기도 한다. 편지 쓰기를 가볍게 보면 한쪽의 일방적인 의사전달이라고 생각하기 쉽다. 감사의 편지도 나의 감사만 표현하고 끝인 것 같고, 관공서 독촉장도 밀린 공과금이 있음을 알리는 일방적인 통보라고 생각하기 쉽다. 좋아하는 누군가에게 편지를 계속 보내지만, 나와 사귀게 되는 기적 같은 일은 좀처럼 일어나지 않는다. 하지만, 팬레터를 받은 아이돌은 팬들의 응원에 힘입어 더 열심히 활동하거나 가끔 답장을 보내주기도 한다. 독촉장을 받은 누군가는 삶의 버거움과 귀찮음에 짜증을 내거나, 더 나아가서는 밀린 공과금을 납부한다. 썸을 타고 있는 상대에게 보낸 편지는 상대의 마음에 부담을 줄 수도 있고, 또는 설레는 마음을 일어나게 할 수도 있다. 정말 잘되면 잘 쓴 편지 하나로 상대의 마음을 얻을 수도 있다. 편지 한 장이 누군가의 행동을 바꾸고, 눈에 보이지 않는 마음의 변화를 일으키기도 하며, 때론 눈에 보이는 답장으로 화답할 때가 있다. 이 모든 것들이 편지를 통한 소통의 산물인 것이다.

코딩은 컴퓨터에게 쓰는 편지이다. 우리가 무엇인가를 코드로 적어서 컴퓨터에게 보내면, 컴퓨터는 우리가 코딩한 그대로 무엇인가를 실행한다. 사람의 소통과 차이점이 있다면, 우리가 코딩하면, 다시 말해 가는 게 있으면, 무엇인가를 행하고 결과를 알려준다. 즉, 오는 게 있다. 하지만 사람에게 쓰는 편지는 때론 아무런 변화나 결과를 가져오지 않을 때가 있다. 그래서 사람들과의 소통은 때론 답답하고 우리를 무기력하게 만들기도 한다. 하지만 코딩을 통한 컴퓨터와의 소통은 절대로 우리를 실망시키는 일이 없다. 잘 만든 프로그램이든 버그가 있는 프로그램이든, 우리가 코딩해서 보내는 대로 반드시 돌아 오는 게 있다.

진심으로 표현하면, 움직인다

필자에게 밥 안 먹고 밤새 할 수 있는 두 가지가 글쓰기와 코딩이다. 나를 가장 능동적이게 하는 일들이기 때문이다. 글을 읽거나 다른 사람의 발표를 듣는 것, 영화를 보거나 음악을 듣는 일 등은 특별히 재미있거나 특이점이 없으면 지루해서 쉽게 잠이 온다. 하지만 글쓰기와 코딩은 내가 능동적일 수 있다는 것, 그래서 내가 살아 있음을 느끼게 해주는 일종의 쾌감 같은 것이 있다. 그래서 꽂히면 밥 거르고 밤새면서까지 몰두한다.

그렇다고 필자가 글을 잘 쓰거나 코딩을 잘 한다고 말하기는 어렵다. 즐길 줄 아는데 잘 쓰고 못 쓰고는 사실 크게 중요한 문제는 아니다. 또 글을 쓰고 코딩을 하는 소기의 목적을 달성할 수 있으면, 잘 쓰고 못 쓰고는 큰 의미가 없다. 한글을 막 배우신 연로하신 할머니가 아들에게 쓰는 장문의 편지를 볼 때 할머니가 글을 잘 쓰셔서 우리가 감동 받기 보다 진심 때문에 감동 받는 것처럼….

글쓰기와 친해지게 된 것은 편지 쓰기 때문이다. 소심한 성격에 사람들 앞에서 내 생각을 말로 전달하는 것은 부끄럽고 부담스러운 일이다. 하지만, 필자도 사람인지라 내 생각과 감정을 다른 누군가에게 간절히 전달하고 싶을 때가 있다. 말은 실수하기 쉽고 긴장과 부끄러움이라는 의도하지 않은 나의 불안함과 어색함을 함께 전달한다. 글은 여러 번 다시 읽어 보면서 나의 미묘한 생각들이 잘 표현이 됐는지 수없이 뜯어 고칠 수 있다. 그래서, 편지 쓰기는 소통에 대한 나의 욕구를 해소할 수 있는 유일한 통로였다. 내 미묘한 생각과 감정을 알아 줬으면 하는 누군가에게 진심이 담긴 편지가 수없이 전달되었다.

글을 잘 쓴다는 것은 글의 목적에 따라 기준이 다를 것이다. 보통 책을 많이 읽은 사람들이 글을 잘 쓰고 말도 잘한다. 풍부한 지식과 멋들어진 표현을 담은 문장들을 많이 봤기 때문에, 지식과 수려한 표현이 가득한 문장을 쓰고 말할 수 있는 것이다. 하지만 편지

쓰기는 내 생각과 감정의 미묘함을 잘 전달할 수 있으면 되기 때문에, 해박한 지식이 필요하지 않다. 수려한 문장도 필요하지 않다. 대신 나의 진심과 생각에 대해 수신인이 알아 먹기 쉬운 표현력과 전달력이 필요할 뿐이다. 표현력과 전달력이 단지 글에만 국한될 필요도 없다. 상대가 나의 편지를 고생하며 읽기 바라면서, 띄어쓰기를 하지 않고 편지를 쓴 적도 있다. 나의 심란함과 불편한 심기를 띄어쓰기를 제거하는 형식을 이용해 표현한 것이다. 편지를 쓴 후 돌아오는 답장이나 상대방의 행동을 보면, 표현력과 전달력이 좋은지 안 좋은지 금방 알 수 있다. 편지 쓰기를 수없이 하면서, 자연스럽게 표현력과 전달력이 훈련됐다. 내 글쓰기는 편지로 훈련받은 문장들로 쓰여진다. 그래서 잘 쓰여진 책과 같은 지식과 미려함은 찾아볼 수 없다. 오히려 문법이 틀릴 때도 많고, 어색한 표현도 드문드문 나오기도 한다. 어쩌다 문장이 길어지다 싶으면, 지나치게 쉼표도 많이 넣는다. 끊어 읽어야 할 위치까지 세세하게 알려주려고 하는 친절함이 아니라, 거기서 끊어 읽어야 내 감정을 잘 읽을 수 있다는 일종의 강요이기도 하다. 끊어 읽어야 하는 부분에서 그냥 개행하는 스타일로 편지와 글을 쓰기도 한다.

재미있는 것은 코딩도 나에게는 일종의 편지 쓰기와 같다. 편지를 쓰는 이유가 내 생각과 감정을 알아주고, 더 나아가 편지를 받는 누군가가 나에 대한 어떤 행동이나 태도의 변화에 대한 기대 때문인 것처럼, 내가 코딩을 하는 이유도 0, 1만 아는 컴퓨터가 내가 원하는 것을 행동으로 했으면 하는 바람 때문이다. 습득한 언어로 편지를 쓰듯, 프로그래밍 언어로 기계에게 쓰는 편지가 필자에게는 코딩이다. 좋아하는 누군가에게, 마음이 불편한 누군가에게, 나의 생각과 감정을 전하는 한 쪽도 안 되는 편지를 쓸 때도 내 생각과 감정이 100% 전달이 될 때까지 몇 시간씩 시간을 쏟아 붓는다. 수정을 계속 반복한다. 컴퓨터는 단순하고 정직해서, 내가 하고자 하는 바를 100% 정확하게 알려주지 않으면 오류를 만들어 낸다. 나는 정확하게 코딩했다고 생각하는데, 의도한 대로 행동하지 않으면 그 문제를 찾기가 굉장히 어려울 때가 있다. 어떨 때는 이미 작성한 몇백 줄이나 되는 코드를 다 지우고 새로 짜기도 한다. 어서 빨리 내가 원하는 대로 작동됐으면 하는 바람 때문에 밥도 잠도 아무 소용이 없는 것이다. 이런 점에서 글쓰기와 코딩은 나에게 같은 일이다.

컴퓨터에게 진심으로 쓰는 편지를 코딩이라고 해보자. 아래는 자바라고 불리는 프로그래밍 언어로 쓰여진 간단한 프로그램이다. 어느 날 독일 친구로부터 독일어로 쓰여진 편지를 받았다고 가정해 보자. 영어는 조금 공부해 봤으니, 주어, 동사, 목적어 등등 기본 문장 구조는 잘 알고 있다고 한다면, 독일어를 한 번도 배워보지 못한 자신이 할 수 있는 유일한 방법은 사전을 들고 단어 하나 하나 찾아가며 해당 편지를 천천히 해석해 가는 방법밖에 없을 것이다. 처음 접하는 자바 언어로 쓰여진 아래의 글을 대하는 것은 마치 독일어로 쓰여진 편지를 처음 접하는 것과 별반 다르지 않다. 아래는 컴퓨터 모니터에 내가 쓰는 문장을 그대로 출력하라는 내용이 담긴 컴퓨터에게 보내는 편지, 즉 자바 언어로 쓰여진 간단한 프로그램이다.

```java
class SentenceWriter {
    public static void main(String[] args) {
        SentenceWriter mySentenceWriter = new SentenceWriter();
        mySentenceWriter.writeMySentence(args);
    }
    public void writeMySentence(String[] args) {
        for(int i=0; i < args.length ; i++) {
            System.out.println(args[i]);
        }
    }
}
```

자바 언어 사전은 따로 없고 또 자바 언어의 문법에 익숙하지 않은 독자도 있을 것 같아 필자가 사전과 문법책이 되어 자바 언어로 쓰여진 프로그램 코드라고 불리는 글을 아래와 같이 문장별로 해석을 해보았다(해석은 /* 기호로 시작해서 */ 끝난다).

```java
/*
컴퓨터야 나는 지금 내가 키보드로 치는 문장을 너와 연결된 모니터에 출력해주는 제품
(Object)을 만들고 싶어.  그 제품의 이름을 SentenceWriter라고 이름을 지을 거고,
이 제품의 설계도(class)를 이제부터 작성해볼게.
*/
class SentenceWriter {
    /*
        우선 키보드로 내가 작성한 여러 단어들(Strings[])을 args라는 저장소에 받아
```

서 본격적(main)으로 제품이 돌아가게 할거야. 그런데 이 제품은 누구나 공개적으로
(public) 공통으로(static) 사용할 수 있어야 하지. 그리고 내가 하라는 일만
하면 되고, 종료될 때 특별히 가져와야 할 것은 없단다(void).
*/
```java
public static void main(String[] args) {
    /*
```
자 그러면, 네가 해야 할 가장 첫번째 일은 내가 만든 설계도 대로, 실제 문장
을 쓸 수 있는 새로운 SentenceWriter라는 실제 제품(new Sentence
Writer())을 하나 만들어야 해. 그 제품에 이름을 주고 싶은데, 처음으로
만든 거니 mySenteneWriter라고 특별히 붙여줄게.
```java
    */
    SentenceWriter mySentenceWriter = new SentenceWriter();
    /*
```
자 이 제품은 이제 내가 키보드로 입력한 단어들을 실제로 출력하는 행동을 해야
하는데, 그 행동의 이름이 writeMySentence야. 이 행동은 복잡해서 헷
갈리지 않으려고 내가 아래 따로 설명을 써놨어. 그 설명을 보고 그대로 실행
만 해주면 될 거야. 아참 네가 무엇을 출력해야 하는지 알아야 하니까 arg를
writeMySentence와 함께 보내줄게.
```java
    */
    mySentenceWriter.writeMySentence(args);
}
```

```java
/*
```
컴퓨터야 위에 writeMySentence가 어떻게 행동해야 하는지 자세하게 설명한 부분
이 여기서부터 시작해. 앞에서 본격적(main)으로 제품을 돌아갈 있도록 해줬던 것
처럼, 이 친구도 누구나 공개적(public)으로 사용할 수 있단다. 대신 공통으로 사
용하진 못하고, 첫 제품인 mySentenceWritr만 사용할 수 있게 하려고, 공통
(static)으로 사용할 수 있는 기능은 생략을 할게. 이 행동도 내가 하라는 일 끝
나고 종료될 때, 특별히 가져와야 할 것은 없단다(void). 아참, 내가 키보드로 입
력한 것을 저장한 여러 단어(String[])를 가지고 있는 args를 잊은 건 아니지?
```java
*/
public void writeMySentence(String[] args) {
    /*
```
내가 키보드로 입력한 여러 단어들을 args가 가지고 있는데 그 개수(args.
length)만큼 순서대로 출력해줬음 좋겠어. 그런데 너는 0번을 항상 첫번
째 라고 인식을 하니까, 첫번째 단어의 번호를 0으로 지정해서 i에 저장을 할
거고(i=0) 그 다음에 실제 내 시스템(System)의 출력 통로(out)를 통해
첫번째 단어를 한 줄(print line → println)에 출력할 거야. 지금은
i가 0이니까 첫번째 단어가 먼저 출력이 될 건데, 하나씩 i를 증가시켜서

```
        (i++)서 args가 가지고 있는 단어의 개수만큼(i < args.length)이
        될 때 까지 다음 단어들을 한 라인에 하나씩 계속 출력시킬 거야.  그런데 시작
        을 0부터 했으니 마지막 단어의 번호는 전체 개수보다 하나가 작아야겠지?  그
        래서 단어의 개수를 번호로 사용하지 않기 위해 i <= args.length 대신
        i < args.length를 썼으니 좀 복잡하더라도 이해해 주기 바란다.
        */
        for(int i=0; i < args.length ; i++) {
            System.out.println(args[i]);
        }
    }
}
/*
자 여기 까지 왔으면 해야 할 일 다 한 거야.  수고했다.  이제 그만 마칠게.
*/
```

자바 언어를 알지 못하는 독자라면 위의 예제에서 익숙하지 않은 코드 모음을 볼 때, 마치 한번도 배워보지 못한 외국어의 글을 보는 것과 같은 느낌을 받을 것이다. 하지만 누군가가 그 의미를 나의 모국어로 해석해 주면, 그 의미를 이해할 수 있게 된다. 더 나아가 새 언어의 어휘와 문법을 차근차근 익히게 되면, 독해가 가능하고, 실력이 더 늘어나면 새 언어로 글을 쓸 수 있게 된다. 물론 많은 시간과 노력이 필요한 일이다. 언어가 가지고 있는 어휘들과 문법에 익숙해질 때 글을 잘 쓸 수 있듯이, 프로그래밍 언어의 어휘와 문법들에 익숙해지면, 누구나 코딩을 통해 프로그램을 만들 수 있다.

위 자바 코드의 해석을 보면, 작성된 자바 코드가 얼마나 많은 작성자의 생각과 논리들을 포함하고 있는지 알 수 있다. 누군가에게는 사전과 문법책이 없으면 알 수 없는 내용이지만, 컴퓨터는 코드

를 작성한 사람의 생각과 진심을 온전히 이해하고 그대로 수행한다. 글로써 사람들과 소통을 하듯, 코딩으로 컴퓨터와 소통할 수 있다.

나의 진심을 전하고 싶은 사람에게 성심을 다해 편지를 썼을 때, 편지 수신자가 내 마음을 알아주고 나에 대한 행동이 바뀌듯이, 컴퓨터가 해줬으면 하는 것들을 성심을 다해 글로 표현할 때, 컴퓨터는 있는 그대로 움직인다. 사람은 우리의 진심을 왜곡하거나 무시할 수 있지만, 컴퓨터는 항상 우리의 진심을 이해하고 받아주고 실행해준다. 사람의 소통은 완벽하지 못할 수 있지만, 코딩을 통한 컴퓨터와의 소통은 우리를 실망시키지 않는다.

코딩 학습은 어려운 일이다. 왜냐하면 새로운 언어를 배우는 일이기 때문이다. 하지만, 우리가 언어를 통해 소통하고자 하는 열망이 새로운 언어를 학습하게 하는 원동력이 되듯, 전세계 인구수보다 더 많이 존재하는 전세계의 컴퓨터와 소통할 수 있다는 사실은, 프로그래밍 언어를 배우는 일, 즉 코딩을 배우는 일의 큰 원동력이 될 수 있다. 공부를 잘 하게 하는 원동력은 공부를 해야 하는 동기에서 나온다. 코딩 학습의 제일 큰 왕도는 따로 없다. 동기를 찾는 게 우선이다. 필자는 그 동기를 컴퓨터와의 소통에서 찾았다. 전공과 상관없이 누구나 언어를 구사하듯, 코딩도 이제 우리의 일상이 되어야 하지 않을까?

컴퓨터의 답장으로 하는 퇴고: 테스팅과 디버깅

혼신을 다해 글을 쓰는 과정 중 수없이 반복하는 작업이 퇴고推敲이다. 퇴고는 "글을 지을 때 여러 번 생각하여 글을 고치고 다듬는 일"이다. 퇴고는 작가의 주관적인 의도에 따라 이루어지는 창의적인 과정이다. 주관적이기 때문에 답이 없고 시간을 투자한 만큼 누구나 이해하기 쉬운 잘 읽히는 글을 작성할 수 있다. 글을 통한 소기의 목적을 퇴고를 통해 달성할 수 있고, 그래서 글을 쓸 때 가장 중요한 과정이다.

코딩도 테스팅과 디버깅이라는 퇴고의 과정이 있다. 테스팅과 디버깅 모두 프로그램 개발 시 가장 중요한 과정이다. 코딩을 하면서 프로그램을 수시로 돌려보고 내가 의도한 대로 프로그램이 돌아가는지 면밀히 확인을 해야 한다. 개발자라면 반드시 수행해야 하는 과정이다. 이 과정을 테스팅testing이라고 한다. 테스팅 중에 프로그램의 잘못된 부분을 발견할 수 있다. 프로그램의 잘못된 부분을 소프트웨어 버그bug 혹은 결함defect이라고 부른다. 테스팅 중 발견한 버그를 수정하고 프로그램을 의도한 대로 완성시키는 것은 디버깅debugging이라고 한다. 테스팅과 디버깅은 코딩을 하는 동안 계속적으로 반복된다. 그래서 디버깅은 작가가 자기의 의도에 맞는 글을 완성하기 위해 여러 번 글을 읽어보고 수정 및 개선하는 퇴고의 과정으로 비유될 수 있다.

디버깅을 통해 고쳐야 하는 결함이 버그라고 불리게 된 몇 가지 유래가 있다. 과거에는 진공관을 컴퓨터 회로에 사용했다. 그래서 진공관의 불빛을 보고 컴퓨터 안으로 들어와 죽은 벌레bug가 자주 생겨났고, 이로 인해 컴퓨터가 오작동하는 경우도 발생했다고 한다. 컴퓨터 관리자들은 해당 벌레를 제거하는 방식으로 문제를 해결했다. 그래서 이 해결 과정을 디버깅debugging이라고 표현하게 됐다는 것이다. 아래 위키피디아에 소개된 그림은 벌레를 처리한 후 문제를 해결했다는 기록이 담긴 개발자의 노트이다.

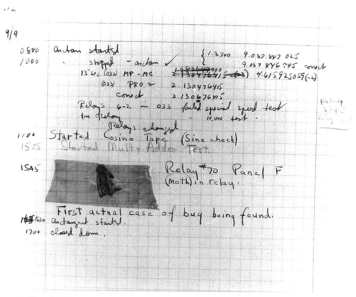

▶ 벌레를 처리한 후 문제를 해결했다는 개발자의 노트(출처: 위키피디아)

또 다른 유래는 최근에 CACM이라는 컴퓨터 잡지에 실린 이야기이다. 이 잡지에서는 전화기를 발명한 벨이 자기 회사의 전화기 시스템을 홍보하면서 발생된 문제를 버그$_{Bug}$라고 표현한 것에서부터 시작이 됐다고 한다. 전화기 시스템이 가지고 있는 문제를 결함(defect)이라고 표현하면, 고객들에게 좋지 않은 인상을 줄 수 있다. 그래서 벨은, 버그라는 친숙한 단어를 통해 발견한 문제를 사소한 것으로 표현하는 방법을 선택했다. 벌레를 발견하면 언제든지 쉽게 잡을 수 있듯이, 벨이 만든 전화기 시스템의 문제도 벌레를 잡는 것과 같은 가벼운 것이며 쉽게 고칠 수 있다는 것을 표현하려고 했던 마케팅적인 이유가 있었던 게 아닐까 싶다. 이런 식으로 본인 회사의 전화기 시스템 문제를 가볍게 만들어서 고객이 구매 결정을 빨리 내릴 수 있도록 유도할 수 있었다. 하지만 벨은 말년에 과거를 회상하면서, 시스템의 문제를 사소한 것으로 표현하기 위해 버그라고 불렀지만, 실제로는 간단한 문제가 아니어서 매우 괴로워했다고 한다. 그 유래야 어떻든 소프트웨어 버그를 수정하는 일련의 과정을 우리는 디버깅이라고 부른다. 또, 디버깅을 편리하게 할 수 있도록 도와주는 과정을 테스팅이라고 한다.

테스팅과 디버깅은 글을 쓸 때의 퇴고보다 쉬운 작업이다. 퇴고는 작성하고 있는 글을 여러 번 읽으면서 작가의 주관적인 의도에 따라 수정되지만, 테스팅과 디버깅은 주어진 입력값에 대해 명확한 출력값을 가지고 있기에, 잘못된 결과가 나오면 프로그램을 수정하면 된다. 코딩으로 쓴 편지인 프로그램을 컴퓨터가 실행을 하면, 결과값을 마치 편지의 답장처럼 전해준다. 컴퓨터 프로그램은 눈에 보이든 보이지 않든 무엇인가를 만들어 내는데, 개발자들은 이를 보고 출력(Output)이라고 이야기한다. 모니터에 나오는 글자나 그림, 영상 모두 출력이 될 수 있다. 키보드에 글자를 치거나 마우스를 움직이면, 즉 무엇인가 입력하면, 화면에 글자나 마우스 화살표의 움직임이 출력된다. 프로그램과 함께 무엇인가 입력(Input)시키면 어떤 식으로든 결과를 출력하거나 행동한다(output). 주어진 입력값에 대해 우리의 프로그램을 미리 돌려보고 결과값을 확인하는 과정이 테스팅이다. 테스팅 중 의도하지 않은 결과를 발견하면, 작성한 프로그램에 버그가 있는 것이며, 추가적인 코딩을 통해 해당 문제를 해결해야 한다. 이것이 디버깅이다.

인터넷과 다양한 개발 기술들이 발전한 요즈음에는 테스팅과 디버깅을 도와주는 다양한 소프트웨어 공학적인 도구들이 있다. 앞서 예시로 보여 준 소스코드는 자바라는 프로그래밍 언어로 작성됐다. 자바 프로그램을 작성할 때 개발자들이 가장 많이 사용하는 도구가 있다. 이클립스Eclipse라는 통합 개발 환경Integrated Development Environment, IDE(http://www.eclipse.org/) 도구이다. 다른 프로그래밍 언어에 특화한 IDE도 물론 존재한다. 이 도구들은 기본적으로 코딩을 지원하는 다양한 기능을 제공하고, 테스팅과 디버깅을 체계적으로 할 수 있는 기능들 또한 제공한다. 자바 프로그램의 테스팅을 돕는 대표적인 테스팅 도구 중에 jUnit(https://junit.org/junit5/)이라는 도구가 있다. 프로그램의 입력값과 출력값을 지정만 해주면, 자동으로 프로그램을 테스트하고 주어진 입력에 대해 결과를 잘 만들어내는지 요약정리 된 결과를 보여주는 유용한 도구이다. jUnit은 Eclipse에 기본적으로 연동이 되어 있어서 테스팅 작업을 쉽게 수행할 수 있다. 컴퓨터 기술의 발달로 작성된 글을 퇴고할 때, 작가들도 다양한 도구를 사용한다. 예를 들어, 한글과 컴퓨터의 한글 문서 작성기 프로그램이나 마이크로소프트사의 워드 문서 작성기는 퇴고를 돕는 오탈자 알림 및 자동 수정 기능 등을 포함하고 있다. 마찬가지로, 대부분의 IDE 도구들은 코딩에서의 퇴고인 테스팅과 디버깅을 지원하는 다양한 기능들을 제공해 준다.

　　테스팅과 디버깅은 코딩을 할 때 반드시 거쳐야 할 필수적인 과정이다. 실제 회사에서 실행하는 소프트웨어 프로젝트를 잘 살펴보면, 코딩을 통해 프로그램을 작성하는 것보다 테스팅과 디버깅을 통해 프로그램을 수정하는 것이 전체 개발 시간의 80% 정도를 사용한다는 것을 어렵지 않게 경험할 수 있다. 훌륭한 개발자가 되고 싶다면, 또 코딩을 잘하고 싶다면, 마치 글을 작성하는 작가가 퇴고를 하듯 테스팅과 디버깅을 잘 할 수 있어야 한다. 프로그래밍 언어를 처음 배우는 사람이라면, 내가 배우는 프로그래밍 언어로 작성된 프로그램을 어떻게 테스트를 하고 디버깅을 할 수 있는지, 또 해당 과정을 지원하는 도구들은 어떤 것들이 있는지 찾아보고 공부해야 한다.

이번 장에서는 코딩은 편지쓰기와 같음을 또 코딩에서 글쓰기의 퇴고 같은 과정이 있음을 살펴보았다. 친한 누군가에게 편지를 쓰듯 컴퓨터에게 편지를 써보자. 코딩을 해보자. 처음에는 조금 어려울 수 있겠지만, 우리가 진심으로 컴퓨터가 했으면 하는 일들이 있으면, 코딩을 통해 진심을 전달할 수 있다. 진심이 전달됐을 때, 우리의 의도대로 컴퓨터가 움직이는 것을 보면, 내 마음을 이해하는 새로운 친구가 생긴 것이다. 때로는 나의 진심을 컴퓨터에게 전달하기 쉽지 않을 때가 있다. 하지만 테스팅과 디버깅의 과정을 통해, 우리의 진심을 정확하게 전달할 수 있다. 마치 글을 쓰는 사람이 퇴고를 통해, 본인의 생각과 의도를 명확하게 독자에게 전달할 수 있는 것과 같은 이치이다. 자 이제 코딩이 글을 쓰는 것과 같은 것임을 알았으니, 프로그래밍 언어라는 새로운 언어를 공부해서, 컴퓨터와 본격적으로 소통을 해보자.

코딩의 정석: 주석으로 번역하고 편지 쓰고 일기 쓰기

앞 장에서 소통의 통로라는 관점에서 코딩에 대해 생각해 보았다. 코딩을 소통의 통로로 이해하지 못하면, 이 복잡하고 어려운 것을 왜 하는가 라는 벽에 부딪히게 된다. 그 벽은 마치 우리가 처음으로 새로운 외국어를 배우는 느낌과 사뭇 비슷하다. 나는 한국 사람이고, 앞으로 외국에 살 생각이 없는데 왜 영어를 배워야 하나? 이런 생각이 들면, 학창시절 영어 공부는 내 인생을 괴롭게 만드는 장애물에 불과하다.

▶ 코딩은 새로운 언어를 배우는 것과 같다.

코딩 공부의 첫 시작은 마치 새로운 언어를 배우는 것과 같다. 우리에게 익숙하지 않은 북유럽의 언어를 배운다고 가정해 보자. 스웨덴어로 작성된 기사를 보고 있으면, 쉽게 까막눈의 경험을 할 수 있다. 코딩을 처음 접하는 사람이 어떤 프로그램의 소스코드를 봤을 때 느끼는 감정이 이와 같다. 알 수 없는 단어들과 기호가 마치 자신을 다른 세계로 인도하는 문과 같은 신비한 기분을 들게 한다. 하지만, 우리가 어떤 언어를 배우는 분명한 동기가 있을 때, 배우게 되고 연습을 하게 되며, 또 익숙해진 후 다른 언어를 쓰는 사람들과 소통을 할 수 있게 된다. 새로운 언어 습득의 왕도가 없듯이 코딩 학습도 왕도가 없다. 처음에는 사전과 기본적인 문법을 공부하면서 스웨덴어 신문기사를 천천히 번역했던 실력이, 공부와 연습을 반복하면 나중에는 사전 없이도 스웨덴어로 작성된 신문기사를 읽기도 하고, 더 나아가 스웨덴어로 내 생각을 작성할 수 있게 된다. 코딩도 마찬가지로, 사전과 중요한 문법을 공부한 후 반복적으로 훈련을 하면 자유롭게 내 생각을 프로그램 코드로 표현할 수 있게 된다.

그렇기 때문에, 코딩 공부의 첫 시작은 다른 사람이 작성한 코드를 공부하면서 번역을 해보고 나의 언어로 프로그램을 이해하는 것에서부터 시작해야 한다. 그런 후에, 반복적인 번역을 통해 배운 새로운 프로그래밍 어휘와 문법을 바탕으로 내 생각을 컴퓨터에 잘 전달하는 훈련을 해야 한다. 코딩을 통해 컴퓨터 프로그램을 작성할 때, 모든 개발자들은 주석이라 불리는 프로그램에 대한 개발자 본인의 생각을 작성할 수 있는 방법이 있다. 주석을 통해 소스코드의 번역과 컴퓨터에게 전달하고 싶은 나의 생각을 적어보는 방법에 대해 살펴보자.

코딩의 시작: 다른 사람이 작성한 코드 번역하기

새로운 언어를 빨리 배우는 가장 빠른 방법은, 새로운 언어로 작성된 글을 사전과 문법 책을 가지고 그대로 우리말로 적어보는 것이다. 이것을 전문 용어로 번역이라고 한다. 대부분의 프로그래밍 관련 서적은, 컴퓨터로부터 Hello World라는 것을 내 컴퓨터의 모니터 화면에 출력하는 것부터 시작한다. 이것은 마치 새로운 언어를 배울 때 그 나라의 인사말을 배우는 것과 무척이나 비슷해 보인다. 하지만 코딩 학습이 다른 언어 학습과 다른 점이 있다면, 말하기와 듣기가 없다는 것이다. 물론 인공지능이 발달한 미래가 되면, "컴퓨터야 내 자동차가 부산까지 평균 80Km로 달릴 수 있는 프로그램을 작성해 주렴"이라고 말을 하면 프로그램이 만들어지는 시대가 오겠지만, 현재의 프로그래밍 언어는 쓰기와 읽기 수준밖에 구현되지 않았다. 그러면, 우리가 코딩 공부를 어떻게 해야 하는지 그 답은 뻔하다. 개발자들이 사용하는 다양한 코드들을 한 글자 한 글자 번역해

가면서, 어휘들과 문법들 배워야 한다. 시중에는 "Hello, World"를 모니터에 출력해보는 간단한 프로그램으로 시작하는 코딩 학습서들이 즐비하다. 개인적으로 그런 책들은 피하라고 권유하고 싶다. 대신, 코드의 어휘들과 문법들의 색인이 잘 정리된 사전과 같은 책이 공부하기에 좋은 참고서가 될 수 있다. 또 학습의 시간을 줄이기 위해, 기본적인 어휘와 문법을 잘 가르치는 선배 개발자들이나 선생님들을 통해 기초를 배우는 것도 좋은 학습의 시작이 될 수 있다.

배우고 싶은 프로그래밍 언어의 기초 코딩 서적이나 코딩 선생님 혹은 대학 수업을 통해 해당 언어의 기본적인 어휘와 문법을 배웠다면, 일단 간단한 소스코드 예제를 인터넷에서 찾아보고 번역하는 훈련을 반복해서 해보자. 앞서 우리는 이미 간단한 소스코드를 살펴보았고, 코드의 의미를 자세히 우리말로 적어 보았다. 이런 과정을 통해 모든 프로그램 코드는 우리가 이해하기 쉽게 번역될 수 있다. 아래 예는 우리가 매일 같이 접속하는 인터넷 웹 페이지의 소스코드이다. 이 소스코드는 HTML Hyper Text Markup Language 라는 웹 페이지를 작성하는 언어로 작성되었다. http://www.naver.com 사이트에 접속을 하여, 마우스 오른쪽 버튼을 눌러 소스보기(View Page Source)를 하면 언제든 볼 수 있다. 전체 코드는 굉장히 길어서 일부분만 발췌했다.

```
<html lang="ko" class="svgless">
<head>
<meta charset="utf-8">
…
<body class=''>
  <!-- 스킵 내비게이션 -->
  <div class="u_skip">
     <a href="#news_cast" onclick="document.
getElementById('news_cast2').tabIndex = -1;document.
getElementById('news_cast2').focus();return false;"><span>뉴
스스탠드 바로가기</span></a>

  ...
```

20년 전 웹 페이지 개발자로 일을 했었던 경험을 바탕으로, 위의 코드를 번역해 보겠다. 번역 내용은 각 줄 위에 HTML에서 주석으로 인식되는 ⟨!-- --⟩을 이용해 보았다. 모든 프로그래밍 언어마다 코드가 아닌 개발자의 생각을 자유롭게 적을 수 있는 기능이 있다. 전문 용어로 주석을 단다고 한다. 위의 HTML 코드를 간단히 번역하면 다음과 같다. 아마 전문용어들이 나와 이해가 가지 않을 수 있다. 잘 알지 못하는 특정 분야의 전문가들이 대화를 할 때, 보통의 사람들은 전문가들의 대화를 따라가기 쉽지 않다. 그들만의 전문 용어를 사용하기 때문이다. 전문 용어는 시중 서점에서 판매하는 해당 언어 관련 참고서를 공부하면 배우면 되니, 일단 번역 내용을 살펴보자.

```
<!-- 지금부터 html로 웹 페이지를 만들 겁니다. 언어는 ko 즉 한국말로 작성된 글을 보
여주는 웹 페이지를 만들겁니다. 이 웹 페이지는 svgless라는 틀(class)을 이용해서 내
용을 보여줄 겁니다. -->
<html lang="ko" class="svgless">
<!-- 이제 웹 페이지의 머리 부분을 작성할 겁니다. -->
<head>
<!-- 일단 이 웹 페이지는 utf-8이라고 불리는 문자 집합으로 작성된 문서가 될 것입니다.-->
<meta charset="utf-8">
...
<!-- 머리를 다 작성했으니 이제 본격적으로 웹 페이지의 몸통(body)을 작성해 보겠습니
다. 이 몸통은 특별히 따라야 하는 틀(class)을 지정하지 않고 비워두겠습니다.-->
<body class=''>
    <!-- 스킵 내비게이션 --> (이 부분은 실제 네이버 개발자가 남긴 주석입니다. 스킵
내비게이션의 기능을 구현했거나 아니면 네비게이션 기능을 활용하지 않고 그냥 넘어가겠다는
표시를 한 것으로 생각됩니다.)
        <!-- 웹 페이지 몸통 안에 내용을 넣을 수 있는 영역(div: division)을 새로 만
들 겁니다. 이 영역은 u_skip이라는 틀을 따르게 됩니다.-->
        <div class="u_skip">
            <!-- 웹 페이지에 "뉴스스탠드 바로가기를 나오게 할건데, 뉴스스탠드를 누르면,
news_cast2 라고 불리는 어떤 구성요소의 값을 -1이라고 부과해 주고, newcast_2의 구
성요소를 선택하게 할겁니다. 그리고 news_cast라는 태그 표시가 있는 위치의 내용이 나오게
할 겁니다.-->
            <a href="#news_cast" onclick="document.getElementById('news_
cast2').tabIndex = -1;document.getElementById('news_cast2').
focus();return false;"><span>뉴스스탠드 바로가기</span></a>

    ...
```

전문용어들이 나오기는 했지만, 필자가 달아놓은 주석을 보면,
웹 페이지가 어떻게 생성되는지 해석이 가능함을 알 수 있다.

이런 식으로 컴퓨터에서 어떤 프로그램이 돌아가는지 궁금하면,
해당 프로그램의 소스코드를 다운받아 번역을 하면서, 다양한 코드
의 표현들을 배우고 이해할 수 있고, 이런 경험들이 쌓이게 되면, 군

이 번역의 과정이 없더라도 코드를 보고 원 개발자의 생각을 이해할
수 있게 된다.

코딩을 공부하게 되면, 책이나 선생님들을 통해 프로그래밍 언어의 다양한 어휘들과 문법을 배우게 된다. 그러면서 간단한 프로그램으로부터 시작해서 조금은 복잡한 프로그램의 코드도 배우게 되는데, 그럴 때마다, 주석을 달면서 프로그램을 만든 개발자의 생각을 번역하는 연습, 다시 말해 독해 연습을 하자. 처음에는 모르는 프로그래밍 어휘들이나 문법이 나와 책을 뒤져보면서 공부를 해야 하겠지만, 이런 경험들이 쌓이게 되면, 사전이나 참고서가 필요 없는 프로그램 코드의 독해가 가능해진다.

코딩 편지: 자유롭게 나의 생각을 컴퓨터에게 써보기

코드 번역 훈련을 통해, 특정 프로그래밍 언어의 어휘와 문법에 익숙해졌다면, 바로 코딩을 하기 전에 무엇을 코딩할 것인지 주석으로 생각의 실타래를 미리 적어보는 것이 필요하다. 해당 프로그래밍 언어를 자유자재로 이해하고 구사할 수 있는 사람이라면 굳이 그럴 필요가 없겠지만, 아직 언어에 익숙해질 필요가 있는 초보 개발자일 경우 주석을 통해 컴퓨터에게 시킬 일들을 우리말로 적어보는 훈련은 코딩 학습에 큰 도움이 된다. 필자는 실제 코드 작성 전 주석으로 컴퓨터에게 보내고 싶은 나의 생각의 실타래를 우리말로 작성하는

것을 코딩 편지라고 부른다. 자바라는 프로그래밍 언어로 1부터 100까지의 합을 구하는 나의 생각을 컴퓨터에게 알려주는 코딩 편지를 작성해 보자. 자바 언어에서 한 줄 주석은 "//" 기호로 시작한다.

```
// 1부터 100까지 합을 구하는 계산기를 선언한다.

    // 1부터 100까지 합을 구하는 계산기를 실행하는 구역을 선언한다.

        // 1부터 100까지 정수값을 순차적으로 값을 저장할 수 있는 변수,
        // sum을 하나 선언한다.
        // 아직 합을 구하지 않았으니 0을 초기 값으로 설정한다.

        // 1부터 100까지 반복적으로 sum값을 축적시킨다.

        // 계산된 값을 화면에 출력한다.
```

1부터 100까지 계산하는 일반적인 생각의 실타래를 프로그래밍 언어의 문법을 고려해서 우리말로 적어보았다. 그러면 위의 주석을 바탕으로 작성된 코드를 살펴보자.

```
// 1부터 100까지 합을 구하는 계산기를 선언한다.
public class Computer {

    // 1부터 100까지 합을 구하는 계산기를 실행하는 구역을 선언한다.
    public static void main(String[] args) {

        // 1부터 100까지 정수값을 순차적으로 값을 저장할 수 있는 변수,
        // sum을 하나 선언한다.
        //  아직 합을 구하지 않았으니 0을 초기 값으로 설정한다.
        int sum = 0;

        // 1부터 100까지 반복적으로 sum값을 축적시킨다.
```

```
    for(int i=1; i <=100; i++)
        sum = sum + i;

    // 계산된 값을 화면에 출력한다.
    System.out.println(sum);
  }
}
```

생각의 실타래를 우리말로 구성할 수 있으면, 프로그래밍 언어의 어휘과 문법만 알면, 코드를 작성할 수 있다. 어휘와 문법에 익숙하지 않으면, 이런 저런 시행 착오를 거치겠지만, 시행 착오를 통해 어휘와 문법을 정확하게 배울 수 있으면, 생각의 실타래를 코드로 표현하는 코딩 편지를 쓰는 일은 간단한 일이 될 수 있다. 이 과정을 여러 번 거치게 되면, 주석으로 작성한 생각의 실타래 없이 나의 생각을 바로 코드로 작성할 수 있는 경지에 이를 수 있다.

코딩 일기: 주석으로 코딩의 기억 기록하기

코딩 편지를 우리말로 적는 훈련을 반복적으로 하면, 해당 프로그래밍 언어로 나의 생각을 자유자재로 작성할 수 있는 경지에 다다르게 된다. 생각의 실타래를 프로그래밍 언어로 컴퓨터에 바로 전할 수 있는 능력이 생긴 것이다. 능숙한 개발자가 되었을 때, 알게 모르게 작성한 코드들은 시간이 지나면 지날수록 길이도 길어져 방대한 양을 이루게 된다.

능숙한 개발자가 되어, 코드를 통해 컴퓨터와 다양한 소통을 할 수 있게 되면서, 내가 작성한 코드의 양이 많아지는 것은 자연스러운 일이다. 하지만, 어느 시점이 되면 어디에서 내가 무엇을 썼는지 찾기도 힘들고 내 생각의 실타래가 어디서 시작됐고 어떻게 흘러갔고 어떻게 결론을 맺었는지 기억하기 어려운 상황이 올 수가 있다. 프로그래밍 언어가 나의 모국어가 아닌 이상, 자주 쓰지 않는 표현들을 까먹기도 하고, 나이가 먹으면서 두뇌 회전이 느려 과거 젊었을 때 했던 논리적인 사고를 따라가기 힘든 상황이 생길 수가 있다.

앞 절에서 코딩을 잘하기 위해 주석으로 코딩 편지를 썼었고, 이제 실력이 늘어 코딩 편지 없이 코딩을 잘 할 수 있더라도, 내가 작성한 방대한 코드의 기억을 기록으로 남기는 것이 필요하다. 아래 코드는 필자가 6년 전 안드로이드 앱을 개발하면서 기록했던 코드에 대한 주석의 내용이다.

```
...
ViewFlipper vf;      // 뷰플립퍼
// 하나의 리스트 뷰에서 다른 리스트 뷰로 이동해서 다른 내용을 보여줘야 하니까
// 2개 반드시 필요함.
ListView lvFirst, lvSecond;
LinearLayout mHeader;
// 두개의 리스트 뷰를 위한 array adapter
// 해당 어댑터를 이용할 경우, 어댑터로 자료를 add/remove/clear해야
// 현재 보여지는 view에 변화가 바로 적용될 수 있다.
// 사실 초기에 그렇게 하겠다는 설정을 true로 해줘야 하는 default 되는 것 같다.
// setNotifyOnChange(true)
VerseAdapterTwoParallel aaForLV1;
```

```
VerseAdapterTwoParallel aaForLV2;
int versePosition = 0;
...
  /*
   * 액티비티를 빠져 나갈 때,  현재 어떤 책과 장 절을 보고 있었는지
   * 어떤 버전의 책을 보고 있었는지,  대조 보기를 하고 있었는지의 모든 정보를 기억하고,
     onResume 할 때 복권되도록 한다.
   * keep 해야 하는 상태를 기억하는 멤버들을 정의
  */
boolean isSaved = false;
String mBibleVer, mBibleVerForListDoalog;
HashMap<String, Boolean> mIsSelectedBibles;
String[] mArrayForBookNameOption1;
// 본문화면에서 홈으로 나간 경우,  오랜 시간 후에 돌아오면 다음의 변수가 null이 될 때가
// 있어서 따로 저장해 둔다.  이 놈이 킵하게 한다.  아마도 있는 것만으로도 GC가 수거를
// 안 할 것 같다.
...
    // 데이터가 없을 때 초기 실행 시 절 이동버튼 누르면 0으로 나누는 에러 발생했었음.
    int numOfSelectedBibleVer;
    if (selectedBibleVer.size() == 0)
      numOfSelectedBibleVer = 1;
      else
        numOfSelectedBibleVer = selectedBibleVer.size();
    if (isCheckedByUser) {
        // 이 값이 널일 수도 있다.  왜 널일까,  readVerse가 읽히게 되면 널이
        // 될 수가 없는데
        // readVerse가 안 읽혔거나,  아니면, 메모리가 부족해서 객체 값이 지워졌거나
        // 둘 중 하나일 듯싶다.
        // 아니면 readVerse가 실행되기 전에 버튼이 눌러졌거나...
        if (selectedBibleVer == null) {
            Util.showMessage(act, act.getResources().getString(R.
string.text_notice),
                    act.getResources().getString(R.string.text_
error_happens));
        } else if (selectedBibleVer.size() == 1) {
            Util.showMessage(act, act.getResources().getString(R.
string.text_notice),
...
```

안드로이드 개발을 처음 하던 와중에, 새로운 개념들을 배우느라 여러 가지 기록들을 자세하게 남겼고, 심지어 원하는 대로 구현이 안 되는 부분이 있어 처음부터 다시 고민했던 모든 내용들과 또 어디에서 무엇 때문에 오류가 나는 것인지 추적하는 내용의 적나라한 생각들도 모두 주석으로 남겨 두었다. 최근에 과거에 만들었던 앱을 다시 수정하기 위해 코드를 열었었는데, 6년 전 남겨둔 코딩의 기억으로 인해 과거의 앱을 수정하는 데 많은 시간을 낭비하지 않고 바로 작업이 가능했다.

프로그래밍 언어가 우리의 모국어가 아닌 이상, 주석으로 프로그래밍 언어라는 새로운 언어로 작성된 코드를 번역해보자. 그 다음 생각의 실타래를 모국어로 먼저 적어본 후 코드로 옮겨보며 코딩에 익숙해지자. 이런 식의 학습 방법이 코딩을 제대로 공부할 수 있는 중요한 과정이지 않을까 생각된다. 마치 우리가 외국어를 학습하는 전통적인 방법과 크게 다를 바가 없다. 여기에 더해, 코딩에 능숙해지더라도 코딩의 기억을 주석을 통해 일기처럼 적어 놓으면, 시간이 좀 지나더라도 모국어가 아닌 프로그래밍 언어에 대해 금방 기억을 되찾고 코딩의 감각을 되살리는 데 많은 도움이 된다.

무엇이든 정직하게 공부하는 것이 실력 향상에 도움이 된다. 코딩을 시작하는 초보자라면, 코드의 번역/해석부터 시작해 새로운 언어를 배우듯 프로그래밍 언어를 공부를 하면 어떨까? 더 나아가 주석을 통해 코딩 편지도 쓰고, 코딩 일기도 써볼 것을 추천한다.

운문식 코딩 산문식 코딩

앞 장에서 주석을 통해 번역하고 편지 쓰고 일기 쓰는 것을 살펴
보았다. 이제 본격적으로 코딩을 어떻게 해야 할지 고민해 보자. 코
딩도 프로그래밍 언어를 통한 글쓰기이기 때문에, 다양한 장르가 존
재할 수 있다. 글을 크게 분류하면, 운율을 따르는 시와 같은 운문식
글과 서술 위주의 소설, 수필과 같은 산문식 글로 구분할 수 있다.
필자는 코딩도 운문식 코딩과 산문식 코딩으로 구분한다. 사람마다
본인의 생각을 다양한 글의 장르를 통해 다양한 방식으로 전달한다.
어떤 장르이든 작가는 글을 통해 이야기를 전하거나 누군가의 생각
과 감정을 바꾸는 목적을 가지고 있다. 장르가 다를 뿐 본질적인 글
의 목적은 같다고 볼 수 있다. 프로그래밍도 마찬가지다. 프로그래
머의 성향에 따라 다른 스타일로 코드를 짠다.

글쓰기 장르처럼 다양한 코딩 스타일

다음의 코드를 살펴보자.

```java
public class Computer {
    public static void main(String[] args) {
        int sum = getSum(1, 100);
        System.out.println(sum);
    }
    public int getSum(int firstNumber, int lastNumber) {
```

```
        return (firstNumber + lastNumber) * (lastNumber/2)
    }
}
```

이공계 출신이고 코딩을 한번이라도 해본 사람이라면, 무엇을 하는 코드인지 금방 알 수 있을 것이다. 위의 코드에 번역 주석을 아래와 같이 달아 보았다.

```
// 1부터 100까지 합을 구하는 계산기를 선언한다.
public class Computer {

    // 1부터 100까지 합을 구하는 계산기를 실행하는 구역을 선언한다.
    public static void main(String[] args) {

        // 1부터 100까지 합을 저장하는 변수인 sum을 하나 선언한다.
        int sum = getSum(1, 100);

        // 계산된 값을 화면에 출력한다.
        System.out.println(sum);
    }

        // 아래 함수를 이용하여 쉽게 1부터 100까지의 합을 구할 수 있다.
        // 예를 들어 firstNumber가 1이고 lastNumber가 100일 경우
        // 101*50 연산을 이용하여 바로 1부터 100까지의 합을 구한다.
        // (1 + 100) + (2 + 99) + (3 + 98) + … + (50 + 51) = 101 * 50
    public int getSum(int firstNumber, int lastNumber) {
        return (firstNumber + lastNumber) * (lastNumber/2)
    }
}
```

위 프로그램은 사실 1부터 100까지의 합을 구하는 앞 장의 프로그램과 동일한 결과를 보여주는 프로그램이다. 번역 주석이 없었

면, 위의 프로그램이 무엇을 하는지 모르는 사람도 있을 것이다. 하지만 위의 프로그램이 이해가 안 된다고 해도 걱정할 필요는 없다. 천재 수학자 가우스가 10살 때 사용한 방법이다.

필자는 앞의 코드 예제를 운문식 코드, 앞 장에서 코딩 편지를 통해 1부터 100까지의 합을 구했던 예제 코드를 산문식 코드라고 부른다. 설명을 위해 코드를 다시 적어 보았다.

```java
// 1부터 100까지 합을 구하는 계산기를 선언한다.
public class Computer {

    // 1부터 100까지 합을 구하는 계산기를 실행하는 구역을 선언한다.
    public static void main(String[] args) {

        // 1부터 100까지 정수값을 순차적으로 값을 저장할 수 있는 변수,
        // sum을 하나 선언한다.
        // 아직 합을 구하지 않았으니 0을 초기 값으로 설정한다.
        int sum = 0;

        // 1부터 100까지 반복적으로 sum값을 축적시킨다.
        for(int i=1; i <=100; i++)
            sum = sum + i;

        // 계산된 값을 화면에 출력한다.
        System.out.println(sum);
    }
}
```

1부터 100까지의 합을 구하려면 1부터 100까지 순차적으로 합해야 한다는 것은 기본적인 산수 능력이 있는 사람이라면 쉽게 이해할 수 있다. 산문식 글이 작가의 생각을 구체적으로 서술식으로 설

명하듯 산문식 코드는 생각의 논리가 구체적이고 마치 잘 설명된 글을 읽듯이 이해하기가 쉽다.

작가 중에 소설가, 수필가, 시인이 있듯이, 코딩하는 스타일에 따라 시인과 같은 프로그래머와 소설가, 수필가와 같은 프로그래머가 있다. 스타일과 형식의 차이이지 '누가 더 프로그램을 잘짠다', '운문식 코딩이 좋다', '산문식 코딩이 좋다' 딱 잡아서 이야기 하기 어렵다. 물론, 짧은 메시지로 큰 영향력과 파급력을 가진 운문을 문학의 정점으로 생각하는 사람들도 있을 수 있다. 또, 실제로 시를 쓰는 것은 어렵기도 하다. 처음 나온 두줄 짜리 프로그램처럼 처음에 봤을 때 뭐 하는 코드인지는 모르지만, 컴퓨터 입장에서는 덧셈을 100번 하는 것보다 곱셈 한 번 하는 게 아무래도 일을 덜하는 게 된다. 그런데 요즈음은 컴퓨터 성능이 많이 좋아서, 곱셈을 한 번 하든 덧셈을 100번 하든 사용자들은 그 차이를 느낄 수가 없다. 대신 코드를 관리하는 입장에서는 산문식 코드가 무슨 작업을 하는 코드인지 이해하기 쉬워서 나중에 코드를 수정하기 쉽다. 상황에 따라 장단점이 있다. 요즘 같이 웹사이트, 스마트폰 앱 등 사용자 인터페이스가 중요한 어플리케이션의 경우는 산문식 코드로 짤 수밖에 없다. 메뉴 버튼을 누르고 확인 버튼을 누르고 등등 인간의 어플리케이션 사용 진행에 따라 프로그램을 짜야 하기 때문이다. 산문이 시는 할 수 없는 자세한 스토리텔링을 할 수 있는 것과 같은 이치이다.

운문식 코드의 장점은, 코드의 양을 획기적으로 줄일 수 있고, 컴퓨터를 조금은 덜 힘들게 할 수 있다. 하지만, 주석을 잘 달아놓지 않으면, 왜 그렇게 코딩했는지 이해하기가 어렵다. 소수의 사람들만 코드를 보고 이해하고 감탄을 할 수 있다. 운문식 코딩을 잘하는 사람은 보통 수학을 잘하는 사람들이다. 같은 작업을 하는 코드를 산문식 코드로 100줄에 걸려 짠다면 운문식 코딩을 하는 사람들은 3-4줄에 작업을 끝낼 수도 있다. 앞에서도 이야기했지만 어떤 코드가 더 나은지 이야기하는 것은 상황에 따라 다르다. 하지만, 운문식 코딩을 짤 수 있는 사람이 대단해 보이는 건 어쩔 수 없다. 운문식 코드를 짜는 사람은 산문식 코드를 짤 수 있지만, 산문식 코드를 짜는 사람이 운문식 코드는 능숙하게 작성하지 못할 수도 있기 때문이다.

운문, 산문을 들먹이며 코딩에 대해 이야기하는 가장 큰 이유는 문법을 알고 언어를 사용하는 사람 누구든지 글을 쓸 수 있듯이, 요즘과 같은 정보화 시대에 코딩은 누구나 할 수 있고 또 할 수 있어야 한다고 생각하기 때문이다. 물론 기자, 소설가, 시인처럼 글쓰기를 업으로 삼고 사는 사람이 있듯이, 코딩을 업으로 삼고 사는 사람들이 있다. 하지만, 누구든지 마음만 먹으면 소설을 쓰고, 시를 쓸 수 있다. 이게 어렵더라도 최소한 일기나 편지는 쓸 수 있다. 마찬가지로, 누구나 코딩을 할 수 있다!

혹여 글쓰기와 문학은 인문계열, 컴퓨터와 코딩은 공학계열이라는 이분법적 사고를 하고 있다면 생각을 고쳐먹을 필요가 있다. 글쓰기에 재능이 있는 사람은 문법 등의 프로그래밍 언어 기초를 배우면, 코딩도 기똥차게 할 수 있고 글쓰기에 쾌감을 느껴본 사람이라면 코딩에서도 동일한 쾌감을 느낄 수 있다.

코딩이 어렵다면, 스타일에 구애 받지 않고 진심을 전하는 것부터 시작하자

코딩을 처음 접하는 사람에게는 무척이나 어려운 일일 수 있으나 진심을 전하려는 열정만 있으면 어려움은 쉽게 극복될 수 있다. 새로운 언어를 배운다는 생각을 하면 어려움은 당연한 것이다. 사랑하는 사람이 하필 영어가 모국어인 외국인이고, 내 마음을 오롯이 전해야 한다면 영어로 일단 말을 하거나 편지를 써야 한다. 성격이 내성적이라면 그 사람 앞에서 말을 하기는 너무나도 부끄러운 일일 테다. 편지가 그나마 나아, 영어를 잘 못하더라도 진심을 전하고 싶은 마음이 크면, 한뜸 한뜸 수를 놓듯 한 글자 한 글자 정성스레 편지를 쓰게 될 것이다. 이런 일이 반복되다 보면 일정한 시간이 지나 자연스럽게 영어 쓰기 실력이 늘어나게 될 수밖에 없다.

컴퓨터를 통해 무엇인가를 하고 싶은 마음이 간절하면, 그나마 쉬운 언어인 파이썬Python이나 자바Java같은 프로그래밍 언어를 통해 코딩 편지를 써보자. 물론 처음에는 한 글자 한 글자 천천히 써야 하는 어려움이 있겠지만, 한 글자 한 글자씩 적은 코드를 한 번 돌려보고, 그대로 돌아가는지 확인하고, 그 다음에 문장들을 조금씩 늘려가면서 컴퓨터가 해주고 이해해줬으면 하는 생각들을 잘 전해보자. 컴퓨터가 돌려주는 답장인 실행 결과를 통해 서로를 점점 알아가게 될 것이다. 마치 사람들이 관계가 깊어지면 대화가 늘어나듯, 그렇게 코딩량도 자연스럽게 늘어나게 된다. 사랑하는 사람과 주고 받은 편지들이 많이 쌓일 정도로 관계가 돈독해지면, 가끔 편지에 시 한 수 적어서 보여주는 일도 있을 것이다. 산문식 코드를 많이 작성하다 보면, 운문식 코드도 자연스럽게 써볼 기회가 생길 수 있다.

코딩이 어려운 것은 당연한 일이지만, 시작하는 게 무엇보다 중요하다. 컴퓨터에 마음이 전달될 때마다, 컴퓨터도 그에 맞춰 무엇인가를 우리에게 돌려준다. 소통을 할 수 있다는 쾌감은 큰 자극이 된다. 하지만 어렵다는 이유로 시작도 해보지 않는다면, 소통의 즐거움을 맛볼 수 없다. 시중에 나와있는 기초 코딩 도서를 가지고, 무작정 코딩을 해보자. 컴퓨터에게 첫 소통을 한다는 생각으로 운문식이든 산문식이든 코딩 편지를 쓰고, 돌아오는 답변을 통해 대화를 경험해보라. 시작이 반이다. 관계는 이런 작은 소통으로 시작된다. 사람은 내가 보내는 구애 편지에 퇴짜를 줄 수 있지만, 컴퓨터는 언제나 내게 답장을 준다! 학교 다닐 때, 연애 한 번 못하고 방에만 처박혀 프로그램만 짜는 친구가 있었는데, 지금 돌아보니 컴퓨터와 밤새 깊은 대화를 나누느라 그랬나 싶기도 하다. 컴퓨터와 소통이 깊어지면 헤어나오기 어려울 수 있으니, 주의가 요망된다. 하지만 이런 사람은 아마도 운문식이든 산문식이든 훌륭하게 코딩을 할 수 있는 사람이라고 확신할 수 있다.

어려우면 그냥 '소설'을 쓰거나 받아쓰기를 하자

특별한 초점이 없이 중구난방으로 쓰여진 글을 보고, '그냥 소설을 써라 소설을 써…'라며 비아냥거리는 표현을 쓸 때가 있다. 하지만, 코딩을 처음 배우는 사람이라면 소설을 써도 상관이 없다. 컴퓨터는 우리가 무엇을 쓰든 절대 비아냥거리지 않고, 우리가 작성한 코드에 대해 언제나 진지함으로 답을 해준다. 코드가 낯설고 어려우면, 문자열을 출력하는 프로그램으로 본인이 쓰고 싶은 진짜 일기를 써보라. 그러면서 해당 언어의 문법을 체득하고, 코딩에 먼저 익숙해지자.

어려움을 극복하는 또 다른 방법은, 오류가 나지 않는 범위 내에서 다른 사람이 작성한 코드를 한 문장 한 문장 그대로 받아 적어 보는 것이다. 한 문장 적어보고, 프로그램을 돌려보고, 또 한 문장 적어보고 프로그램을 돌려보며 내가 작성한 한 문장의 코드가 무슨 일을 하는지 돌아오는 결과 즉 컴퓨터의 답장을 보고 계속 이해를 하는 것이다. 학교에서 받아쓰기를 하는 목적은 정확한 표현과 철자들을 정확하게 익히는 것이다. 코딩 관련 서적에 나온 예제들을 처음부터 끝까지 천천히 받아쓰다 보면, 같은 단어이지만 대문자로 적어야 할 것을 소문자로 적는 잘못된 습관들도 발견하게 되고, 변수 이름에 빠진 철자라도 있으면 프로그램을 실행할 수 없다는 경험을 하면서 정확하게 코드를 작성하는 법을 자연스럽게 익히게 된다. 초등학교 1학년 2학년 때 했던 받아쓰기는 재미없고 지루했던 시간으로 기억된다. 하지만, 받아쓰기 하면서 반복해서 틀리는 것들을 알게 되고 고쳐가면서 자연스럽게 올바른 쓰기를 배우게 된다. 마찬가지로, 코딩 학습도 다른 사람이 이미 작성한 코드를 직접 한 문장씩 작성해 보면서 연습을 하다 보면, 초등학교 3학년부터는 자신의 생각을 정확하게 표현할 수 있는 실력으로 점점 성장하듯, 자연스럽게 오류 없는 정확한 코드를 작성할 수 있는 실력으로 성장할 수 있다.

코딩의 왕도: 다독, 다작하기

명품 작가의 공통점이 있다. 책을 많이 읽거나 다양한 경험들을 직접 한다는 점이다. 다독이나 직접적인 경험을 통한 해박한 지식을 기반으로 반복적으로 글을 쓰면서 작품을 만들게 되면, 글쓰기 실력도 자연스럽게 성장할 수밖에 없다. 프로그래밍을 컴퓨터와 글로 소통하는 관점으로 보는 필자에게는, 실력 있는 프로그래머가 되는 방법이 무엇인지 누군가 물어본다면, 다른 사람의 코딩 작품인 프로그램의 소스코드를 읽고 이해하며, 그것을 바탕으로 다양한 프로그램을 작성해 봐야 한다고 답을 하고 싶다. 그렇다면 어떻게 코딩과 관련해서 다독과 다작을 잘 할 수 있을까? 일단 문제를 해결하는 방식에 따라 개발자를 크게 두 종류로 구분했다. 개발자의 개발 방식에 따라 다독과 다작을 잘 할 수 있는 방법이 달라진다. 본 장에서 자신의 문제 해결 방식이 어떤 종류에 속하는지 생각해 보고 그에 맞는 다독 및 다작의 연습을 코딩의 관점에서 생각해 보았다. 먼저 두 종류의 개발 스타일에 대해 살펴 보겠다.

미괄식 개발자 두괄식 프로그래머

글을 쓰는 방식을 크게 미괄식과 두괄식으로 나눈다. 미괄식尾括式은 '문단이나 글의 끝부분에 중심 내용이 오는 산문 구성 방식'이다. 귀납식이라 불리기도 한다. 두괄식頭括式은 '글의 첫머리에 중심 내용이 오는 산문 구성 방식'이다. 연역식이라고 불린다. 다시 말해, 중심 내용을 먼저 적고 중심 내용을 받쳐주는 구체적인 문장들이 그 다음에 나온다.

코딩을 글쓰기의 관점에서 바라보면 코딩을 통해 문제 해결 방식 또한 미괄식(귀납식)과 두괄식(연역식)으로 비유할 수 있다. 그래서 개발자들의 스타일에 따라 미괄식 개발자, 두괄식 프로그래머로 표현을 해보았다. 해외 IT 연구소에서의 근무 경험이 있는 필자의 아내는 네트워크 장비의 실시간 로그 정보를 빅 데이터_{Big data}로 수집하는 엔진을 개발하는 프로젝트를 주도했던 경험이 있다. 이때, 빅 데이터 처리를 위해 가장 많이 사용되는 오픈소스 기반 소프트웨어 중 하나인 하둡_{Hadoop}을 엔진 개발에 이용하였다. 아내와 대화 중 깜짝 놀랄 만한 이야기를 들었는데, 엔진 개발을 위해 하둡의 소스코드를 모두 읽어 보았다는 것이다. 이런 면에서 필자의 아내는 미괄식 개발자로 볼 수 있다. 필자는 프로그램을 개발할 때, 필요한 핵심기술을 구현하기 위한 관련 기술을 검색하여 그 부분만 먼저 공부한 후, 시제품을 단 기간에 만드는 식으로 프로그램을 개발한다. 핵심 기술 구현이 가능하다는 것이 빨리 확인되면, 그 다음은 프로그램에 살을 붙여 가면서 완성된 제품을 만들게 된다. 짧은 시일 내에 시제품을 만드는 개발 방법을 전문 용어로 빠른 프로토타이핑_{Fast Prototyping}이라고 한다. 필자는 두괄식 프로그래머이다.

프로그램을 짜기 위해, 기본 배경이 되는 소프트웨어 전반을 차근차근 공부하면서 개발을 진행하는 방식을 미괄식으로, 빠른 프로토타이핑을 기반으로 하는 방식을 두괄식으로 부를 수 있다. 전자의 경우 프로그램의 세부 요소 요소들을 탄탄하게 구현해가며 프로젝트 말미에 완벽하고 신뢰할 만한 결론적인 소프트웨어를 만든다는 점에서 미괄식이라 부른다. 후자의 경우 빠른 프로토타이핑을 통해 프로그램 개발을 빨리 종결 지을 수 있는 핵심 기술을 단기간에 먼저 구현을 하고, 그후 세부적인 요소들을 마치 뼈대에 살을 붙이듯 개발하는 방법이기에 두괄식이라 부를 수 있다. 다시 말해, 개발 목표를 달성하는 접근 방법에 따른 구분으로 생각하면 된다.

문제 해결의 관점에서 어떤 개발이 스타일이 좋다 나쁘다라고 이야기하기 어렵다. 두괄식 개발의 경우는, 핵심 기능의 빠른 구현을 통해 프로젝트의 성공 여부와 일정 등을 미리 가늠해 볼 수 있는 장점이 있다. 하지만, 아무래도 핵심 기능을 급하게 구현을 하다 보니 최종 완성된 프로그램에 빈틈이 많이 존재할 수 있고, 이는 엄청난 유지 비용으로 돌아올 수 있다. 미괄식 구현 방식의 경우는 프로그램의 핵심 기능이 구현되기까지 많은 시간이 걸릴 수 있다는 위험이 있다. 하지만, 프로그램을 기초부터 여유를 가지고 탄탄하게 작성할 수 있는 장점이 있다. 그래서 결국에는 전체 개발 시간과 유지 비용을 줄일 수도 있다. 미리미리 이것저것 공부하면서 준비를 하다 보면 프로젝트가 산으로 가는 일이 있을 수 있지만, 배움을 빨리 하는 개발자가 있다면, 기초를 탄탄하게 하면서 빠르게 프로젝트 진행이 가능할 수도 있다. 사실 글을 쓸 때, 미괄식이든 두괄식이든 독자에게 효과적으로 소통할 수 있으면 어떤 방식이든 큰 상관이 없듯, 코딩을 할 때도 컴퓨터와 잘 소통할 수 있는 코드가 작성될 수 있다면 문제가 없다. 사실 서로 다른 스타일은 개발자의 성격과도 크게 연관이 있는 부분이다. 그래서 스타일과 상관없이 주어진 입력값에 원하는 결과를 얻을 수 있는 프로그램을 짤 수 있다면, 어떤 방식으로든 훌륭한 프로그램을 개발할 수 있다.

코딩 스타일에 따른 적절한 공부법은 다를 수 있다. 코딩 스타일별로 어떻게 공부를 하면 훌륭한 프로래그래머로 훈련받을 수 있는지 하나씩 살펴보자. 사실 코딩 학습의 왕도는 없다. 시간을 얼마나 투자했느냐가 실력으로 연결된다. 하지만 한편으로는 어디에 어떻게 시간을 투자하는 것에 따라 우리에게 주어진 학습의 시간을 효율적으로 활용할 수는 있다. 코딩 학습의 몇 가지 중요한 훈련 방향은 다음과 같다.

(1) 양질의 코딩 정보 검색과 이를 위한 영어 활용 능력

(2) 예제 기반 학습

(3) API 문서 열공하기

(4) 작성한 코드 공개하기

(5) 내가 만든 프로그램 배포하고 광고하기

(1)~(3)까지는 다독을 잘 하기 위한 훈련과 연관이 있고, (4)~(5)은 다작과 관련된 훈련 항목이다.

다독을 위한 공부법

앞 장에서 코딩 편지와 코딩 일기로 기본적인 프로그래밍 소양을 쌓았다면, 다독을 통해 전문 개발자로의 훈련이 필요하다. 소프트웨어 개발 진영은 오픈소스가 주류가 되었다. 여러 소프트웨어 업체들이 특정 소프트웨어 엔진이나 플랫폼을 컨소시엄 형태로 공동 개발하고 중요한 코드를 깃헙GitHub과 같은 소스코드 저장소에 모두 공개한다. 상생을 통해 양질의 소프트웨어 개발을 위한 아주 바람직한 방향이다. 그렇기 때문에 우리가 읽을 수 있는 소스코드는 넘쳐난다. 다독의 기회가 무궁무진하다는 말이다. 다독을 효과적으로 할 수 있는 몇 가지 방법들을 살펴보자.

양질의 코드 정보 검색과 영어 활용 능력

평생을 코드 읽기에 할애한다고 해도 다 읽을 수 없는 엄청난 양들의 코드가 이미 공개되어 있다. 그렇기 때문에 읽었을 때 나에게 도움되는 적절한 코드를 잘 찾는 것이 무엇보다 중요하다. 현재 개발자들이 깃헙GitHub이라는 플랫폼을 통해 소스를 가장 많이 공유하고 공개한다. 다양한 프로그래밍 언어와 다양한 서비스를 제공하는 소프트웨어와, 특정 소프트웨어를 개발하기 위한 엔진류(API나 라이브러리라고 불리는 것들도 있다)의 소스코드가 많이 공유되었다.

미괄식을 선호하는 개발자는 만들고 싶은 프로그램이 있으면, 깃헙GitHub과 같은 다수의 프로젝트 소스코드가 있는 곳에서 읽을 만한 비슷한 프로젝트를 찾으면 된다. 아래 그림은 깃헙 화면의 모습이다.

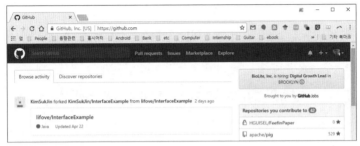

▶ 소스코드가 무궁무진한 깃헙 사이트

화면의 상단에 "Search GitHub"이라는 검색 창이 있다. 만약에 네트워크 관련 프로젝트를 할 예정이라면, "network"라는 키워드로 검색을 하면 셀 수 없이 많은 오픈소스 프로젝트들을 쉽게 찾을 수 있다.

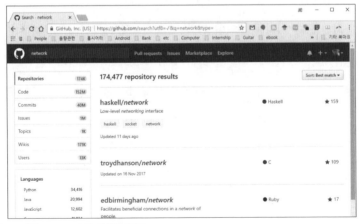

▶ 키워드 network로 검색한 결과

검색 결과 화면 왼쪽에 언어별로 프로젝트의 개수가 나와 있다. 파이썬으로 만들어진 프로젝트가 3만 여 개가 넘게 나온다. 이 중 자신의 프로젝트에서 사용할 언어를 선택한 후 검색 결과에 나온 깃헙 프로젝트들의 설명을 보며, 자신의 프로젝트와 유사한 것들을 찾아 해당 프로젝트를 이해하고 소소코드를 다운받아 찬찬히 읽어보며 공부를 하면 된다. 아래 그림은 "Flow Network"라는 자바로 만들어진 프로젝트이다. 검색 결과를 통해 해당 프로젝트 첫 화면에 오면, 프로젝트에 대한 구체적인 설명들이 담겨 있는 문서와 링크들을 볼 수 있다. 깃헙에서 검색 순위가 높은 프로젝트들은 이렇게 필요한 정보들이 자세히 정리가 되어 있어서, 미괄식 스타일의 개발자들에게는 좋은 출발점이 될 수 있다. 검색시 영어 검색어를 정교하게 만들어서 사용할 수 있으면, 본인이 하고자 하는 프로젝트와 깊은 연관이 있는 깃헙 프로젝트를 어렵지 않게 찾을 수 있다.

▶ 자바로 만들어진 Flow Network

　　하지만, 참고하고 공부가 될 만한 좋은 프로젝트들을 찾았다고

해도, 영어가 부족하여 공개된 내용들을 공부하는 데 한계가 있으

면, 아무리 좋은 자료를 찾아도 무용지물이다. 능숙한 개발자로 계

속해서 성장하려면, 최소한 영어로 작성된 온라인 문서들을 잘 이해

할 수 있는 기본적인 독해 실력이 반드시 필요하다. 코딩 편지와 코

딩 일기로 프로그래밍 기본 훈련을 잘 한 사람이라면, 사전을 가지

고 영어로 작성된 온라인 문서들을 꾸준히 공부해 보자. 영어 실력

도 향상될 수 있다. 코딩과 영어가 둘 다 어렵다면, 구글 번역기와 같은 최신 기술을 활용해 보자. 구글 번역기 성능이 예전보다 많이 개선되어, 영어에서 한국어로 자동 번역된 온라인 문서도 문맥에 맞게 잘 해석해 준다. 미괄식 프로그래머라면, 깃헙에 존재하는 양질의 코드 작품들을 놓치지 말고 잘 공부해 보자.

　　두괄식 방식의 프로그래머에게 오픈소스 프로젝트 소스코드 전체를 던져주며 공부를 하라고 하면, 그냥 본인이 새로 짜보겠다고 말할 공산이 크다. 두괄식 방식의 개발자들에게는 남이 작성한 코드를 읽는 것은 지루한 일일 수 있다. 내가 만들고 싶은 게 있으면 '그냥 본인이 코드 작성해서 돌아가게 만들면 되지 뭣하러 남의 코드를 공부하는 데 많은 시간을 써야 하는가?' 라고 반문할 수 있다. 프로그램을 작성하는 것은 굉장한 창의력을 요하는 일이다. 무에서 유를 창조하는 일이므로, 문제를 해결하는 개발자의 스타일에 따라 다양한 알고리즘이 나올 수 있다. 그런데 두괄식 개발자들에게도 한 가지 단점이 있다. 반드시 알아야 할 테크닉에 대한 지식이 없을 수 있다는 점이다. 미괄식 개발자가 차근차근 공부하는 동안, 두괄식 개발자는 삽질을 많이 하게 된다. 그러면서 배우기도 하겠지만, 삽질을 하는 시간이 길어지면서 전체 개발 일정도 늘어난다. 두괄식의 장점을 잃어버리게 된다. 이와 같은 문제를 피하려면, 핵심 기능 구현을 위해 필요한 기술과 지식을 잘 선별해서 찾아야 한다.

"stackoverflow.com"이라는 질의/응답 기반의 개발자 사이트가 굉장히 유용하다. 자바라는 언어로 채팅 방을 구현한다고 했을 때, 영어로 아래와 같은 질문을 만들 수 있다.

"How can I implement a chatting application in Java?"

위 질문을 바로 "stackoverflow.com"의 검색 창에 넣으면 다양한 질문 목록을 볼 수 있다. 이 중 사람들이 많이 추천(Vote)한 질문이나 답변이 많은 질문을 보면 예제 소스코드와 관련 기술들을 확인해 볼 수 있다.

▶ 질의/응답 기반의 개발자 사이트(stackoverflow.com)

9명이 추천한 질문을 클릭하면 질문의 내용과 소스코드, 소스코드 안에 있는 문제를 어떻게 해결하면 되는지에 대한 다양한 개발자들의 답변과 의견이 있다.

▶ 다양한 개발자의 의견 및 답변을 구할 수 있다.

　이처럼 "stackoverflow.com"에는 모든 개발 언어와 개발 환경에 대한 개발자들의 질문과 고민, 그것을 해결하는 유용한 정보들이 많이 있다. 검색어를 잘 넣으면, 핵심 기능을 구현할 수 있는 필수 정보들을 쉽게 공부하고 찾을 수 있다. 하지만, 이것도 어느 정도의 영어 독해 실력이 필요한 것은 마찬가지다. 사전을 이용하든 구글 번역기를 이용하든, 핵심 기능 구현을 위해 조각 정보들을 잘 모아 합칠 수 있으면, 두괄식 개발자로 성장하는 데 도움이 많이 될 것이다.

예제 및 문제 기반 학습

　　미괄식의 개발자는 예제 기반 학습이 유용하고 두괄식 개발자는 문제 기반 학습으로 성장하기 유리한 면이 있다. 예제 기반 학습은 코딩의 다양한 테크닉들과 사례들을 예제 기반으로 하나씩 공부를 하는 방식이다. 문제 기반 학습 코딩은 특정 입력값이 주어졌을 때, 원하는 출력값을 만들어야 하는 문제들을 많이 풀어보면서 코딩을 학습하는 방식이다. 사실, 모든 프로그래밍 및 프로젝트에서 하는 일들이 문제 기반이다. 문제 기반 학습은 사실 실전 훈련인 셈이다. 하지만 코딩에 대한 충분한 배경 지식이 없으면 문제 기반 학습을 바로 하기에는 무리가 있다. 미괄식 개발자는 예제 기반으로 충분히 기본 코딩 소양을 기르면서, 작은 문제들을 해결하면서 공부를 하면 된다. 두괄식 개발자는 일단 쉬운 문제부터 시작하여, 해당 문제를 풀기 위해 필요한 지식을 배워가며, 점점 어려운 문제를 푸는 방식으로 학습을 하면 된다.

　　프로그래밍 관련 수업을 듣거나 책을 볼 때, 본인의 스타일이 미괄식인지 두괄식인지를 미리 알면, 어떤 수업이든 책이든 학업 능률을 올릴 수 있다. 사실 가르치는 사람의 교수 방식에 영향을 받지만, 수업을 위한 교과서는 반드시 존재한다. 미괄식의 성향이 있는 사람은 교과서의 내용과 예제를 중심을 찬찬히 공부하면 되고, 두괄식의 사람은 교과서의 강의별 연습문제를 중심으로 관련 내용들을 거꾸로 찾아보는 방식으로 학습을 수행할 수 있다.

정리하면, 미괄식 개발자는 기본적으로 공부를 좋아하는 사람이고 뭐라도 알아야 코딩을 할 수 있는 사람이라 예제 기반 학습이 유용하다. 두괄식 개발자는 문제를 해결하고자 하는 큰 열망이 있는 사람이므로, 어떤 방법으로든 문제 해결 과정을 통해 필요한 코딩의 기술들을 배우는 방향으로 공부하면 된다. 물론 쉬운 문제부터 체계적으로 난이도를 증가할 수 있는 좋은 교과서가 있거나 그런 방향으로 지도해줄 수 있는 선생님의 도움을 받을 수 있으면 좋다.

API 문서 열공하기

요즈음의 프로그램 개발은 재사용성에 기반을 두고 있다. 대규모의 프로젝트를 진행하기 위해서 처음부터 끝까지 소스코드를 작성하는 시대는 이미 지났다. 인터넷이 대중화하고 대용량의 서비스들이 많아지면서, 개발자들은 자신의 코드나 기능이 구현된 파일들을 사용하기 쉽게 공개할 수 있다. 이런 생태가 프로그램을 재사용할 수 있는 기반을 탄탄히 다져 놓았다. 재사용이 가능한 기능들을 보통 라이브러리Library나 APIApplication Programming Interface라고 부른다. 구체적인 구현은 숨기고, 특정 행동이나 명령을 수행할 수 있는 기능을 호출하여, 내 프로그램에서 바로 사용할 수 있는 개발 생태라고 이해하면 된다. 물론 어떤 것들은 소스코드 전체가 공개된 경우도 많다.

이미 개발된 프로그램 소스나 특성들을 재사용하기 위해서, 개발자들이 알아야 하는 것은 재사용을 위한 라이브러리나 API에 대한 설명서를 익히고 공부하는 것이다. 아래 그림은 Weka라는 머신러닝 도구를 개발할 수 있는 유용한 라이브러리 패키지와 다층 신경망Multilayer Perceptron이라는 요즘 유행하는 딥러닝의 기본이 되는 뉴럴 네트워크를 이용한 예측 모델을 사용할 수 있게 해주는 API 문서이다. 해당 문서를 통해 개발자는 자신의 문제 해결을 위해 어떤 기능들을 재사용할 수 있는지 공부할 수 있고, 재사용의 능력이 뛰어난 개발자는 복잡하고 규모가 큰 프로그램을 적은 시간과 노력으로 완성할 수 있게 된다.

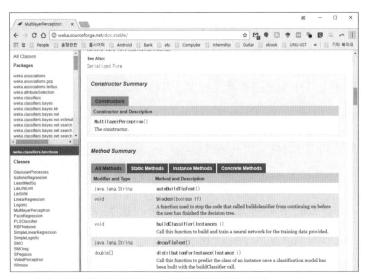

▶ 머신러닝 도구 개발에 유용한 Weka 라이브러리 및 API 문서

이러한 API 문서를 활용하는 방식도 미괄식 개발자와 두괄식 개발자 사이에 다르게 드러나게 된다. 미괄식 개발자는 본 문서를 바탕으로 소스코드 전체를 이해하는 교과서로 활용하겠지만, 두괄식 개발자는 핵심 기능 구현을 위해 필요한 API를 빨리 찾아 공부하는 목적으로 활용하게 될 것이다. 미괄식이든 두괄식이든, API 문서를 잘 검색하고 적절히 활용하는 것이 기반이 되어야, 코딩 학습을 스타일에 따라 적절하게 수행할 수 있다.

지금까지 다독을 위한 몇 가지 공부법을 살펴보았다. 미괄식 개발자든 두괄식 프로그래머든, 코드와 관련 자료들을 많이 보고 공부하는 것은 무척이나 중요하다. 소스코드 전체를 공부하든지, 아니면 핵심 기능에 필요한 중요 코드를 잘 검색해서 공부를 하든지, 원하는 자료를 잘 찾는 것이 가장 중요하다. 찾은 자료를 잘 소화하기 위해서는 영어 독해 실력도 중요하지만, 구글 번역기를 잘 활용하는 것도 임시 방편은 될 수 있다. 하지만, 전세계 사람들이 남겨둔 소스코드와 여러 개발 관련 질문과 답변을 많이 보면서 개발자 관점에서의 영어 독해 실력을 키우는 것이 중요하다. 한국 개발자들 중 훌륭한 개발자들이 많다. 하지만, 외국에 있는 개발자들과의 의사소통에 적극적이지 못한 부분 때문에, 개발 사회에 공헌할 수 있는 잠재력들을 꽃 피우지 못하는 경우들이 종종 있는 것 같다. 영어로 의사소통을 자유롭게 할 수 있는 한국 개발자들은 실리콘밸리 유수 업체들과 스타트업 회사들에서 리더의 역할을 잘 해내는 이야기들을 종종 듣게 된다. 귀찮을 수도 있겠지만, 영어 실력을 틈틈히 키워 깃헙이나 스택오버플로우와 같은 사이트를 통해 점진적으로 다른 해외의 개발자들과 소통하면서 다독의 기회를 늘리면, 코딩을 통해 훌륭한 개발자로 성장하는 데 좋은 발판을 마련할 수 있다.

다작을 위한 공부법

다독을 통하여 프로그래밍 실력을 키우는 데는 한계가 있다. 예를 들어, 영어 독해는 잘 하지만 영어 쓰기가 안 되면, 소식을 전하고 싶은 해외에 있는 외국인 친구에게나 메일을 전해야 하는 해외 협력 업체 외국인 직원에게 업무상 내용과 생각을 제대로 전달하기 어렵다. 하지만, 시간이 지나 오고가는 메일이 점차 늘면 쓰기 실력도 당연히 늘어나게 된다.

코딩도 많이 해봐야 제대로 된 실력으로 끌어 올릴 수 있다. 코딩을 하는 사람이라면 다양한 코드를 작성해 가며, 본인의 언어로 자유롭게 프로그램에 전하고자 하는 메시지를 분명하게 작성할 줄 알아야 한다. 다양한 코드를 작성하다 보면, 마치 다작을 하는 사람들이 훌륭한 필력으로 작품을 만드는 것처럼, 컴퓨터가 빠르게 처리하고 사람들은 쉽게 이해할 수 있는 멋진 코드를 작성할 수 있다. 다작은 미괄식과 두괄식 개발자의 구분이 사실 따로 필요 없다. 몇 가지 방향성만 지킨다면, 덜 헤매며 프로그램을 작성할 수 있다.

미괄식이든 두괄식이든 글을 쓸 때 가장 먼저 해야 하는 일은 개요를 잡는 일이다. 글의 뼈대이다. 마찬가지로 소스코드를 작성할 때, 프로그램의 전체 윤곽을 먼저 만드는 것이 중요하다. 전통적인 소프트웨어 공학에서는 UML이나 순서도 등 다양한 다이어그램을 통해 데이터와 논리의 흐름을 표현한다. 이렇게 그림을 만들면, 어떤 유용한 도구들은 다이어그램을 바탕으로 소스코드의 뼈대를 자동으로 만들어 준다. 개발자들은 뼈대에 살을 붙이는 작업만 하면 된다. 이 살을 붙이는 작업에서는 미괄식 개발자와 두괄식 개발자의 특성이 드러날 수 있다. 하지만 다작을 준비하는 개요를 만드는 것만큼은 모든 개발자가 반드시 거쳐야 할 중요한 단계라고 할 수 있다.

코드 작성 시 우선 주의해야 할 점은 코드를 여기 저기 옮겨가며 작성하는 것이 아닌, 논리적인 순서대로 명령의 앞뒤 순서대로 코드를 작성해야 한다는 점이다. 코딩할 때, 언어별로 다양한 프로그램 편집기를 활용할 수 있다. 자바라는 언어는 이클립스Eclipse나 인텔리제이IntelliJ라는 편집기를 많이 사용하고, C/C++는 비주얼 스튜디오Visual Studio라는 편집기를 많이 사용한다. 보통 이런 편집기들을 통합개발환경Integrated Development Environment, IDE라고 부른다. IDE 도구들은 작성중인 코드에 대해 기본 에러들이 있는지 실시간으로 알려주기도 한다. 코딩을 하다 보면, 코드를 산발적으로 작성하는 경우가 있다. 한꺼번에 많은 것들을 하려고 하는 시도가 있거나, 단순히 다른 사람이 작성한 코드를 일단 붙여놓기 하고 수정하는 경우이다. 이럴 경우, 에러 또한 산발적으로 발생한다. 코드의 내용을 제대로 이해하지 못했을 경우, 모든 에러를 처리하기가 쉽지 않다. 예제 코드를 보며 한줄 한줄 작성해 가며, 하나의 에러가 발생하면 그 에러의 내용을 충분히 이해한 후 해결하여야 한다. 에러가 없는 코드를 일단 만든 후, 그 다음 줄을 작성하는 방식으로 차근차근 코드를 작성하는 습관을 가지는 것이 필요하다. 여기저기 옮겨가며 하는 코딩이 아니라, 한 점에서 출발하여 차근차근 컴퓨터가 실행하는 순차를 생각하며 한줄 한줄 코딩을 해야 한다.

코딩 편지든 코딩 일기든, 운문식 코딩이든 산문식 코딩이든, 두괄식으로 개발을 했든 미괄식으로 개발했든지, 우리는 결국 특정 입력값에 대해 원하는 출력값을 만들어 내는 프로그램을 개발한다. 나만을 위해 프로그램을 만들기도 하지만, 대부분의 프로그램들은 나뿐 아니라 나의 이웃들도 사용하게 된다. 소프트웨어 회사에서 개발하는 전문 프로그램들은 회사의 소유이기 때문에 개인적으로 공유하거나 배포를 할 수가 없다. 하지만, 코딩을 공부하는 입장에서 자신의 코드와 프로그램은 언제든지 공개를 할 수 있다. 공개를 통해 자신이 만든 코드와 프로그램으로부터 도움받은 사람의 의견이나 감사의 연락이라도 받게 되면, 그 기쁨은 이루 말할 수 없고, 앞으로의 코딩에 엄청난 동기부여가 된다. 이런 의미에서 작성한 코드를 공개하는 대표적인 방법과 내가 만든 프로그램을 광고하는 몇가지 방법에 대해서 살펴보자.

작성한 코드 공개하기

소프트웨어 개발 생태는 오픈소스 프로젝트들의 탄탄한 기반 위에 세워졌다. 아파치 소프트웨어 재단Apache Software Foundation, ASF은 가장 대표적인 오픈소스 프로젝트를 수행하는 기관이다. 몇년 전부터 깃Git이라는 소스코드의 버전을 관리하는 공개 프로그램이 대중화하면서, 이를 이용한 온라인 서비스인 깃헙GitHub이 생겼다. 현재 ASF(https://github.com/apache)뿐 아니라, 구글(https://github.com/google)과 페이스북(https://github.com/facebook)도 자신들의 오픈소스 프로젝트들을 깃헙에 공개했고, 실시간으로 업데이트하고 있다. 우리나라 기업인 삼성(https://github.com/samsung) 등도 몇몇 프로젝트를 깃헙에 공개하고 있다.

깃헙은 누구나 가입이 가능하며, 소스코드 저장소를 모두 공개할 수 있다면 무료로 사용할 수 있다. 코딩 공부를 하고 있다면, 당장 깃헙 계정을 만들고, 작성한 코드를 깃헙에 모두 올려보라. 코드 수정한 것을 하나씩 올릴 때마다, 내 프로필에 잔디를 심을 수 있다. 다음은 필자의 깃헙에 심겨진 잔디의 모습이다. 날짜별로 업로드한 소스코드의 수정한 횟수에 따라 잔디를 심을 수 있다. 필자는 전문 개발자만큼 많은 수의 코드 수정은 없다. 전문 개발자의 경우는 거의 매일 같이 잔디가 올라온다. 최근에 어떤 회사들은 깃헙에 잔디를 심은 횟수 등을 통해 얼마나 코딩을 잘하는지 가늠하는 데 활용한다는 이야기도 들었다. 때론 이런 도구들이 코딩에 많은 동기부여를 하기도 하는 것 같다.

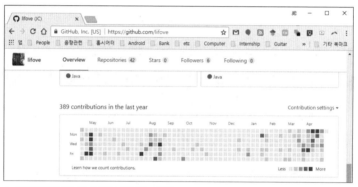

▶ 깃헙에서 나의 공헌도를 보여주는 화면

깃헙을 사용하는 방법이나 매뉴얼은 검색엔진을 통해 'GitHub 사용법' 등의 검색어로 검색하면 양질의 자료들을 쉽게 찾을 수 있다.

예제를 연습하는 것이든, 작은 숙제나 문제를 풀든 모든 코드를 깃헙에 올려 공개하는 습관을 가져보자. 때론 나의 코드를 보고 문제가 있다고 알려주는 사람도 있고, 다른 사람의 깃헙에 가서 코드를 보며 공부하기도 하고 문제를 발견하면 자신도 다른 사람의 코드에 문제를 보고해 줄 수 있다. 이미 오픈소스 생태에서는 서로의 코드에 있는 문제를 알려주는 것이 얼마나 중요한 일인지 잘 알고 있고, 이 모든 활동을 공헌Contribution이라고 한다. 소프트웨어의 결함은 큰 사고와 비용 문제를 야기시킬 수 있다. 소프트웨어의 결함은 척결의 대상이지만 발견하거나 고치기가 쉽지가 않다. 오픈소스 프로젝트의 힘은, 대중의 공헌을 통해 더 나은 소프트웨어를 만드는 데 있다. 소스코드를 공개하기 때문에 여러 가지 보안 문제를 미리 발견할 수도 있다. 이러한 힘을 알고 있기에 여러 개발자들과 일반 사용자들이 계속해서 코드를 공유하고 공유한 코드에 대해 문제점을 보고하고 함께 토론한다. 이렇게 소프트웨어 생태는 더욱 발전하고, 양질의 소프트웨어를 통해 혜택을 받는 것은 다양한 소프트웨어를 안전하게 사용하는 모든 사람일 것이다.

내가 만든 프로그램 배포하고 광고하기

내가 작성한 코드뿐 아니라, 완성도가 높은 프로그램일 경우 공식적으로 배포하는 것이 필요하다. 필자는 예전에 작은 안드로이드 책 뷰어를 개발한 적이 있었다. 안드로이드가 막 보급되기 시작한 초장기였는데, 내가 보고 싶은 책이 있는데 마땅한 뷰어 앱이 없어 직접 만들기로 하고 무작정 코딩을 시작했다. 며칠 만에 정말 기본 기능만 있는 앱을 만들어서 혹시나 필요한 다른 사람이 있을까 구글 안드로이드 마켓에 공개했었고, 사용자들이 하루가 다르게 늘어나는 경험을 했다. 재밌는 것은 사용자들이 늘어날수록 다양한 댓글이 달리기 시작했다. 대부분은 기존 앱들의 기능적인 한계를 느끼고, 이런 저런 기능을 추가해 줄 수 있냐는 부탁이었다. 사실 필자도 동일하게 느꼈던 불편함들이어서 사용자의 의견을 반영하여 기능을 계속 추가했다. 결국 더 많은 사용자들이 생기게 되고, 십만 명이 넘는 사람들이 필자가 만든 안드로이드 앱을 사용하는 신비한 경험을 할 수 있었다. 몇 억의 사용자들이 있는 인기 앱에 비할 바 못하겠지만, 돌아보면 개발 자체보다는 사람들과 소통하는 시간이 즐거웠고, 내가 할 수 있는 코딩이 누군가의 필요를 채운다는 생각에 코딩에 대한 동기부여가 정말 많이 됐었다. 코딩을 즐겁게 지속하기 위해서는 내가 만드는 프로그램을 왜 만들어야 하고 왜 계속 유지보수 해야 하는지에 대한 확실한 동기가 있어야 한다. 그러한 동기는 내가 만든 프로그램으로 도움을 받는 사용자들이 있을 때 극대화한다.

그렇다면 어떻게 자신이 만든 프로그램을 배포하면 좋을까? 스마트폰 앱과 같은 경우는 개인 개발자가 만든 앱을 각 통신회사나 스마트폰 업체의 공식 마켓을 통해 쉽게 배포할 수 있다. 일반 프로그램의 경우, 개인 홈페이지나 블로그를 통해서 배포할 수 있고 알릴 수도 있다. 본인이 속한 온라인 커뮤니티 사람들에게 유용한 프로그램을 만들었다면, 온라인 커뮤니티 게시판을 통해 홍보를 할 수도 있을 것이다. 일반 프로그램의 경우, 깃헙의 배포 메뉴를 통하는 방식도 있다. 깃헙은 각 프로젝트 저장소별로 Release라는 메뉴를 제공해준다. 개발자들이 만든 프로그램의 패키지를 버전별로 올릴 수 있도록 지원도 해주며 버전관리도 체계적으로 할 수 있는 간단한 기능을 제공한다. 아래는 필자가 연구하면서 만든 소프트웨어 결함을 예측하는 간단한 프로그램을 깃헙의 Release 메뉴를 통해 공개한 화면이다.

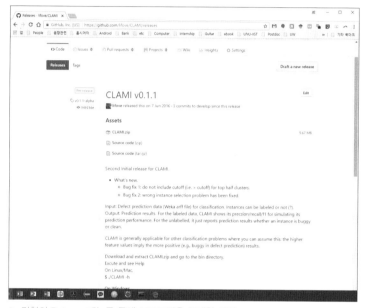

▶ 깃헙의 Release 메뉴를 통해 프로그램을 공개한 화면

자신의 코드와 프로그램이 깃헙에 공개가 되면, 해당 프로그램을 원하는 누군가가 있다면 구글 등의 검색 엔진을 통해 검색될 수 있고, 어떤 사용자가 그 프로그램을 통해 혜택을 보게 된다면 코딩을 하는 즐거움과 보람을 느낄 수 있을 것이다. 간혹 사용자들이 댓글 등으로 격려의 말이나 현재 프로그램의 문제 등을 알려주기도 한다. 이러한 소통이 계속되면, 코딩의 기회도 자연스럽게 많아지고 취미이든 전문 개발이든 즐거운 코딩을 경험할 수 있게 될 것이다.

맺으며

코딩 학습은 새로운 언어를 배우는 것과 같다. 언어의 가장 중요한 목적 중 하나가 소통이다. 코딩을 통해 컴퓨터와의 소통에 성공하면 그 부산물인 프로그램은 결국 다른 사람들이 사용하게 된다. 결국 코딩은 사람들과의 소통이란 말이다. 소통의 동기가 생기면, 코딩 학습은 해외에 있는 외국인 친구와 소통하기 위해 외국어를 공부하는 것과 별반 다르지 않다. 펜팔을 하면서 영어를 공부하듯, 편지 쓰듯 코드를 작성할 수 있다. 바로 컴퓨터에게 편지를 쓰는 것이다. 우리의 생각과 표현을 명확히 하고 또 추억하기 위해, 주석이라고 불리는 코딩 일기를 쓸 수 있다. 이런 모든 일련의 과정으로 코딩에 익숙해지면, 다양한 코딩 스타일로 나만의 프로그램을 만들 수 있다. 코딩 스타일에 따라 운문식 코딩과 산문식 코딩에 대해서도 살펴보았다. 그리고 훌륭한 필력의 작가들이 다독과 다작을 통해 문단의 정상에 오르듯, 취미로 시작한 코딩도 다독, 다작을 통해 다른 사람들의 필요를 채워주는 훌륭한 프로그램을 짤 수 있는 경지에 오를 수 있게 된다. 이러한 배움의 끝을 보기 위해 필자가 생각하는 다독과 다작을 위한 공부법을 소개해 보았다.

한국만 해도 스마트폰 없는 사람이 없고, 대부분의 가전 제품에 작은 컴퓨터들이 다 들어있다. 대한민국에 존재하는 컴퓨터의 수는 대한민국 인구보다 많을 것이다. 우리가 매일 같이 관계를 맺고 있는 컴퓨터와 소통할 수 있는 방법이 코딩이기에, 누구나 코딩을 경험하고 배울 필요가 있다고 생각한다. 필자가 코딩을 국어의 관점에서 풀어간 이유는, 코딩 학습이 이공계만의 전유물은 아니라는 것을 분명하게 보여주기 위함이다. 필자도 철학과를 진학하기 원했던 인문계 출신 학생이었다. 필자가 코딩을 통해 경험했던 소통의 갈망이 잘 전달되어, 누군가에게는 컴퓨터와 소통하는 방법을 배워볼까라는 또 코딩을 배워볼까라는 동기가 부여될 수 있기를 깊이 소망해 본다.

프로그래머를 포기할까 무수한 고민을 극복하고

전상현(아키텍트, 보안 전문가)

Q. 간단한 자기 소개 부탁드려요.

A. 인생을 압축해서 살아버린 개발자입니다. 얼굴만 그런 게 아니라 실제로 엉망진창 좌충우돌의 연속이었어요. 그 열악한 환경에서 아직 죽지 않고 살아남았다는 것에 감사하며 살고 있습니다.

Q. 요즘 리얼리티 프로그램이 대세잖아요. 하루 일과를 그냥 가감없이 보여줌으로써 시청자도 같은 감성을 공유하거나 삶을 간접적으로 체험한다거나. 이런 관점에서 하루 일과를 공유해주신다면?

A. 저는 대략 8시쯤 무거운 몸을 일으켜 간신히 아침 먹고 출근, 회의와 각종업무로 일과 시간의 대부분을 소비합니다. 실질적 개발업무는 개별 업무 사이 30분~1시간, 혹은 5분, 10분 정도의 짬에서도 해내야 정해진 일정을 마무리할 수 있는데요 그래서 평소에도 단시간에 정해진 요구사항을 끝낼 수 있도록 유닛테스트나 코드 구조를 잘 설계해두려고 노력합니다.

그렇게 퇴근하면 집에서 간단히 저녁을 먹고, 운동하러 갑니다. 요즘은 무에타이를 배우고 있는데요. 한 시간 만에 기력을 쏙 빼놓기 좋은 운동인 것 같습니다. 그 후 집에 돌아오면 간단히 씻고, 물 한

잔 들이킵니다. 드라마 속 배우들처럼 우아하게 마시는 게 아니라 뭔가 안 먹으면 죽을 것 같아서 살기 위해 벌컥벌컥 마십니다. 진짜 많이 목마르거든요. 이렇게 일주일에 3일 이상은 규칙적인 운동을 하면서 체력을 유지하고 있습니다

곧이어 티비를 켭니다. 동시에 작업용 노트북도 켭니다. 티비를 흰자(?)로 보고, 귀로 들으면서 나머지는 노트북을 응시합니다. 이 때는 업무 시간에 못다한 개발 업무나 자기계발에 필요한 일을 합니다. 대충 새벽 1시쯤엔 마무리하는데, 평균적으로 하루 2-3시간 정도를 투자한다고 보면 됩니다. 저술한 책도 이 시간을 활용해서 나온 거지요.

그렇게 잠자리에 들면 이번엔 꿈 속에서 버그와 마감에 사투를 벌입니다. 끄응~. 그러다 아침이 되면 다시 무거운 몸을 일으키며 눈을 뜨는 것이죠. 요게 제 평일의 일상입니다. 너무 보잘것없네요.

Q. <u>프로그래밍 공부를 시작하게 만든 강력한 동기가 무엇이었나요?</u>

A. 솔직히 말씀 드리면 "그 당시에 할만한 게 없었다"는 것이 강한 동기(?)였던 것 같습니다. 학창 시절의 제 모습을 떠올려보면 공부도 못하고 운동도 못하는데 심지어 내성적이라 친구들과 사교성도 떨어져서 보통 혼자만의 시간을 많이 가졌었습니다. 그래서 기껏 시간 때우는 일이 오락실 게임 정도였던 것 같습니다. 그런데 오락실은 깡패도 무섭고 주변에서도 못 가게 말리잖아요. 그러다 대안으로 컴퓨터 쪽에 빠지게 되었습니다.

아, 생각해보니 오락실도 못 가고 게임기를 사주지도 않아서 게임을 못하게 되니 내가 직접 개발해서 해야겠다는 생각도 꽤 강했던 것 같습니다. 어린 나이에…(ㅁㅁ);

Q. 맨처음 누구나 프로그래밍 공부는 막막할 것 같습니다. 혼란스러웠던 시기의 에피소드를 얘기해주실 수 있는지요?

A. 저는 습득이 꽤 느린 편인 것 같습니다. 그래서 새로운 것을 접하면 솔직히 설렘보다는 두려움이 더 앞서는 성격을 갖게 되었는데요, 그런 면들이 개발자로서 유리한 것은 아니었습니다. 지금의 개발자가 되기까지 무수한 위기(프로그래머라는 꿈을 접을까 하는)가 있었지만 지금도 생생히 기억하는 것은 대학교 때 수업으로 처음 윈도우 API를 접할 때였습니다.

프로그래밍이라는 게 단순히 내가 생각하고 만든 로직만으로 움직이는 것이 아니라는 것을 처음 알게 되었을 때였거든요. 저와 같은 성격은 잘 만들어진 프레임워크나 운영체제의 철학을 학습하기에 참 힘들었습니다. 진심 그때 전공을 바꾸려고까지 생각했었죠.

Q. 자신만의 프로그래밍 공부법이 있으셨을 것 같습니다. 초창기, 성장기, 그리고 현재 왕성하게 활동하고 있는 기간, 이 세 기간으로 나누어서 소개해주실 수 있나요?

A. 초창기에는 다짜고짜 기술 서적을 많이 사서 읽었습니다. 가벼운 책들 위주로 지하철로 통학하면서 평균적으로 하루에 한권 정도 읽었던 것 같아요. 그러다 시간이 오래 걸리는 책이 걸리면 곁에 두고 하나씩 꼼꼼하게 봐야 했고요.

성장기에는 최대한 코딩을 많이 해봤습니다. 개인적인 활동을 이것저것 늘려가며 코딩을 안하면 안 될(?) 환경을 만들었고요, 그러다 심하게 데인 적(며칠 동안 날밤 새고, 납기일 빵꾸(?) 내고 등등)도 많긴 한데 그러면서 욕도 많이 먹고 실력도 성장할 수 있었던 것 같습니다.

그리고 그 이후에는 완숙기라고 해야 하나요? 여하튼 그때는 다른 사람 코드를 많이 봤습니다. 사실 초창기나 성장기 때도 다른 사람

코드를 보면 좋겠지만 어떤 코드가 좋은 코드인지 아닌지 분간하기가 어렵잖아요. 어느 정도 삽질로 다져진 상황에서 다른 사람 코드를 보면 옥석이 구분됩니다. 때로는 남들은 평범하게 넘길 수 있는 테크닉도 저에게는 엄청나게 획기적으로 다가오기도 했습니다. 실제로 제 부족한 부분을 채워주는 오아시스가 되었고요. 결국 석이든 옥이든 그것에서 진짜 중요한 것을 얻으려면 코드 보는 눈이 있어야 한다는 점이죠.

Q. 프로그래밍 공부에서 알고리즘이나 수학이 중요하다고 하는데요. 꼭 그런가요?

A. 혹시 그거 아세요? 알고리즘과 수학, 프로그래밍의 공통점이 있습니다. 바로 공학적 사고가 필요하다는 것이죠. 공학적 사고는 별게 아닙니다. 발산과 수렴의 연속체입니다. 여기서 발산은 얼마나 많은 경우의 수를 생각할 수 있는가의 문제이고, 수렴은 그 많은 수 중에서 가장 적절한 것을 선택할 수 있는가의 문제입니다.

그래서 저는 알고리즘이나 수학이 프로그래밍 공부에 무척 중요하다고 생각합니다. 단, 제대로 알아야 합니다. 어지간히 알고리즘을 이해하거나 수학을 한다고 하면 그다지 도움되지 않을 것 같아요. 하나를 알더라도 그것의 원리를 깊게 알고 있으면, 그 원리에 도달하기까지의 수많은 발산과 수렴 과정도 같이 알게 됩니다. 그렇게 되면 프로그래밍할 때 자연스럽게 더 많은 발산과 더 빠른 수렴을 하게 도와주는 것이죠.

Q. 프로그래밍에서 중요한 것 세 가지만 꼽는다면 무엇이 있을까요? 세 가지 넘어도 됩니다.

A. 저는 프로그래밍 기술보다는 마인드가 중요하다고 보는데요. 패배의식과 자만심, 그리고 오만함을 꼽고 싶습니다.

사람마다 다르겠지만 프로그래밍은 내가 남들보다 뒤쳐졌다는 데에서 더 열심히 공부해야겠다는 의욕을 불태우게 만듭니다. 그리고 자만심은 공부하다 지쳤을 때 지금까지 본인이 쌓아 올린 기술력과 업적으로 자존감을 키울 때 필요합니다. 또, 오만함은 내가 남들보다 앞섰기 때문에 발휘할 수 있는 영향력으로 주변의 누군가에게 패배의식을 심을 때 필요합니다. 그러다 본인이 역으로 패배하면 다시 패배의식부터 시작해서 자만심과 오만함의 굴레를 다시 밟게 됩니다.

이렇게 세 단계의 마인드를 지속적으로 반복하며 자신도 성장하고 주변 사람들도 성장하게 만들지 않을까 생각되네요. 코드의 가독성이나 성능, 안정성 등은 그 다음의 문제일 것 같습니다. "성장"한다는 의미는 코드 자체의 양과 질이 높아진다는 것을 의미하는 것이니까요.

Q. 닮고 싶은 프로그래머가 있나요? 동료도 좋고 유명한 프로그래머도 좋습니다. 그리고 그 이유는?

A. 개발 초년에 만났던 팀장님입니다. 어린 나이에도 불구하고 알고 있는 것도 많고 개발 지식이 출중했죠. 웃기는 것은 아직까지도 그 정도 경지에 오른 사람을 현업에서 보지 못했다는 겁니다. 저는 시작부터 끝판왕을 만나버린 것이죠. 그 덕에 개발자로 살아오는 내내 그 정도 수준에 도달해야 한다는 생각으로 더 열심히 살아왔던 것 같습니다.

대체 얼마나 대단했길래 라고 궁금해하실 수 있어서 몇몇 키워드를 전해드리면 메타 프로그래밍, 크로스플랫폼, 분산 처리, 천만 개가 넘는 객체의 테스트, 코드 보안 설계가 그분께는 주된 관심사였습니다. 그분이 각 분야에 얼마나 능통했는지는 당시에는 몰랐고 제 개발 경력이 쌓이면서 차차 알게 되었습니다. 실무에서 제가 겪은 진짜 풀기 어려운 문제들은 한참(몇 개월 혹은 몇 년)을 삽질해야 간신히 해결 방법을 찾을 수 있었는데 문득 그때 팀장님이 했던 말이 이거였구나 하고 소름이 끼친 경우가 종종 있었거든요.

알게 모르게 재야에는 그런 말도 안 되는 수준의 고수(구루?)들이 있답니다. 언제 어디서든 긴장의 끈을 놓지 마세요.

Q. 처음 프로그램다운 프로그램을 만든 경험담이 있으신지요? 어떤 프로그램이었나요? 그리고 지금 생각해보면 그 프로그램은 프로그래머 인생에서 어떤 역할을 했다고 생각하나요?

A. 하나 기억납니다. 바로 공중파 방송을 수신해 영상과 음성, EPG 등을 보여주는 것이었습니다. TV와 비슷하다고 볼 수도 있는데요, 다른 점은 공중파의 컨텐츠를 제공하는 것이 목적이 아니라 방송사에서 의도한 대로 영상이나 음성이 나오는지 판단하는 것이었습니다. 그래도 기본적으로는 공중파의 모든 데이터를 파싱하여 화면과 음성으로 뿌려줘야 했었는데 저는 공중파에서 그렇게 많은 데이터가 실시간으로 실려오는지를 처음 알게 되었었습니다. 진짜 개발해야할 양은 어마어마하게 많았었죠.

일단 프로그램 개발은 제가 전담했었습니다. 완전 쌩(?)으로 들어오는 MPEG2-TS 데이터를 가져다가 파싱하고 조립해서 보여주는 과정의 모든 것을 구현해야 했었죠. 알아야 할 표준 규격 문서(RFC)도 얼마나 많던지…(엉엉)…진짜 코딩하다 죽어버리는 줄 알았습니다. 그런데 문제는 MPEG2-TS 데이터를 수신하는 드라이버 모듈은 리눅스 버전밖에 없었고 화면에는 쉐이더를 이용해 OpenGL로 그려야 했으며, 영상이나 음성 데이터를 복원하려면 멀티미디어 처리 기술이 필요했습니다. 게다가 실시간 데이터 양은 초당 수십 MB 수준이라서 각종 예외에 따른 스트리밍 처리에도 신경 써야 했습니다. 진짜 무자비하게 어려웠습니다.

지옥 같은 시간이 흘러 결국 완성했었는데요. 덕분에 몇 가지를 배웠습니다. 서로 다른 분야의 기술을 섞는 것은 위대(?)하다. 열정과 패기만 있으면 못할 것이 없다. 다신 이렇게 빡시게(?) 개발하지 말자 정도 되겠네요. 그 이후로는 실무에서 아무리 어렵고 힘든 일을 겪더라도 그보다 힘들지는 않았기 때문에 저에게는 예방주사와 같은 역할을 했다고 생각합니다.

Q. 책을 쓰신 저자시잖아요. 어떤 책을 쓰셨으며 책을 쓴 이전과 이후에 달라진 점이 있나요? 책 집필을 통해 얻은 것은 무엇이었나요?

A. 처음은 『보안에 미쳐라』라는 가벼운 교양 서적이었습니다. 저를 포함한 네 명이서 공동 저술했었어요. 그리고 두번째는 "크로스플랫폼"이라는 주제로 쓴 기술 서적입니다. 현재 출간 마무리 단계에 있는데 이번에는 혼자 써봤습니다.

글쎄 책을 쓰고 달라진 점이라 하면 매달 200만원씩 원고비가 들어오고요. 매달 저자들의 모임에 나가 격조 있는 대화를 나눕니다. 그리고 제가 받는 연봉도 그 전에 비해 두 배 정도 오르고요. 페이스북에는 저를 팔로우 하는 사람들만 천여 명은 됩니다.

라고 말하고 싶은데요. 별로 달라진 게 없는 것 같습니다.(ㅠㅠ) 그저 제가 부족한 부분만 잔뜩 더 알게 되었다고 할까요? 이상하게도 개발하다 보면 하나를 알면 모르는 둘이 보이는 게 반복됐었는데 저술도 마찬가지인 것 같아요. 어휘력도 논리력도 정리력(?)도 아 정말 하찮다는 것을 뼈저리게 느꼈고요. 정작 내용 작성할 때도 내가 모르는 것들투성이였다는 것도 알게 됩니다. 그래도 남는 거라고는 보람(?) 정도는 있는 것 같아요.

아참, 이것도 있네요. 나는 죽어도 책은 남겠구나 하는 약간의 안도감? 나도 모르게 영생을 추구하고 있었나봐요~.

Q. 프로그래머라서 행복할 때는 그리고 불행하다고 생각할 때는?

A. 오프라인에서 사람들이 겪는 불편함이나 문제를 해결해서 그들이 만족하는 모습을 볼 때 행복합니다. 최근에는 배드민턴 클럽에서 사용하는 경기 관리 툴을 만들어 운영해봤는데 생각보다 많은 사람들이 여러 불편함에서 해방됐다고 합니다. 그런 이야기를 들을 때마다 정말 날아다닐 만큼 행복한 것 같아요. 아 정말 개발자라서 다행이다 싶습니다.

불행하다는 생각은 사실 불현듯 찾아오는데요, 너무 눈에 안 보이는 세상에서만 살고 그 속에서 만족하며 살다가 현실 세계에서 초라한 제 모습을 발견할 때입니다. 뭔가 옷차림도 꾀죄죄하고, 얼굴 표정도 무표정에 굳어져버린 것 같고 하는 현실에서의 제 모습을 가끔 발견하거든요. 그럴 때는 나도 사람들과 좀더 소통하고 외모에 투자해야 하는 직군에 있었으면 하는 욕심은 좀 생깁니다. 뭔가 내가 갖지 못한 게 너무 많다는 생각에 불행할 때가 있어요.

Q. 지나온 과거를 돌이켜볼 때, "아~ 그때로 돌아가면 이런 공부를 좀 하고 싶다"라는 게 있는지요?

A. 저는 외국의 언어와 문화를 배우고 싶습니다. 어릴 때부터 그다지 다른 적성은 크게 찾아보지 않고 코딩만 해왔던 게 후회될 때가 있습니다. 뭔가 제 인생은 흑백사진 같다고 해야 할까요. 좀더 다채로운 사람과의 교류와 문화를 경험했다면 제 인생에 여러 가지 색깔이 입혀졌을 것 같아요. 그 시기를 중학교 시절쯤으로 봅니다. 그때부터 새로운 세상에 눈을 떴으면 지금 제 인생은 어땠을까요. 흠… 그래도 별거 없었으려나(흠흠).

죽을 때까지 공부해야 하는 웹이라는 놈

양용석(웹 퍼블리셔)

Q. 간단한 자기 소개 부탁드려요.

A. 안녕하세요. 제 이름은 양용석이라고 합니다. 메인으로 하고 있는 일이 웹 퍼블리싱입니다. 웹 퍼블리싱을 간단하게 소개하자면, 웹 페이지의 뼈대가 되는 웹 디자인과 HTML & CSS를 근간으로 웹에서 작동하는 자바스크립트까지 작업을 주업무로 하며, 최종 사용자가 보는 웹 페이지를 완성하는 업무라고 할 수 있습니다. 저는 지금까지 대기업에서부터 소규모 벤처까지 직장 생활을 10여 년 했었고, 프리랜서 생활도 10여 년을 하다, 현재는 제주에서 조그마한 회사를 창업해서 열심히 일을 하고 있습니다.

Q. 요즘 리얼리티 프로그램이 대세잖아요. 하루 일과를 그냥 가감없이 보여줌으로써 시청자도 같은 감성을 공유하거나 삶을 간접적으로 체험한다거나. 이런 관점에서 하루 일과를 공유해주신다면?

A. 현재는 창업을 해서 하루 일과가 다른 직장인들과 거의 차이가 없습니다. 하지만 1년여 전만 해도 프리랜서 생활을 했던 경험이 있어, 그때 상황을 잠깐 소개해 드리면, 프리랜서라는 직업이 남들이 볼 땐 상당히 멋있게 보이지만, 사실 이것만큼 치열한 직업도 없습니다. 모든 업무를 본인 혼자서 다해야 하거든요. 영업부터 기획서, 견적서 등등 서류작업도 만만치 않습니다. 하지만 프리랜서는 자기가 원하는 일을 골라서 할 수 있다는 최대의 장점이 있죠. 프리랜서

일 때 하루 일과는 약간 불규칙합니다. 오전에는 사실 일에 가장 집중할 수 있는 시간입니다. 특히 저처럼 애가 셋씩이나 있는 경우 애들이 학교를 마치고 돌아오면, 더 이상 일을 진행할 수가 없습니다. 따라서 그 전날에 오전에 할 업무를 미리 선정해 놓고, 오전 2~3시간을 집중적으로 일을 하고, 오후에는 보통 자료를 찾거나, 웹 트렌드가 어떻게 돌아가는지, 요즘 나오는 신기술은 어떤 것이 있는지 조사를 하는 편입니다. 그리고 저녁 시간에는 주로 넷플릭스를 시청하고, 10시 이후에 내일 작업할 부분에 대한 간단한 정리를 하는 편입니다.

Q. 프로그래밍 공부를 시작하게 만든 강력한 동기가 무엇이었나요?

A. 저의 호기심이죠. 어떤 웹 페이지를 보면, 이런 페이지는 어떻게 만들지 하고 굉장히 궁금해 합니다. 그래서 저는 그런 웹사이트는 항상 소스코드를 봅니다. 그래서 소스코드 내부에 있는 코드를 보면서, 한번 따라해 보거나, 관련 스크립트 코드를 조사해 봅니다.

Q. 맨처음 누구나 프로그래밍 공부는 막막할 것 같습니다. 혼란스러웠던 시기의 에피소드를 얘기해주실 수 있는지요?

A. 웹 개발이 초창기에는 HTML 내부에 모든 코드를 직접 입력하는데, 웹 표준의 시대가 오면서 CSS가 웹 개발의 핵심이 되어 버립니다. 하지만 아시다시피 기존의 방식에서 새로운 방식으로의 전환기에는 정말 많은 혼돈이 오게 됩니다. 아직 익숙하지 않는 CSS에 매달리는 것보단 예전 방식으로 그냥 짜는 것이 "시간과 정신건강에 매우 좋을 것 같다"라는 생각이 머릿속에서 떠나질 않습니다. 하지만 딱 그 시기만 지나면, 나중에는 예전 방식을 절대 사용할 수 없습니다. 현재는 책을 집필할 때 예전 방식에 대해서 설명을 해야 하는데, 예전 방식의 코드를 짤 수 없죠. HTML 단독으로 웹 페이지를 만드는게 얼마나 무식한 일인지를 절대적으로 깨닫고 있는 중입니다.

Q. 자신만의 프로그래밍 공부법이 있으셨을 것 같습니다. 초창기, 성장기, 그리고 현재 왕성하게 활동하고 있는 기간, 이 세 기간으로 나누어서 소개해주실 수 있나요?

A. 자신만의 공부법은 이쪽 세계에서는 호기심이 제일 중요합니다. 제일 좋은 방법은 독학입니다. 혼자 스스로 모든 것을 터득하는 것이 가장 실력을 빨리 쌓을 수 있는 방법입니다. 그 이후에 모르는 문제는 커뮤니티나 스택스킬stackskill 같은 곳에서 해답을 찾을 수 있습니다.

초창기에는 정말 독학으로 모든 기술을 습득했습니다. 대학교때 인터넷을 처음 접하고, 인터넷으로 웹 페이지 만드는 방법을 혼자서 터득했습니다. 1996년도부터 개인 홈페이지를 만들었는데, 두산에서 운영하는 인터피아에서 개인 홈페이지 부분에서 방문자 수 2위를 달성하고 있었습니다. 당시만 해도 홈페이지를 만들 수 있는 인력이 정말 드물었고, 내가 만든 홈페이지는 나만 모르고 있었는데, 정말 유명했던 것이었습니다. 그래서 그때 두산정보통신에 입사할 수 있었습니다.

성장기는 두산정보통신에 있었을 때 많은 경험을 쌓을 수 있었습니다. 이때부터는 개인 홈페이지가 아니라, 회사 홈페이지를 관리해야 했기 때문이죠. 따라서 당시부터 아마존을 이용해서 책을 많이 구입하고, 그 책을 기본으로 많은 공부를 할 수 있었습니다. 그 이후에는 웹의 발달에 따라 좇아가기도 힘든 상황입니다. 초창기에는 저 혼자서 모든 것을 다 할 수 있어서 웹 마스터라는 직업도 있었는데, 이젠 웹 마스터라는 명칭을 사용할 수 없습니다. 웹 개발이 너무 세분화하여 매일 새로운 기술이 쏟아져 나오고 있기 때문이죠. 지금까지 인터넷 쪽은 죽을 때까지 공부해야 할 것 같아요.

Q. 프로그래밍 공부에서 알고리즘이나 수학이 중요하다고 하는데요. 꼭 그런 가요?

A. 네 정말 중요합니다. 무조건 수학이 최고입니다. 근데 제 분야에서는 굳이 중요치 않긴 해요. 웹 디자인이나 HTML5 그리고 CSS3 까진 수학이 별로 필요 없는데, 자바스크립트라는 프로그래밍으로 넘어가면 수학이 중요해집니다.

Q. 프로그래밍에서 중요한 것 세 가지만 꼽는다면 무엇이 있을까요? 세 가지 넘어도 됩니다.

A. 도전 정신, 끈기, 창의성, 이 세 가지입니다.

Q. 닮고 싶은 프로그래머가 있나요? 동료도 좋고 유명한 프로그래머도 좋습니다. 그리고 그 이유는?

A. 아뇨. 저는 처음부터 혼자였고, 지금도 혼자예요.(ㅠㅠ) 그래서 누구를 닮고 싶은 프로그래머는 없어요. 제임스 고슬링이나 리누즈 토발즈 그리고 데니스리치 같은 천재들을 제가 어떻게 닮고 싶을 수 있나요. 그들은 천재입니다. 인류를 위해서 하늘에서 내려준 천재들을 닮을 순 없어요. 숭배해야죠.

Q. 처음 프로그램다운 프로그램을 만든 경험담이 있으신지요? 어떤 프로그램이었나요? 그리고 지금 생각해보면 그 프로그램은 프로그래머 인생에서 어떤 역할을 했다고 생각하나요?

A. 최초의 제 개인 홈페이지죠. 그 개인 홈페이지로 인해서 현재의 제가 있을 수 있었습니다.

Q. 책을 쓰신 저자시잖아요. 어떤 책을 쓰셨으며 책을 쓴 이전과 이후에 달라진 점이 있나요? 책 집필을 통해 얻은 것은 무엇이었나요?

A. HTML5&CSS3, 워드프레스, 부트스트랩 그리고 SASS 관련 책을 썼습니다. 그러고 보니 모두 로드북 출판사네요. 이전과 이후 달라진 점은 별로 못 느끼는데, 가끔 독자들이 내가 쓴 책으로 많은 도움을 받았다고 이야기할 때 그리고 나의 유산이 남겨진다는 그런 느낌(?)이 상당한 장점이라고 생각됩니다. 특히 우리 애들에게 아빠가 하는 일에 대해서 알려줄 수 있다는 것, 그리고 책의 저자라는 점은 프리랜서로 일할 때 (사이트 수주를 받아내야 할 때) 특히 도움이 많이 됩니다. 그리고 책 집필은 약간 중독성이 있어요. 금전적인 것보다, 책이 출간되어 시장에 나올 때 그 느낌, 책 저자가 아니면 느끼기 힘든 중독성이죠.

Q. 프로그래머라서 행복할 때는 그리고 불행하다고 생각할 때는?

A. 새로운 도전과 새로운 기술이 매일 매일 펼쳐지는 행복과 불행이 다가오는 기분을 아실까 모르겠네요. 진짜 도전 정신이 충만해지다가, 갑자기 불행해지기도 합니다.

Q. 지나온 과거를 돌이켜볼 때, "아~ 그때로 돌아가면 이런 공부를 좀 하고 싶다"라는 게 있는지요?

A. 대학 시절에 데이터베이스와 C 관련 프로그래밍을 제대로 했었으면, 하는 아주 조금 후회가 되네요. 대학 시절에는 왜 그렇게 공부가 하기 싫었던지.

너덜너덜해진 책 한권 정도는 있어야

송재운(웹 프로그래머)

Q. 간단한 자기 소개 부탁드려요.

A. 업무 시스템을 개발하는 웹 프로그래머입니다.

Q. 요즘 리얼리티 프로그램이 대세잖아요. 하루 일과를 그냥 가감없이 보여줌으로써 시청자도 같은 감성을 공유하거나 삶을 간접적으로 체험한다거나. 이런 관점에서 하루 일과를 공유해주신다면?

A. 오전 6시에 일어나서 프로젝트 사무실에 9시까지 출근, 출퇴근 시간이 1시간 30분 정도 되기에 전철에서 책이나 영화를 봅니다. 사무실에 출근을 하면 바쁘지 않으면 오후 8시 바쁘면 9시 이후까지 개발을 합니다. 개발은 많은 분들이 생각하는 5분 정도의 스탠딩 회의라든지 회의를 하면서 개발하려는 부분에 어떤 디자인패턴을 쓸지 어떤 구성을 할지 논의하고 이슈가 있을 것 같은 부분은 포스트잇을 붙여 체크하는 과정은 거의 찾아보기 힘듭니다. 'SI 프로젝트에 그러한 방식이 있을까…' 항상 일정에 쫓겨 정신 없이 개발을 합니다. 퇴근을 하고 집에 오면 늦은 저녁을 먹고 잠시 앉아 있으면 취침 시간입니다.

Q. 맨처음 누구나 프로그래밍 공부는 막막할 것 같습니다. 혼란스러웠던 시기의 에피소드를 얘기해주실 수 있는지요?

A. 대학 시절에는 도서관에 있는 프로그래밍 관련 책을 거의 다 읽어 봤던 것 같습니다. 스스로 생각하기에는 굉장히 노력하고 있는 것 같은데, 막상 개발을 하려고 키보드에 손을 올리면 손가락이 움직여지지 않고, 그래서 불안해서 다시 책을 보고 그래도 실력은 제자리고, 그렇게 앞으로 나아가지지 않고 제자리에 맴돌던 시기가 굉장히 힘들었던 것 같습니다.

목적지가 멀어도 보이기라도 하면 희망을 갖고 앞으로 나아갈 텐데, 그 목적지마저 보이지 않은 상태에서 한발한발 앞으로 내딛는다는 게 많이 힘들었습니다.

Q. 자신만의 프로그래밍 공부법이 있으셨을 것 같습니다. 초창기, 성장기, 그리고 현재 왕성하게 활동하고 있는 기간, 이 세 기간으로 나누어서 소개해주실 수 있나요?

A. 제 프로그래밍 공부법은 스스로 생각했을 때도 너무 빙빙 돌아가는 방법이었다고 생각합니다. 그래도 적어보자면 초창기 많은 책을 읽었습니다. 프로그래밍 언어마다 담고 있는 사상(?)이 다르기에 어떤 프로그래밍 언어는 이 부분이 쉽게 되어 있고 어떤 언어는 저 부분이 쉽게 되어 있습니다. 한 언어를 공부하다 어떤 개념에 막혔을 때 다른 언어를 보면 쉽게 풀리는 경우가 있어 그렇게 여러 책을 읽으며 공부했습니다.

성장기에는 인포메일에서 내가 공부하던 프로그래밍 언어의 개념에 대해서 발행을 했었습니다. 발행을 위해 남들이 이해할 수 있는 구조로 설명을 하려고 하다 보니 더욱 그만큼 성장을 했었습니다.

왕성한 활동시기에는 겁 없이 무조건 부딪히던 시기인 것 같습니다. 전혀 해본 적 없는 걸 시켜도 그냥 맨땅에 헤딩하면서 했습니다. 여러 책을 읽는 것도 중요하지만 너덜너덜해진 책 한 권 정도는 가지도록 하는 것입니다. 해진 만큼 자신의 실력이 올라감을 느낄 것입니다.

프로그래밍의 문법에 너무 치우치지 말고 어떻게 표현할지에 대해서 더 고민하라는 것입니다.

예를 들어, 1부터 10까지 숫자의 합을 구하려면?

1. "1+2+3….10"으로 더한다.

2.

　2.1 먼저 1부터 10까지 숫자의 [합을 담을 변수]를 만든다.

[int sum]

　2.2 1부터 10까지 [반복 숫자]를 만든다.

[int i]

　2.3 반복을 하면서 [반복 숫자]를 [합을 담는 변수]에 담는다.

[for i in 1..10

sum = sum + i]

알고리즘, 수학 공식 등은 나중에 공부해도 됩니다. 내가 머릿속에 생각한 것을 어떻게 프로그래밍으로 표현할지 고민하는 게 더 중요하다고 생각합니다.

Q. 프로그래밍 공부에서 알고리즘이나 수학이 중요하다고 하는데요. 꼭 그런가요?

A. 알고리즘에 대해서 거창하게 생각하는 경우가 많은데요. 개인적으로는 잘 모르겠습니다. 정렬을 더 빠르게 하기 위한 퀵정렬이라든지 검색을 더 빠르게 하기 위한 이진검색 이라든지 이러한 것만 알고리즘은 아니거든요.

1부터 10까지의 수의 합을 구하기 위해서는 어떤 방식으로 개발을 할까?

1. 1부터 10까지 반복하면서 하나의 변수에 그 수를 더한다.

2. 1과 10 사이에는 서로 같은 값을 가지는 쌍 [1,10] [2,9] [3,8] [4,7] [5,6]으로 구성되어 있으므로

(처음수+마지막수) * (더하는 갯수의 반) =〉 11*5 = 55

1번 방식이나 2번 방식이나 문제를 해결하기 위한 방법(알고리즘)이라고 생각합니다. 마치 복잡하고 어려운 알고리즘을 공부하고 복잡한 수학 공식을 익혀야 프로그램을 개발할 수 있는 것처럼 생각하는 경우가 많은데, 그렇지 않습니다.

프로그램이라는 건 그 구현 방식을 크게 나누면 "데이터"와 "데이터의 이동"입니다. 데이터를 담을 변수를 만들고 그 데이터를 필요 조건에 따라 이동시키는 일이죠. 대부분의 프로그램은 제어문(if문, for문)만 사용할 줄 알면 됩니다.

좀더 복잡한 알고리즘을 알면 그걸로 좋고 좀더 복잡한 수학 공식을 알면 그걸로 좋습니다. 물론 복잡한 알고리즘과 수학 공식을 이해하고 사용할 수 있다면 더 좋겠지요. 하지만 사용하지 않는다고 프로그램 개발을 못하는 건 아닙니다.

Q. 프로그래밍에서 중요한 것 세 가지만 꼽는다면 무엇이 있을까요? 세 가지 넘어도 됩니다.

A. 첫째도 둘째도 셋째도 끈기입니다. 개발을 빨리 하는 사람이 잘하는 사람이 아니라 끝까지 살아남는 사람이 잘하는 사람이라는 말이 있습니다. 다른 분야에서도 마찬가지겠지만 버티지 못하면 프로그래밍을 할 수가 없습니다.

Q. 처음 프로그램다운 프로그램을 만든 경험담이 있으신지요? 어떤 프로그램이었나요? 그리고 지금 생각해보면 그 프로그램은 프로그래머 인생에서 어떤 역할을 했다고 생각하나요?

A. "프로그램다운"은 아니고 제 인생에서 큰 영향을 준 프로젝트는 몇개 있습니다. 첫번째로 6개월 일정이었던 프로젝트가 1개월로 단축된 프로젝트가 있습니다. 고객사 사장의 한마디에 그렇게 바뀌었는데 이미 전단지까지 다 내보낸 상태라 무조건 개발을 해야 했거든요. 한달을 거의 사무실에서 생활하다시피 하며 개발을 했는데 그만큼 노력의 대가로 다행히 일정을 맞췄습니다. 이후 어떤 말도 안 되는 일정에 부딪혀도 겁나지 않더군요.

두번째로 국가 인증 시험 프로젝트였는데, 테스트 시나리오 대로 테스트를 해서 하나라도 어긋나면 불합격인 시험이었습니다. 회사 직원들과 몇 달 간 밤새면서 개발을 했던 터라 내가 만든 프로그램에서 오류가 날까봐 마우스를 한번 클릭할 때마다 심장이 덜컥 내려앉는 거 같더군요. 그때의 경험으로 이후 어떤 프로젝트도 견딜 수 있는 밑거름이 되었던 것 같습니다.

Q. **프로그래머라서 행복할 때는 그리고 불행하다고 생각할 때는?**

A. 프로그래머라서 행복할 때는 내가 좋아하는 일을 직업으로 갖고 있다는 것입니다. 내가 좋아하는 일이지만 좋아하는 일이 먹고 살기 위한 일이 되었을 때 마냥 즐길 수만 없다는 게 불행한 부분입니다. 또 하나는 IT 환경이 좀 나아지겠지 하며 지금껏 버텨왔는데 나이지기보단 갈수록 더 안좋아지는 것에 대해 불행보다는 착잡합니다.

Q. **지나온 과거를 돌이켜볼 때, "아~ 그때로 돌아가면 이런 공부를 좀 하고 싶다"라는 게 있는지요?**

A. 현재 소프트웨어 쪽에 일을 하지만 하드웨어쪽 공부를 해보고 싶다는 생각이 듭니다. 지금이라도 하면 되지 하는 생각을 할 수 있지만 그렇게 시간을 내기가 쉽지가 않은 것 같습니다.

교양 있는 당신을 위한
프로그래밍 공부법

박지현

프로그래밍이 필수 교양이라고 말하는 시대

2016년 3월 구글의 인공지능 알고리즘인 알파고가 이세돌 9단과의 바둑 경기에서 4대 1로 승리하였다. 그 전에 IBM의 인공지능 왓슨이 체스 경기에서 인간을 이긴 일은 있었지만, 바둑은 체스보다 훨씬 복잡하고 경우의 수가 더 많기 때문에 감히 컴퓨터가 도전하여 이기지 못했던 분야였다. 기계가 인간과 비슷한 판단 능력을 갖추게 되었음을 증명한 이 일은 많은 사람들에게 놀라움과 동시에 두려움을 안겨주었다. 연일 알파고가 가져올 미래의 변화에 대해 분석하고 대책을 이야기하는 논설들이 신문에 게재되었다. 많은 일자리가 기계에게 빼앗길 것이라는 부정적인 전망이 쏟아진 반면에, 사람들은 이제 어떤 전략을 가져야 하는지에 대한 얘기도 많았다. 특히 이러한 미래를 준비하기 위한 필수 요건으로 소프트웨어 교육의 중요성을 강조하는 목소리가 높아졌다. 그 결과 2018년부터는 중학교에서 프로그래밍 수업을 의무화하고, 2019년도에는 초등학교로 그 범위가 넓어질 예정이라고 한다. 프로그래밍 교육을 한쪽에서는 시대에 따른 자연스러운 선택으로 환영하는 한편, 다른 한쪽에선 벌써부터 프로그래밍 사교육에 대해 걱정하는 목소리도 높다.

사실 이런 컴퓨터와 프로그래밍에 대한 관심이 이번이 처음이 아니다. 90년대 후반 닷컴 버블이라 불리는 시대가 있었다. 미국 실리콘밸리에서 시작된 IT 벤처기업들의 깜짝 성공 신화는 전세계로 급속히 퍼져 나갔고, IMF를 겪으며 힘든 경제 위기 상황을 지나고 있던 우리나라도 예외는 아니었다. IT 기술, 특히 소프트웨어 기술은 큰 자본금 없이도 컴퓨터와 우수한 머리만 있으면 누구나 억만장자가 될 수 있다고 하니, 우리가 어릴 때부터 배웠던 땅덩어리 좁고 자원도 없지만 우수한 노동력과 끈기로 경제를 일궈온 우리에게 이것보다 더 적당한 유망 산업이 없었을 것이다. 필자 또한 닷컴 버블 시대에 컴퓨터공학을 전공하던 대학생으로, 컴퓨터와 인터넷이 변화시킬 미래에 대해 두근거리는 상상을 했었고, 미래에는 컴퓨터와 인터넷을 모르면 살아가기 어려울 것이라 확신했다. 그 시절 IT 벤처기업에 대한 기대는 20년이 지난 지금, 맞는 것도 있었고 다르게 전개된 부분도 분명히 있다.

닷컴 시대를 이끌 던 초기의 많은 기업 중 알타비스타AltaVista[01], 넷스케이프Netscape[02] 같은 회사는 적절한 비즈니스 모델을 발굴하는 데 실패하여 시장에서 사라졌다. 야후Yahoo 는 웹사이트와 뉴스를 편집하여 인터넷 포털 서비스를 제공하며 대표적인 인터넷 기업으로 승승장구했으나, 소셜미디어가 인터넷 서비스의 주류로 자리잡

---

01 알타비스타는 초창기 웹 검색 엔진을 개발했던 회사로, 이후 컴팩, CMGI, 오버추어를 거쳐 야후 서비스에 편입되었으나, 2013년 서비스가 공식 종료되었다.

02 넷스케이프는 초창기 시장의 90%를 차지했던 Netscape 웹 브라우저를 개발했던 회사로, 이후 AOL에 인수되었으나, 2008년 개발이 중단되었다.

게 된 2010년대 이후 내리막 길을 걸었다. 반면 아마존은 온라인 서점으로 시작했지만, 전자상거래로 사업을 넓히고, 클라우드 서비스를 제공함으로써 변화하는 인터넷 환경에 적절히 대응하여 오늘까지 승승장구하고 있다. 너무나 유명한 구글Google은 검색엔진으로 시작하여, 이제는 온라인 광고, 온라인 미디어의 최대 플랫폼이다. 한국에서 닷컴 시대에 시작해서 지금도 성공적으로 비즈니스를 이어가고 있는 기업이라면 네이버와 다음, 게임업계에서 엔씨소프트나 넥슨 등을 꼽을 수 있을 것이다. 안타깝게 사라진 기업들로는 프리챌과 싸이월드가 가장 기억에 남는다. 프리챌은 사용자에게 성급한 유료화를 시도하다가 시장의 외면을 받았고, 싸이월드는 페이스북Facebook의 등장으로 급격히 쇠락하였다. 필자 역시 프리챌과 싸이월드를 사용하던 유저 중 한 사람으로, 추억의 사진과 일기 등을 차곡차곡 웹 페이지에 기록하였다. 이렇게 사용자 수가 많고 유명한 인터넷 서비스가 문을 닫을 것이라고는 상상도 하지 못했기에, 나중에 글과 사진을 백업 받느라 무척 고생했던 기억이 있다.

그렇다면 1990년대 후반~2000년대 초반 인터넷 도입 초창기때의 소프트웨어와 프로그래밍에 대한 관심과, 지금의 빅데이터와 인공지능을 비롯한 4차산업혁명 시대의 소프트웨어와 프로그래밍에 대한 관심은 같은 것일까 다른 것일까. 필자가 기억하는 닷컴 버블 시대도 지금의 4차산업혁명 시대와 마찬가지로 코딩과 전산교육에 대한 관심이 가히 폭발적이라고 할 만했다. 전산전자나 컴퓨터공학 전공의 정원이 크게 늘어나고, 전공이 아닌 학생들도 사설 학원을 통해 3~6개월 프로그래밍을 배워 우후죽순 생겨나던 IT 벤처 기업에 프로그래머로 취업하였다. 수요는 많았으나 공급이 부족했던 시장에 단기간 양성된 초급 프로그래머의 양적 공급이 크게 늘어나게 된 것이다. 그러나 닷컴 버블이 지나간 2010년대 초반에는 소프트웨어 관련 직종에 지원하는 인력이 크게 줄어든다.[03][04] 많은 IT 벤처기업들이 스톡옵션 등을 약속하며 프로그래머들을 저임금으로 고용하였지만, 닷컴 버블이 꺼지고 난 다음 프로그래머들이 처한 현실은 장밋빛 가득했던 미래가 아니라, 저임금 장시간 노동이었다. 그 결과 소프트웨어 관련 직종은 대표적인 저임금 3D 업종으로 여겨지게 되었다.[05]

필자는, 그럼에도 불구하고 지금 소프트웨어 교육을 다시 강조하고 교육하려는 이유가 무엇인지 고민하였다. 아마도 알파고로 인해 전국민이 소프트웨어, 특별히 빅데이터와 인공지능이 미래의 먹거리 산업이 될 것이라는 희망과 함께 기계가 사람을 대체하는 미래가 올 것이라는 두려움 때문으로 보인다. 실제로 닷컴 버블은 허무하게 끝났지만, 20여 년이 지난 지금 닷컴 기업들이 예견했던 미

03 〈IT 인력 양성 말로만? 대학 정원 4년째 감소〉, 연합뉴스, 2011년 8월 11일(https://goo.gl/qFZWrb)
04 〈소프트웨어 파워 이대론 안 된다〉, 경향비즈, 2013년 5월 19일(https://goo.gl/j4hK5i)
05 〈초급은 '과잉' 고급은 '부족' SW 인력의 현실〉, 중앙일보, 2014년 8월 15일(https://goo.gl/XtLSrr)

래는 이미 와 있다. 20여년 전, 사람들이 손으로 쓰던 각종 문서들은 이제 완전히 디지털화하였고 스마트폰과 모바일 네트워크 덕분에 언제 어디서나 인터넷으로 세상이 연결된 경험을 하고 있다. 주민센터에 주민등록등본을 떼는 것과 같은 사소한 일부터 우리는 디지털 프로세스 안에 있다. 이제 사람들은 또 한 번의 디지털 변혁을 눈 앞에 두고 있다는 것을 안다. 이번에는 지금 우리가 누리고 있는 디지털 일상(온라인 쇼핑에서부터 전자결제까지)을 누구나 코딩으로 자동화automation, 개인화customization하는 단계로 나아갈 것이라고 본다. MIT 교수인 미치 레스닉Mitch Resnick은 2013년도에 〈Reading, Writing, and Programming〉이라는 TED 강연에서 디지털 문해력Digital Literacy을 강조한다. 디지털 문해력은 읽고 쓸 수 있으며, 프로그래밍 할 수 있는 능력이다. 이제는 프로그래밍을 이해하지 못하면 디지털 문맹이 되는 것이다. 2014년부터 우리나라도 소프트웨어 중심사회를 천명하며 모든 영역에서 소프트웨어를 이용한 문제 해결을 중요하게 다루기 시작했다.

핀테크, 인터넷 은행 등이 등장하자 은행들은 행원 대신 IT 인력을 뽑고 있으며[06], 자율주행차를 연구하는 자동차 회사들은 전통적인 엔지니어 대신 AI 프로그래머를 필요로 하고 있고[07], 광고 마케

---

06 〈은행, 4차산업혁명 대비 "IT인재 모셔라"〉, ZDNet Korea, 2018.04.13(https://goo.gl/LD6frC)
07 〈'자율주행, AI, 빅데이터까지' 미래차 기술…〉, 전자신문, 2017.05.10(https://goo.gl/bmrdGg)

팅 분야에서는 빅데이터 전문가가 전통적인 마케팅 인력을 대체[08]하고 있다. IBM 왓슨 인공지능 컴퓨터가 의사를 대신하여 환자를 진단하고[09], 이력서를 대신 읽어 평가[10]해주는 AI가 있다고 하니, 의사나 기업의 인사팀은 이제 필요 없는 것이 아닌가, 앞으로 사라지는 직업은 아닌가 걱정이 들기도 한다. 그래서 기계에 빼앗기지 않을 미래의 유망한 직업이 무엇인지 저마다 전망을 내놓기도 하고, 컴퓨터 프로그래밍은 꼭 배워야 하지 않는가 막연히 생각하게 되는 경우가 많다.

그러나 4차산업혁명 시대에 프로그래밍이 필수라고 하더라도, 사실 프로그래머가 더 필요하다는 것은 아니다. 오히려, 컴퓨터 프로그래밍으로 해당 분야의 문제를 해결할 줄 아는 해당 분야 전공자를 원하고 있다고 보는 것이 더 타당하다. 프로그래밍은 50년대 타자기, 90년대 워드 프로세서와 같은 하나의 도구일 뿐이라는 것을 생각해야 한다. 이전에 손으로 쓰거나 그려서 정보를 전달하던 것을 일정 부분 컴퓨터가 담당할 수 있도록 바꾼 것처럼, AI 시대에는 내 업무 중 일부, 특별히 대량의 데이터를 분석하고 종합하는 부분을 컴퓨터가 담당해 줄 수 있도록 업무를 나누어 주는 것이다. 컴퓨터 프로그램에 적합한 입력을 넣을 수 있고, 출력된 정보를 받아와

---

08 〈마케터여, 4P를 빨리 잊으세요〉, Digital Marketing Summit, 2017.03.13(https://goo.gl/XMnXAp)
09 〈왓슨, 인간의사와 진단 같나?...〉 중앙일보, 2017.04.06(https://goo.gl/c5JN5b)
10 〈AI가 내 자기소개서를 3초 만에 평가한다〉, 중앙일보, 2018.01.26(https://goo.gl/eKvfjF)

서 업무에 이용하는 것은 지금도 하고 있는 일이다. 다만 컴퓨터가 담당해주는 부분이 단순히 데이터 저장과 보여주기, 전송에서 나아가 점점 더 지능화, 효율화되어 가고 있는 것뿐이다. 컴퓨터가 무엇을 할지, 받은 데이터를 어떻게 처리하는 것이 올바를지는 인간 전문가들이 넣어줘야 하는 부분이다.

이런 시대에 프로그래밍을 할줄 안다는 것은 단순히 프로그래밍 언어를 능숙하게 다룰 줄 아는 사람이 된다는 것 이상이다. 가까운 미래에는 프로그래밍 언어를 능숙하게 다룰 줄 안다는 것은 지금 우리가 한글이나 워드 프로그램을 능숙하게 사용하여 문서를 만들어 낼 수 있다는 것과 다를 바 없는 말이 될 것이다. 불과 20년 전에 컴퓨터로 표를 그리고 다이어그램을 그리는 것이 그것 자체로도 특별한 능력으로 인정받을 수 있었지만 지금은 아닌 것처럼 말이다. 프로그래밍을 해서 '무엇'을 만들어 낼 것인가가 훨씬 중요하다. 그렇기 때문에 프로그래머가 아닌, 프로그래밍을 할 줄 아는 정치, 경제, 사회, 과학, 예술 전문가가 더욱 필요하다고 하는 것이다. 그러나 또 한편으로 이 말을 뒤집어 보면, 내가 정치, 경제, 사회, 과학, 예술 분야로 진출하고자 하더라도 이제 프로그래밍은 보편적 능력으로 가지고 있어야 한다는 말과 같다는 얘기이기도 하다.

교양으로써의 프로그래밍 공부의 위치

컴퓨터 프로그래밍이 이렇게 관심을 받다 보니, 각 대학마다 비전공자들을 위한 교양 프로그래밍 교과목을 개설하고 있다.[11] [12] 일정 부분 2015년부터 시작된 소프트웨어중심대학 사업의 영향도 있을 것이다. 하지만 컴퓨터라는 것 자체가 생소한 이전 세대의 학생들에게 MS 오피스 활용 정도가 적당한 컴퓨터 관련 교양이었다면, 이제 MS 오피스를 이미 중고등학교 때 다 사용해보고 오는 세대의 학생들에게 적당하다고 여겨지는 수준의 컴퓨터 교양 교과목은 다음 단계인 프로그래밍이라고 생각하기 때문인 것도 있을 것이다. 그러나 프로그래밍의 경우에는 MS 오피스와 달리 현실에서 직접적으로 사용할 수 있는 부분이 아직 없다고 생각하기 때문에, 교양으로 수업을 듣는 학생들의 경우 어떤 목표를 가지고 이 수업을 들어야 할지도 알지 못한 채 프로그래밍 문법의 어려움에만 사로잡혀 수업을 듣고 나서 오히려 프로그래밍에 대한 막연한 두려움만 키워버리고 마는 경우를 많이 보았다

---

11 〈고려대 서강대 등 7개大, 공학교육 필수교양으로〉, 한국대학신문, 2016.02.25(https://goo.gl/R72C4z)

12 〈서울대 경영대, 내년 신입생부터 코딩수업 의무화〉, 조선일보, 2017.10.09(https://goo.gl/CKv5oS)

필자는, 궁극적으로 일과 삶의 모든 영역에서 컴퓨터 시스템이라는 것은 뗄 수가 없는 부분이라는 것을 인정하고 생각해본다면 교양 프로그래밍 공부의 목적은 자유에 있다고 생각한다. 이미 컴퓨터와 내가 협력해서 일을 완수해야 하는 시대이다. 내가 컴퓨터가 담당하는 부분을 스스로 설계하고 수정할 줄 아는 사람이 되면, 정해진 시스템을 따르지 않고 내 상황에 맞게 필요한 업무 프로세스를 개선할 수 있는 능력을 갖출 수 있게 된다. 컴퓨터를 사용하지 않으면 안 되는 시대에, 컴퓨터 프로그램을 스스로 디자인할 수 없다면 우리는 항상 누군가에게 의존하는 삶을 살 수밖에 없다. 나의 꿈과 역량이 미리 정해진 컴퓨터 시스템으로 인해 제한을 받게 될 수도 있다. 내 삶의 주도권을 컴퓨터 혹은 컴퓨터 시스템을 만든 다른 누군가가 아닌 스스로가 가질 수 있게 하기 위해 프로그래밍을 배우라고 권하고 싶다. 배움이라는 것은 언제나 그런 것이라고 생각한다. 영어 공부를 하는 것, 심지어 운전면허를 따는 것도 궁극적인 목적은 삶의 주도권과 자유를 획득하는 것이 아닐까?

그렇다면 삶의 주도권과 자유를 획득하는 수준이란 어느 정도일까? 영어는 토익 몇점 식의 정량화한 기준이 있어서, 비록 그 점수가 실제 실력을 정확히 반영하지 못한다고 하더라도, 어느 만큼의 노력을 들일 것이며 결과적으로 무엇을 달성해내겠다 하는 계획을 세울 수 있다. 또 그 결과로 내가 현재 어느 정도의 위치에 있으며 무엇을 더 해야 할지 파악할 수도 있다. 그러나 프로그래밍은 내가 얼만큼 해야 잘하고 있는 것인지 기준이 되는 지표가 없어서 목표를 세우기 어렵다. 대부분의 교양 프로그래밍 교과목을 듣는 학생들은 프로그래밍이 앞으로 점점 더 중요해질 것이고, 그때를 대비해서 어느 정도는 알아 놓을 필요가 있다는 것은 동의한다. 그 어느 정도라는 것이 굉장히 천차만별이다. 어떤 사람은 프로그래밍 언어 하나를 마스터 하는 수준까지 배우기를 원하고, 또 어떤 사람은 프로그래밍이 무엇인지 궁금하다는 호기심, 교양 있는 미래 문명인이 되고자 하는 소박한 꿈을 가지고 공부를 시작한다. 저자는 후자의 경우, 즉 프로그래밍 교양을 갖추었다고 할 수 있는 정도, 직업인으로서 미래에 필요할 때가 되면 쓸 수 있을 준비가 되는 정도의 프로그래밍 능력을 갖추고 싶은 사람들은 프로그래밍을 어떻게 얼마나 공부하면 좋을지에 관해 다룰 것이다. 참고로 이 글에서는 다양한 전문용어가 나오지만 일일이 개념에 대해 설명해주지는 않을 것이다. 이 책의 목표가 공부법이기 때문에 "고기를 잡는 방법"에 치중해서 전체적인 맥락을 잡고 이해하는 수준으로 보면 될 것이기 때문이다.

먼저, 한번 생각해보자. 글쓰기나 음악에서 교양을 갖추었다고 할 수 있을 정도의 지식 수준은 어느 정도일까? 작가가 될 필요는 없지만 블로그는 쓸 수 있을 정도, 작곡을 하지는 못하지만 악보를 읽을 줄은 아는 정도가 아닐까? 나의 생각과 감정을 글 혹은 음악이라는 도구를 통해 표현할 수 있고, 다른 사람이 표현해 놓은 내용을 이해할 수 있어야 함이 기본이다. 또한 그 내용을 두고 서로 토론할 수 있고, 전문가적인 비평까지는 이르지 못하더라도, 비판적 토론의 결과를 통해 기존에 있던 내용을 수정, 변경하여 향상시킬 수 있다면 그 분야에 교양을 갖추고 있다고 말할 수 있을 것이다. 예를 들어 비트코인에 대한 JTBC 뉴스룸 토론을 보며 양측 토론자들의 견해를 이해하고 다시 동의든 반대이든 내 의견을 덧댈 수 있다면 비트코인 문제에 교양 정도는 갖추고 있는 것이다. 하지만 한국말이라 말은 알아듣지만 토론을 다 시청한 후 내 의견으로 정리된 것이 아무것도 없다면 비트코인 문제에 교양 수준의 지식이 있다고 할 수 없을 것이다.

다시 프로그래밍의 문제로 돌아가보자. 무엇을 어느 정도 알아야 프로그래밍에 교양 있는 사람이 되는 걸까? 필자는 다른 모든 의사소통 수단과 마찬가지로, 프로그래밍으로 읽고, 이해하고, 소통할 수 있다면 프로그래밍 교양을 갖추었다고 본다.

컴퓨터 프로그램을 만들 수 있는 언어는 C, C++, Java, Python 등 수십 가지에 달한다. 그러므로 프로그래밍으로 의사소통하기를 말할 때는 어느 특정 프로그래밍 언어를 말하는 것이 아니다. 각각의 프로그래밍 언어는 독특한 문법 구조를 가지고 있고, 언어마다 여러 라이브러리나 프레임워크 등이 있어 이러한 개념을 별도로 배워야 하는 경우도 있다. Java의 인터페이스Interface 개념은 Python 에서는 통용되지 않는다. 물론 프로그래밍의 기본적인 구조, 변수를 선언하고 데이터를 읽어오고 함수를 이용하여 컴퓨터가 할 일을 지정해주고 계산된 결과를 화면에 표시하는 일련의 일은 다르지 않다. 하지만 시스템이 커지면 이런 기본 구조만으로는 파악할 수 없는 복잡한 클래스와 패키지 구조, 외부 네트워크와 데이터베이스 호출이 추가될 것이고, 초보 교양 프로그래머으로서는 읽어 내기 어려운 수준이 된다. 뿐만 아니라 프로그래밍 언어는 끊임없이 진화한다. 교양 프로그래머가 지금 배우는 프로그래밍 언어는 설사 그것이 같은 언어라 하더라도 몇 개월 혹은 몇 년이 지나면 새로운 문법이 추가되고, 확장할 수 있는 범위가 달라진다. 최악의 경우는 지금 내가 배운 프로그래밍 언어가 시장에서 사장되어 버리는 경우다. 미래에 어느 순간 도움이 되겠지 생각을 했지만 막상 사용할 때가 되어 보니, 프로그래밍 기술이라는 것은 그 순간 현장성을 가진 언어로 다시 배우지 않으면 안 된다는 것을 깨닫게 된다.

컴퓨터 프로그램을 읽고, 이해하고, 소통하는 것은 개별 프로그래밍 언어로 실제 프로그램을 구현하는 것의 상위 단계인 프로그램 프레임워크 혹은 아키텍처를 이해하고 설계하는 능력이라고 말할 수 있다. 프로그래밍에 대해 전혀 알지도 못하는데 아키텍처 설계를 배우라니 너무 과한 것을 요구하는 것은 아닌가 하는 생각이

들 수도 있다. 하지만 앞서도 말했듯이 프로그래밍을 배우는 목적은 내 꿈의 일부를 대신 구현해 줄 컴퓨터와의 협업을 디자인하는 것이다. 거창하게 생각하지는 않아도 되지만 구체적으로 생각해야 한다. 알파고의 영향인지 컴퓨터가 스스로 알아서 뭐든지 척척 해낼 것 같고, 심지어 인간보다 더 뛰어난 것 같아 무서워하는 사람들도 있다. 하지만, 실상은 컴퓨터는 철저하게 입력(input) 데이터를 바탕으로 정해진 명령체계를 따라서 데이터 처리를 수행하는 기계일 뿐이다. 컴퓨터의 바탕은 계산기임을 잊지 말자. 컴퓨터는 숫자와 연산자, 다음 숫자와 '=' 부호가 차례대로 입력되었을 때 그 연산결과를 사용자에게 아주 빠르게 알려줄 수 있을 뿐이다. 2와 3을 더할지, 5와 7을 곱할지는 컴퓨터를 사용하는 사람이 모두 준비해줘야 하는 내용이다. 그렇기 때문에 구체적으로 나의 업무 중 어느 부분을 컴퓨터가 담당할 것이며, 그 일을 하기 위해 컴퓨터가 알아야 할 내용은 무엇인지, 나는 그것을 어떻게(어떤 데이터 포맷으로, 어떤 채널을 통하여) 전달해 줄 것인지, 그리고 최종적으로 받을 것은 숫자인지 글자인지 그림인지 소리인지 이런 구체적인 디자인이 필요하다.

▶ 프로그래머는 입력과 출력 데이터의 형태를 결정해야 한다.

추상적인 아키텍처 디자인을 글로써만 배울 수는 없다. 반드시 하나의 프로그래밍 언어를 정해서 코딩을 해봄으로써 컴퓨터가 외부에서 데이터를 어떤 방식으로 받아오는지, 내부적으로는 어떻게 논리구조를 조직해야 내가 원하는 대로 일하게 만들 수 있는지, 생산된 정보를 효과적으로 사용자에게 전달할 수 있는 출력 방식은 어떤 것이 있는지 원리를 이해해야 한다. 이런 이해의 과정이 끝나면 원리를 구조화, 도식화할 수 있게 되고, 이 도식화한 내용이 프로그램의 아키텍처가 되고, 더불어 개발자 혹은 사용자와 소통하는 수단이 된다.

무엇을 배울 것인가

프로그래밍을 배운다고 할 때, 사실 우리는 컴퓨터 프로그램을 이용하여 문제를 해결하는 방법을 배우는 것이다. 자넷 윙Jeannette M. Wing은 컴퓨팅 사고력Computational thinking이라는 사고 체계를 배우는 것이라고 했다.[13] 작문을 할 때 논리적 사고, 토론을 할 때 비판적 사고가 필요한 것처럼, 컴퓨터 프로그래밍을 할 때는 기본적으로 문제를 분석하고 해답을 도출해 가는 과정에서 컴퓨팅 사고력을 사용하는 것이 필요하다. 쉽게 말해서, 컴퓨터에게 일을 시킬 수 있는 방법론을 터득하는 것이다. 우리가 일상적으로 만나는 문제들에는 컴퓨터가 훨씬 더 잘하는 부분이 있고, 사람이 훨씬 잘하는 부분이 있다. 예를 들면 단순 반복적인 작업이나, 복잡한 수학 계산, 방대한 양의 데이터를 정리해서 통계 자료를 만드는 일 등은 인간이 컴퓨터를 능가할 수 없다. 반면에 직관적으로 대상을 이해하는 일은 아직 컴퓨터가 하기 어렵다. 컴퓨터는 수없이 많이 축적된 데이터를 바탕으로 점점 더 정교한 추론을 해 낼 뿐이다. 구글 얼굴 인식 프로그램이 흑인을 고릴라로 인식하여 태그를 붙였다가 크게 문제가 된 사례가 있다. 구글의 알고리즘은 점점 좋아지겠지만, 컴퓨터가 문제를 해결하는 방식은 데이터에 의존한다는 사실은 변함이 없다. 직관적으로 판

---

13 Wing, Jeanette M. (2006). "Computational thinking". Communications of the ACM. 49 (3): 33. doi:10.1145/1118178.1118215.

단해야 하는 새로운 사실 앞에서는 여전히 컴퓨터가 인간을 대신하기 어렵고, 윤리와 도덕의 문제에 있어서도 기계에게 판단을 맡긴다는 것은 우리가 지금 생각할 수 있는 범위 밖에 있다. 컴퓨팅 사고력은 이렇듯 우리를 둘러싼 현상을 주의 깊게 분석하여 컴퓨터와 협업을 해서 풀 만한 문제와 그렇지 않은 문제를 가려내는 작업부터 시작한다고 볼 수 있다.

컴퓨팅 사고력은 다음 4단계로 이루어진다.

1) 분해(Decomposition)

2) 패턴인식(Pattern Recognition)/데이터 표현(Data Representation)

3) 일반화(Generalization)/추상화(Abstraction)

4) 알고리즘(Algorithm)

1단계 분해는 현실의 문제를 컴퓨터가 이해 가능한 수준으로 잘게 나누는 단계이다. 2단계의 패턴인식/데이터 표현에서는 각 부분에서 유사한 부분들, 반복 수행하여 해결할 수 있는 작업들의 패턴을 찾아내는 단계이다. 3단계의 일반화/추상화는 문제를 어떤 구체적 대상에서부터 떼어내어, 보편적인 문제 해결 방법으로 가져가는 단계이다. 데이터만 외부에서 적절히 받아온다면 3단계에서 적용된 보편적 문제 해결 방법에 따라 얼마든지 특정 문제를 해결하는 단계로 들어갈 수 있다. 마지막 알고리즘에서는 잘게 쪼개진 작은 문제들을 순차적으로 해결하여 궁극적으로 전체를 해결해나가는 단계를 순서대로 정리한다.

간단한 예를 하나 들어보자. '나'는 이번 여름 학교 MT에서 레크레이션을 맡게 되었다. 팀별로 참가 선수들이 스마트폰 스크린에 뜬 퀴즈 문제를 보며 제한 시간 안에 몇 문제나 맞추는지 대결하여 더 많은 문제를 맞추는 사람이 이기는 게임을 준비했다. 퀴즈 문제는 스포츠, 동물, 식물, 영화 등 몇 개의 카테고리가 있고, 각 카테고리별로 준비된 문제 중에서 무작위로 선택되어 보여진다.

교양 프로그래밍 수업에서 이와 유사한 예제를 다룬 적이 있다. 학생들에게 시간을 주고 위와 같은 퀴즈 게임 프로그램을 코딩해 보라고 하면, 퀴즈 게임의 문제와 질문을 전부 입출력 함수에 고정된 텍스트_{text} 형식으로 집어 넣어 코딩하는 학생들을 만나곤 한다. 코드를 더 효율적으로 구현할 수 있는 조건문이나 반복문을 배웠음에도 불구하고, 이 학생들은 코드를 추상화한다는 개념이 없다. 사실 프로그래밍의 문법을 테크니컬하게 배운다 하더라도 그 의미를 모른다면 구태여 복잡한 논리구조를 설계하느니, 차라리 복사와 붙여넣기 200번이 더 쉬울 수 있다. 어찌됐든 겉으로 보기에 프로그램이 작동하는 것은 동일하다.

컴퓨팅 사고를 체계화한 사람은 그럼 어떻게 접근할까? 가장 먼저 할 일은 위의 예제에서 '퀴즈 게임'이라는 큰 과제는 다음과 같은 작은 과제들을 연속적으로 해결해 나가는 과정이라는 것을 파악하는 것이다.

> 퀴즈 카테고리를 선택한다 → 선택된 카테고리에서 무작위로 1문제를 고른다 → 퀴즈 1번과 보기 문항들을 참가자에게 보여준다 → 제한시간을 확인하면서 동시에 사용자의 답을 기다린다 → 사용자의 답을 받으면 점수를 계산한다 → 선택된 카테고리에서 무작위로 1문제를 다시 고른다 → 퀴즈 2번과 보기 문항들을 참가자에게 보여준다 → 제한시간을 확인하면서 동시에 사용자의 답을 기다린다 → 사용자의 답을 받으면 점수를 계산한다 → 선택된 카테고리에서 무작위로 1문제를 다시 고른다 → 퀴즈 3번과 보기 문항들을 참가자에게 보여준다 → ….

두번째 단계로, 이렇게 분해decompose한 내용을 관찰하여 패턴pattern을 찾아낸다. 이 경우는 다음 네 가지 작업을 퀴즈가 끝날 때까지 계속 반복하는 형식을 가진다.

> '무작위 문제 추출 → 문제와 보기 보여주기 → 제한시간을 확인하며 입력 기다리기 → 점수 계산'

그럼 이 중에서 반복되면서 항상 일정하게 유지되는 부분과 반복할 때마다 값이 달라지는 부분을 구분하는 단계이다. 반복되면서 항상 일정하게 유지되는 부분이 이 프로그램의 뼈대가 되는 구조일 것이다. 달라지는 부분은 상황에 따라 얼마든지 바꿀 수 있도록 고정된 텍스트가 아닌 변수 혹은 외부 인터페이스로 바꾼다. 이렇게 함으로써 전체 프로그램의 구조를 일반화할 수 있다. 이 예제의 경우 매번 새로운 퀴즈문제를 낼 때마다 퀴즈문제와 보기 문항이 새롭게 제시되는데, '퀴즈 문제와 보기 문항을 화면에 보여준다'라고 하는 동작은 항상 일정하게 유지되는 부분이고, 퀴즈 문제의 내용과 보기 문항의 내용 자체는 달라지는 부분이 된다. 따라서 '문제'와 '보기 문항'을 각각 변수로 지정한다면 데이터(퀴즈 문제의 내용과 보기 문항의 내용)와 무관하게 반복 구조를 일반화할 수 있다. 퀴즈 카테고리를 다루는 코드 부분도 마찬가지다. 퀴즈 카테고리의 실제 내용은 매번 사용자의 선택에 따라 바뀔뿐더러, 추후에 카테고리 후보군 자체가 추가/삭제/수정될 가능성도 얼마든지 있다. 따라서 특정한 값으로 못박아 놓을 수 없고 변수를 써서 일반화해 놓는다. 그런 다음 게임을 시작하면서 사용자에게 퀴즈 카테고리를 선택하도록 하여, 만약 사용자가 '스포츠' 카테고리를 선택한다면 카테고리 변수의 내용에 '스포츠'라는 값을 저장하고 이후 퀴즈 게임의 모든 문제를 '스포츠 퀴즈'에 관한 것으로 변경하면 되고, 만약 사용자가 '동물' 카테고리를 선택한다면 카테고리 변수의 내용에 이번에는 '동물'이라는 값을 저장하고, 마찬가지로 퀴즈 게임의 모든 문제는 '동물 퀴즈'에 관한 것으로 변경하면 된다. '점수' 부분 역시 변수로 지정하면 실제 퀴즈 참가자의 점수가 몇 점인지 상관없이 '점수'의 값을 불러오거나 지정한다는 일반화한 구조를 만들어 낼 수 있다.

마지막 4단계 알고리즘 작성은 이렇게 도출된 프로그램 구조를 의사코드(pseudo-code, 일반 언어로 흉내만 내는 코드) 형태로 정리하는 것이다. 의사코드로 작성하는 이유는 컴퓨팅 사고력을 훈련하는 것은 말 그대로 프로그래밍 언어와 무관하게 프로그래밍 작업 자체에 적용할 수 있는 사고 체계를 정립하는 것이기 때문이다.

한편, 퀴즈 문제의 카테고리 후보군을 정하고 관련 문제를 출제하는 것은 여전히 전적으로 '나'의 소관이다. 달라진 점은 예전 같았으면 스케치북에 매직으로 글씨를 써서 퀴즈를 준비했을 텐데(그랬다면 문제 출제부터 문제를 인쇄하고 게임을 진행하는 모든 것이 '나'의 일이었을 텐데), 이제는 '나'의 일의 일부를 독립된 기능으로 따로 떼어내어 컴퓨터에게 문제의 인쇄(스마트폰 화면 출력)와 게임 진행(자동으로 문제 넘기기, 랜덤 뽑기, 제한시간 확인)을 맡긴 것이다. '나'는 이 일을 시키기 위해 필요한 정보(문제와 보기 문항 목록들)를 주고, 결과값(참가자별 최종 점수)을 받는 것으로 축소된다. 컴퓨터와 인간의 협업은 이렇듯 자연스럽다. 다만 컴퓨터가 가장 효율적으로 일할 수 있도록 문제를 인과관계 별로 명확하게 해주기만 하면 된다.

교양으로써 프로그래밍을 공부한다고 할 때 두번째 목표로 삼아야 할 것은 이와 같은 문제 해결 절차를 형상화할 수 있는 능력이다. 많은 학생들이 프로그래밍을 공부한다고 하면 협소하게 어떤 특정 프로그래밍 언어를 이용하여 코드를 만들어내는 일이라고만 생각한다. 그러나 실제로 현업에서 소프트웨어 개발 프로젝트에 참여하게 되면, 소프트웨어 개발, 즉 프로그래밍이라는 것에는 코딩 이외에도 기획, 자료조사, 디자인, 테스팅 등 많은 영역들이 존재하고, 수많은 사람들의 협업을 통해서 이루어지는 일임을 깨닫게 된다. 다시 말하면, 내가 꼭 코딩의 영역을 맡지 않는다고 하더라도 소프트웨어 개발 프로젝트의 일부가 될 수 있다. 비전공자가 교양의 영역에서 프로그래밍을 공부할 때 가져야 할 관점이 이것이라고 생각한다. 프로그래밍을 공부하여 궁극적으로 얻고자 하는 것이 내 업무와 일상의 일부분을 스스로 프로그램화 할 수 있는 능력을 갖추고자 함이라면, 소프트웨어 개발의 전 과정 중에서 내 영역 밖인 부분에 관해서는 다른 전문가들의 도움을 충분히 이용할 수 있어야 한다. 그렇게 되면 코딩 자체를 잘 하지 못한다는 것은 아무 문제가 되지 않는다. 반대로 설사 내가 코딩을 아주 잘하는 사람이라고 할지라도 소프트웨어 개발 프로젝트 안에 있는 다른 영역의 전문가들의 도움을 끌어낼 줄 모른다면, 그들과 소통할 줄 모른다면 나의 코딩은 완성형일 수 없다.

소프트웨어 개발이라고 하면 굉장히 큰 규모의 거창한 일일 것이라고 지레짐작할 수 있는데, 미래에는 그렇지 않을 것이다. 지금 1인 출판사, 독립 출판이 전통적인 거대 출판시장에서 떨어져 나와 독자적인 영역을 구축한 후 더 많은 일반사람들에게 책 출간의 기회를 주고 있듯이 소프트웨어 개발 분야도 비슷한 상황으로 발전할 수 있다. 혹은 인테리어 시장에서 내가 스스로 작업반장이 되어 리모델링의 각 공정을 디자인하고 업체에 연락을 취하여 일정을 진두지휘하는 셀프–리모델링 방식처럼, 컴퓨터 시스템이 사회의 기본 인프라스트럭쳐가 되는 미래사회에는 셀프–프로그래밍이 유행할 수도 있다. 개개인의 일상을 변화시키는 작은 프로그램 개발에 대한 요구가 보다 보편화하고, 이를 구현해 줄 전문성을 가진 프리랜서 작업자들이 소프트웨어 개발의 각 영역별로 쉽게 접근 가능한 사회에서는 '무엇'을 프로그래밍할지 명확하게 적어낼 수 있는 능력이 바로 프로그래밍 능력과 다름없게 생각될 것이다. 앞서도 서술했지만 프로그래밍 언어는 너무 다양하고 원하는 시스템별로 최적화한 프로그래밍 언어도 달라질 수 있다. 프로그래밍 언어는 계속 진화하고 폐기되며 새로 생성되어 시장에 소개된다. 프로그래밍 언어의 문법이 보편성을 가지고 있는 부분도 물론 있지만, 교양 과정 프로그래밍 단계에서 명령어 하나하나를 외우는 데 너무 많은 시간을 쏟을 필요는 없다는 것이다.

UML Unified Modeling Language은 이 분야에서 표준화된 기록 및 의사소통 방식이다.[14] UML 자체는 기본 9개의 다이어그램에 2.x버전으로 업그레이드되면서 변경, 추가된 5개의 다이어그램을 포함한 총 14개의 다이어그램이라고 볼 수 있다. 현재 가장 최신 버전은 2015년에 발표된 2.5버전이다. UML2.x 버전에서는 이 14개의 다이어그램을 구조 다이어그램structure diagram, 행위 다이어그램behavior diagram, 상호작용 다이어그램interaction diagram과 같이 3가지 카테고리로 묶고 있다(아래 그림 참조).

---

14 UML에 대해 자세히 알고 싶다면 UML을 공식적으로 태동시킨 OMG의 웹사이트를 방문해 보자.
 https://www.omg.org/spec/UML/

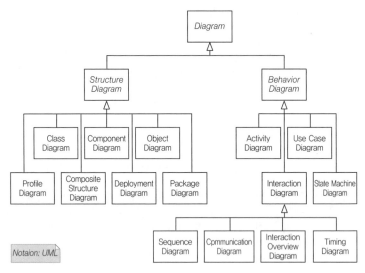

▶ 파울로 멀슨(Paulo Merson)의 UML 2.2 다이어그램 계층도(출처: 위키피디아)

구조 다이어그램에는 클래스 다이어그램class diagram, 객체 다이어그램object diagram, 패키지 다이어그램package diagram, 복합 구조 다이어그램composite structure diagram, 컴포넌트 다이어그램component diagram, 배치 다이어그램deployment diagram, 프로필 다이어그램profile diagram이 속해 있으며, 컴퓨터 프로그램의 전체적인 구조와 각 요소들, 그리고 이들의 관계를 표현한다. 클래스 다이어그램은 소스코드의 가장 작은 단위인 클래스 내의 변수와 함수의 이름과 타입까지 세세하게 적는 반면, 배치 다이어그램의 경우에는 프로그램을 구동하는 컴퓨터 시스템의 서버 구성을 어떻게 할 것인지로 단위가 커져버린다. 행위 다이어그램의 경우에는 액티비티 다이어그램activity diagram, 유스케이스 다이어그램use case diagram, 상태 기계 다이어그램state machine diagram을 다루고 있으며, 주로 사용자가 시스템을 어떻게 사용할 것인지를 그림으로 표현한다. 상호작용 다이어그램은 행위 다이어그램의 하위그룹으로 인식되기도 하며, 여기에는 시퀀스 다이어그램sequence diagram, 커뮤니케이션 다이어그램communication diagram, 상호작용 개요 다이어그램interaction overview diagram, 시간 순 다이어그램timing diagram이 속해 있다. 구조 다이어그램structure diagram이 프로그램의 내부를 정적인 측면에서 전체를 다 망라하여 보여줬다면, 상호작용 다이어그램interaction diagram에 속하는 다이어그램들은 프로그램 내부 프로세스가 어떻게 진행되는지, 프로세스가 진행됨에 따라서 어떤 클래스의 어떤 함수가 호출되는지를 동적인 측면에서 보여준다.

이 다이어그램들은 각기 종류별로 다른 측면을 나타내고 있기는 하지만, 공통적으로 현실의 문제를 컴퓨터 프로그래밍으로 해결하는 과정을 실행흐름에 따라 작은 작업 단위로 나누고, 작업과 작업 사이를 데이터로 연결한 그림이라고 말할 수 있다. 즉, 도형과 기호로 소프트웨어를 설명함으로써 전세계 어느 개발자와도 의사소통이 가능하게 하는 것이다. 특별히 교양 수준에서는 사용자 입장에서 소프트웨어를 바라보는 행위 다이어그램behavior diagram 정도는 그릴 수 있도록 익히는 것이 좋다. 소프트웨어 내부의 구체적인 프로세스는 모르더라도, 사용자 입장에서 어떤 기능이 필요하고(유스케이스 다이어그램use case diagram), 각 기능의 작동 순서를 단계별로 구체화할 수 있으며, 각 단계별 필요 데이터와 산출물 정도를 표현할 수 있다면(액티비티 다이어그램activity diagram) 프로그래밍을 나 스스로 혹은 다른 전문가에게 부탁해서 시작할 준비가 되었다고 볼 수 있다. 여기에, 구조 다이어그램에서 컴포넌트 다이어그램, 배치 다이어그램 등의 큼직한 시스템 구성도를 그릴 수 있다면, 소프트웨어뿐 아니라 하드웨어 구성까지 포함한 어플리케이션 시스템 개발을 이해할 수 있고 참여가 가능하다. 상호작용 다이어그램 역시 개발자 수준으로 프로그래밍 언어에 대해 잘 알지 못하더라도, 개발하고자 하는 시스템의 내부의 동작 프로세스work process를 알고 있다면 충분히 그릴 수 있다. 컴퓨터와 협업을 준비하는 사용자라면 컴퓨터 프로그램의 각 모듈이 서로 어떻게 메시지를 주고 받으며(커뮤니케이션 다이어그램 communication diagram) 순차적으로 어떤 기능들을 실행시킬지(시간순 다이어그램timing diagram) 프로그램에 대한 구체적인 아이디어가 마땅히 있어야 한다. 그래야 중간중간에 인간의 개입이 필요한 부분도 적절하게 설계가 가능하여, 컴퓨터의 작업과 나의 작업이 씨줄과 날줄이 엮이듯 자연스럽게 흘러갈 수 있다. 나머지 프로그램의 구체적인 코드 설계에 관한 다이어그램들은 전문 개발자가 준비해 올 수 있는 영역이다. 교양 프로그래머는 이 다이어그램들을 다 그려내지는 못하겠지만, 읽을 수 있도록 각 기호와 문구들이 무엇을 의미하는지 공부할 필요는 있다. 결과적으로 이러한 다이어그램들을 가지고 실제 전문 개발자와 프로그램 개발 진행사항에 대한 토론을 할 수도 있고, 결과물에 대한 피드백도 적절히 줄 수 있기 때문이다.

아래 그림들은 앞에서 예로 들었던 '퀴즈 게임' 앱의 액티비티 다이어그램activity diagram를 그려본 것이다. 그림 1은 퀴즈 게임의 문제를 푸는 과정이다. 사용자가 앱을 시작하면, 퀴즈 카테고리를 선택할 수 있는 화면이 있다. 사용자가 하나의 카테고리를 선택하게 되면 그 때부터 마지막 문제를 풀기까지 혹은 제한시간 초과에 걸려서 게임이 종료되기 전까지 계속 컴퓨터가 선택한 무작위 문제의 답을 맞추는 일을 반복적으로 수행한다.

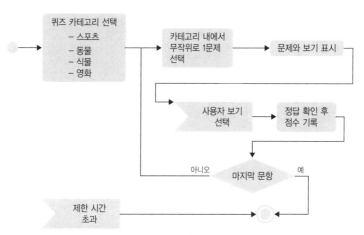

▶ 퀴즈 게임 문제 풀기 액티비티 다이어그램 (그림 1)

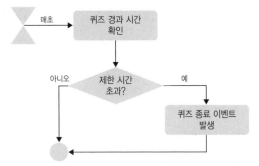

▶ 퀴즈 게임 제한 시간 초과 확인 액티비티 다이어그램 (그림 2)

그림 2는 퀴즈 게임의 시간 제한 제약 조건을 컴퓨터가 매초마다 모니터링 하는 과정을 나타낸다. 사용자가 문제를 푸는 프로세스와 컴퓨터가 제한 시간을 모니터링 하는 프로세스는 서로 병렬로 처리되기 때문에 액티비티 다이어그램이 2개로 나눠지게 된다. 처음 액티비티 다이어그램을 그리게 되면 병렬 처리의 개념이 부족해서 그림 1과 2를 합쳐서 하나로 그릴지도 모른다. 기본 개념이 부족한데 어떻게 다이어그램을 그릴 수 있는지 하며, 어디서 시작해야 할지 엄두를 못 낼 수도 있다. 그러나 본인이 타이머를 이용하여 스케쥴링 하는 작업은 일반적인 순차 수행 프로세스와 별도로 병렬 처리를 해야 한다는 개념이 없는 상태에서 바로 코딩을 한다는 것은 더욱 어불성설이다. 일단 본인이 그린 다이어그램이 있다면 이를 바탕으로 다른 개발자와 대화를 통해서 설계의 부족한 부분을 찾아낼 수 있다. 이 과정에서 몇 번이고 수정된 다이어그램은 결과적으로 컴퓨터 시스템과 프로그래밍에 대한 이해도를 높여 주는 귀중한 학습

자료가 되어 줄 것이다. 또한 이렇게 완성된 액티비티 다이어그램 activity diagram은 프로그램의 기본 설계도가 되어 나중에 프로그램이 제대로 구현되었는지를 테스트할 때도 기준이 되는 자료가 된다.

어떻게 배울 것인가

시나리오로 시작하라

본 글이 공부법을 이야기하는 책이니만큼, '어떻게'라는 질문이 가장 중요한 부분일 수 있다. 어떻게 하면 프로그래밍을 잘 할 수 있을까? 그러나 필자는 이 문제를 조금 다르게 생각한다. 시중에 프로그래밍 테크닉을 가르치는 책은 프로그래밍 언어의 종류를 막론하고 굉장히 다양하게 많이 나와있다. 더군다나 요즘 같은 인터넷 시대에, 필요한 거의 모든 것은 구글 검색을 통해서 얻을 수 있다. 개발자들의 블로그와 스택 오버플로우 Stack Overflow 같은 개발자 커뮤니티를 이용하면 최신 프로그래밍 기법뿐 아니라, 내 코드에 바로 복사해서 쓸 수 있는 절묘한 우회 테크닉, 더욱 간소화한 알고리즘 등을 바로 얻을 수 있다. 구해서 읽고 공부하고자 한다면 지금도 자원은 충분하다.

교양으로 프로그래밍을 배우고자 하는 비전공인들에게 가장 부족한 것은 동기 부여 부분이다. 필요할 것 같아서 배우기는 하지만 프로그래밍 언어의 문법만 봤을 때는 도통 어디에 적용할 수 있는지 큰 그림이 그려지지 않기 때문에 반복문 혹은 함수 작성 정도로 조금만 어려운 부분으로 넘어가도 쉽게 흥미를 잃고 만다. 필자가 제시하는 첫번째 공부법은 이 동기 유발 부분과 맞닿아 있다. 프로그래밍 예제들을 공부할 때 가장 본인의 상황과 유사한 스토리를 만들어 볼 것을 권유한다. 예를 들어, 필자가 강의시간에 이미지/사운드 등 멀티미디어를 활용하는 프로그래밍 코드를 가르칠 때, 학생들에게 다음과 같은 시나리오를 들려준다.

'나'는 유기동물 구조 및 입양을 보내는 단체에 자원봉사자로 활동하고 있다. 유기동물 보호소에 들어오는 동물들은 늘 포화상태라 안락사와 질병으로 인한 자연사의 위험에 항상 노출되어 있다. 안타까운 마음이 든 '나'는 유기동물 입양을 돕기 위해, 보호소에 있는 동물들의 사진을 보여주고 사진을 누르면 사연을 들려주는 스마트폰 앱을 만들려고 결심했다. 사연을 읽어줄 때는 TTS(TextToSpeech)보다는 사람의 목소리로 이야기해 주면 더 좋을 것 같아 녹음을 하기로 하였다.

그 전에는 이미지를 화면에 보여주고 소리를 재생하는 프로그래밍 문법을 기계적으로 배우고 나면 학생들이 그 문법을 다시 기억하기 어려웠다. 그러나 위와 같은 시나리오 상황을 가정하고 문제 해결을 하는 도구로써 프로그래밍을 바라보게 되면, 무엇을 위해 이 문법이 필요한지 이해를 하게 되므로 반드시 외운다는 보장은 하지 못하더라도 나중에 기억할 수는 있게 된다. 더 주목할 만한 것은 배우는 본인 스스로가 조금 다르게 코드를 응용할 수는 없는지 적극적으로 질문하는 태도로 변한다는 것이다. 위의 예에서, 사진을 누르면 사연을 들려줄 뿐 아니라 펼쳐서 보여준다든지 하는 아이디어를 스스로 떠올리고 이를 구현하는 방법을 능동적으로 찾아봄으로써 하나의 문법뿐 아니라 파생되는 여러 다양한 기능들을 학습하게 된다.

설계에 공을 들여라

두번째 제안하고 싶은 것은 설계에 시간을 들이라는 것이다. 프로그래밍 에디터를 열어서 코드를 작성하기 전에, 최종적으로 완성할 프로그램의 입출력 모습과 단계별 내부 프로세스, 사용자와의 상호작용 부분 등을 미리 그려본다. 이 단계에서는 굳이 컴퓨터가 없어도 된다. 종이와 펜만 가지고 그려봐도 되고, 파워포인트를 열어서 그려봐도 좋다. UML 표준 다이어그램들을 이용하면 생각을 명료하고 간결하게 정리하는 데 도움이 된다. 많은 프로그래머들이 프로그램 요구사항을 읽은 후 머리에 있는 아이디어를 그대로 코드로 옮기는 경우가 많다. 정작 코딩에 필요한 설계도면과 같은 시퀀스 다이어그램, 클래스 다이어그램 등을 고객의 요청에 의해 코딩이 다 끝난 후 본인의 코드를 바탕으로 그리는 경우도 있다. 건축에 있어서 설계도가 중요하고 회화에서 밑그림이 중요하듯이 프로그래밍에서도 마찬가지이다. 충분히 심사숙고 하지 않은 코드는 스파게티 코드가 되어 유지보수를 어렵게 만든다. 소프트웨어는 한번 완성하고 끝이 아니라는 사실을 명심해야 한다. 기술은 항상 발전하고 있고, 마이크로소프트 오피스MS Office 같이 대기업에서 잘 만들어져 나온 완성형 소프트웨어도 몇 개월에 한 번씩 업데이트 패치가 나온다. 우리의 주된 컴퓨터 사용 환경이 PC에서 웹으로, 웹에서 모바일로 변경되어 오는 과정에서 많은 소프트웨어가 변화한 플랫폼으로 완전히 코드를 옮기지 못하여 사람들이 더 이상 사용하지 않는 구시대의 유물이 되고 말았다. 설계도가 잘 갖추어져 있었다면 기본 뼈대는 그대로 둔 채 최신 기술을 덧입히는 것이 그리 어려운 일은 아니었을 것이다.

앞서 '무엇을 배울 것인가' 파트에서 교양 프로그래머 입장에서는 사용자 입장에서 시스템을 바라보는 다이어그램들을 그릴 수 있으면 일단은 충분하지만, 프로그래머들이 그리는 다이어그램들도 읽고 해석할 줄은 알아야 한다고 했다. 따라서 '어떻게 배울 것인가'를 고민할 때는, 좀 더 폭넓게 프로그램의 구체적인 구조를 그려보는 클래스 다이어그램, 객체 다이어그램 등도 연습해 보도록 한다. 초보 수준에서 본인이 학습용으로 작성하는 프로그램들은 대개 구조가 간단하고 시퀀스가 그리 길지 않아서 어렵지 않게 UML 다이어그램을 그려볼 수 있을 것이다. 14개의 UML 다이어그램을 모두 그리는 것은 지루한 일이고 또 무엇이 정답인지 알 수 없는 상태에서 혼자서 계속 진행하다 보면 쉽게 지친다. 그룹으로 같이 공부하는 동료들이 있다면 서로서로 다이어그램을 보여주며 해석하거나 남이 그린 다이어그램을 보고 그대로 구현해보려고 시도해보면 어디가 부족한지 쉽게 파악할 수 있다. 중요한 것은 UML 다이어그램 자체에 있는 것이 아니라, 컴퓨터 프로그램을 이용해 문제를 해결할 수 있도록 문제를 분해하는 법, 해결 과정을 그에 맞게 설계하는 법, 그것을 다른 사람들과 소통할 수 있도록 구체적으로 표현하는 법 등을 충분히 연습하는 것이다.

설계 시에는 크게 4가지 측면을 고려해야 한다.

첫째는 입력 데이터이다. 이 프로그램을 구동하기 위해 필요한 데이터는 무엇이며 어떻게 확보할 것인지, 어디에 저장해두고 어떻게 프로그램으로 받아올 것인지에 대한 계획이 있어야 한다. 예전에는 데이터 관리에서 파일이나 데이터베이스를 이용하는 방법이 대세였지만 최근에는 빅데이터 트렌드를 따라 실시간으로 생성되는 데이터를 바로 전송 받을 수 있는 API를 사용하기도 한다. 이렇듯 변화하는 환경에 유연하게 대응할 수 있도록 데이터 입출력 부분은 별도의 클래스로 관리한다.

둘째는 프로그램 작동 시퀀스를 설계하는 것이다. 프로그램 내부의 절차적 실행 알고리즘 부분이 된다. 간단히 말하면 받아온 데이터를 이용하여 수학적 연산 혹은 텍스트 연산을 수행하여 가공된 결과물을 만들어내는 전 과정을 순서대로 적어보는 것이다.

세번째는 외부 시스템 혹은 사용자와의 상호작용 부분에 대한 정의이다. 수학 방정식을 푸는 것과 같이 처음에 입력값을 정해주면 컴퓨터가 혼자서 알아서 계산을 끝내서 사용자에게 최종 결과를 보여주고 끝나는 프로그램이 아닌 다음에야 사용자 혹은 외부 시스템과의 상호작용 부분은 컴퓨터 프로그램에서 상당히 중요한 부분을 차지한다. 외부에서 발생하는 이벤트는 아무 때고 프로그램의 절차적 실행 중간에 끼어들어 새로운 시퀀스를 만들어낸다. 계획된 이벤트와 예측하지 못한 예외상황을 구분하여 어떻게 대응할지 설계한다.

마지막으로 출력 형태를 정해야 한다. 화면에 글자를 뿌려주는 일만 해도 일반적인 프로그램 화면에 출력 데이터를 쓸 수도 있고, 따로 팝업 창을 띄울 수도 있다. 여러 가지 상황을 고려하여 음성 출력을 이용할 수도 있다. 출력 부분은 특별히 사용자가 프로그램의 완성도를 짐작할 수 있는 가장 직접적인 창구가 되므로 GUI를 사용하는 경우 디자인적 디테일도 충분히 고려해야 한다.

에러가 나는 코드를 분석하라

프로그래밍 공부법으로 세번째 추천하는 방법은 잘 작동하는 코드보다 에러가 나는 코드를 분석하라는 것이다. 동일한 기능을 수행하는 프로그래밍 코드는 수십 가지 방법이 있을 수 있다. 어떤 기능을 구현하는 하나의 예제 코드를 잘 배운다고 해서 그게 정답은 아니다. 특히 초보 프로그래머의 경우 코드에서 에러가 발생하기 쉽기 때문에, 왜 에러가 나는지 분석하는 과정을 거치지 않는다면 새로운 알고리즘을 스스로 생각해내서 만드는 것에 무작정 겁을 먹고 교과서에서 주어진 기존 예제 코드에서 더 나아갈 생각을 하지 못하는 경우도 많다. 본인이 작성한 코드에서 에러가 생긴다면 이 때가 컴퓨터 프로그램이 작동하는 일반적인 패턴을 배울 수 있는 가장 좋은 기회라고 생각하면 좋다.

에러는 많은 경우 크게 잘못된 어떤 복잡한 코드가 아닌, 일반적인 패턴에서 약간 벗어난 사소한 부분에서 발생하곤 한다. 형 변환 Type Conversion이 잘못되었다든지 배열array에서 인덱스index 참조가 잘못되었다든지 하는 사소한 일들은 내용을 분석하고 여러 번 같은 경우를 겪다 보면 자연스럽게 해결 방법도 익숙해진다. 이러한 코드는 왜 문제이며, 어디서 에러가 발생하며, 개선하는 방법은 무엇인지, 동일한 기능을 수행하는 다른 방법은 어떤 것이 있는지 공부하는 것 자체가 실력 향상에 큰 도움이 된다.

프로그래밍은 정답이 없다. 그렇기 때문에 꼭 에러가 아니더라도 지금까지 구현된 내용을 바탕으로 점진적으로 코드를 개선하는 리뷰 과정이 반드시 필요하다. 처음부터 크고 복잡한 프로그램을 디자인하는 것보다 핵심이 되는 기능에만 집중하여 일단 프로그램을 완성시킨 후 부가적인 기능을 덧대는 방식은 소프트웨어 개발 방법론 중 하나이기도 하지만, 프로그래밍을 공부하려는 사람들에게도 유용한 방법이다. 개발하고자 하는 소프트웨어의 가장 핵심적인 기능이 무엇이며, 부가적인 기능과 핵심 파트는 어떻게 데이터를 주고받고 상호작용 할 수 있는지 분리해 내는 일이 바로 컴퓨팅 사고의 기초가 되는 부분이기도 하다. 확장과 개선 없이 단지 프로그래밍 언어의 문법을 설명하기 위해 딸려 있는 특정 예제 하나를 공부하는 것은 자유로운 상상력을 방해하며 프로그래밍 과정이 일회성이라는 오해를 불러일으킬 수 있기에 주의해야 한다.

본인이 프로그래밍한 코드를 리뷰하고 디버깅하는 데 유용한 방법으로 추천하는 것은 평소에 소스코드에 꼼꼼하게 코멘트를 다는 습관을 들이는 것이다. 코멘트는 다른 개발자가 나의 소스코드를 이해하기 쉽게 도와주는 역할도 하지만 일차적으로 나 자신을 위한 것이다. 나중에 프로그램에 문제가 되는 상황이 발생했을 경우나, 혹은 기존에 만들었던 기능을 수정, 확장해야 하는 경우가 생길 때 앞서 설명한 프로그램 설계서가 되는 UML 다이어그램들과 함께 미리 달아 놓은 코멘트들은 좋은 길잡이가 되어준다. JavaDoc과 같은 참조문서로 만들어 놓으면 코드를 다른 개발자들과 공유할 때 따로 설명서를 준비할 필요가 없다.

컴퓨터 하드웨어 구조를 익혀라

네번째로 제안하는 프로그래밍 공부법은 기본적인 컴퓨터 하드웨어 구조를 공부하라는 것이다. 소프트웨어 알고리즘의 최적화는 하드웨어 구조를 이해하지 않고는 구현하기 어렵다. 예를 들어 변수의 개념을 공부한다고 치자. 변수라는 것이 메모리의 어떤 영역을 주소값 대신 프로그래머가 정한 이름으로 참조할 수 있도록 정의된 개념이라는 것을 이해한다면, 함수의 매개변수 전달에서 값에 의한 전달(call by value)과 참조에 의한 전달(call by reference)을 더 명확히 구분할 수 있을 것이다. 뿐만 아니라 CPU가 메모리에 있는 데이터에 접근하는 것에 비해 하드디스크에 저장된 내용을 읽어오는 것이 얼마나 느리며 시간이 걸리는지를 이해한다면, 프로그램에서 파일 I/O를 왜 최소화해야 하는지 자연스럽게 알 수 있다. 컴퓨터 구조를 자세하게 배우라는 이야기가 아니다. 다만 소프트웨어는 하드웨어라는 물리적 공간에서 실행되는 것이기 때문에 하드웨어의 성능에 영향을 받을 수밖에 없고, 프로그램에서 복잡하다고 여겨지던 개념들이 사실 하드웨어를 좀더 효율적으로 다루기 위한 것이기에, 하드웨어 구조를 이해하는 것이 프로그래밍 실력 향상에 도움이 될 수 있음을 설명한 것이다.

문법 외에 외부 라이브러리와 API 활용법을 적극적으로 배운다

어떤 프로그래밍 언어든지 기본적인 문법을 배우는 것 이외에 외부 라이브러리와 API 활용법을 익힐 것을 권한다. 교양 단계에서 프로그래밍을 배우면 기본적인 반복문과 조건문, 함수 작성, 그리고 파일 입출력 정도에서 설명이 끝나는 것을 많이 보게 된다. 프로그래밍의 진짜 능력은 협업에 있다. 내가 처음부터 필요한 모든 기능을 차근차근 구현하여 최종 목표에 도달하기까지 코드를 작성하려면 굉장히 많은 시간과 노력이 필요할 뿐 아니라, 그 최종 결과물의 품질도 기대에 못 미칠 것이다. 프로그래밍 전문가들일수록 이미 잘 구현된 외부 코드를 불러와서 사용한다. 다른 개발자가 사용할 수 있도록 프로그램 소스코드를 독립된 기능별로 묶어 놓은 것을 '모듈'이라고 한다. 하나의 모듈은 하나의 전문적인 기능을 담당하는 경우가 대부분이다. 사용자를 위해 GUI 윈도우 화면을 만드는 모듈이 있을 수 있고, 데이터베이스에 접속해서 데이터를 손쉽게 저장, 불러오기 할 수 있게 해주는 모듈이 있을 수 있다. 수십 수백 개의 모듈이 라이브러리 안에 담겨서 패키지 형태로 개발자에게 제공된다. 개발자는 스스로 모든 기능을 처음부터 끝까지 만드는 것보다 잘 만들어진 패키지를 적재적소에 유용하게 사용함으로써 시간을 절약하고 기능적인 측면에서도 일정 수준의 품질을 보장받을 수 있다. 물론 패키지로 제공되는 모듈의 기능이 부족하다고 생각되면 그 부분만 추가로 확장하여 덧붙일 수도 있다.

좋은 툴을 사용하라

프로그래밍을 공부하려는 사람들 중 많은 수가 여러 프로그래밍 언어 중에서 어떤 것을 골라서 배우면 좋을지 질문한다. 프로그래밍 언어는 상관이 없다. 아주 기초적인 스크래치Scratch[15]나 앱 인벤터App Inventor[16]와 같은 블록코딩 툴로도 프로그래밍의 논리를 훈련할 수 있다. 다만 각각의 프로그래밍 언어가 고유의 특징을 가지고 있으므로, 본인이 특별한 필요가 있어서 프로그래밍 공부를 시작하는 것이면 그 필요에 가장 적합한 언어를 고르면 되겠다. 최근 유행하는 빅데이터 분석이나 간단한 AI 알고리즘 수행을 해보기를 원한다면 문법이 그렇게 어렵지 않고 확장성이 높은 파이썬Python을 추천한다.

다만 프로그래밍 언어를 정했으면 그에 알맞은 가장 좋은 개발 환경을 갖추기를 권한다. 각 프로그래밍 언어마다 그 언어에 가장 최적화한, 사람들이 가장 많이 쓰는 개발 도구가 있게 마련이다.

---

15 MIT 미디어랩에서 개발한 교육용 프로그래밍 언어. 직관적이고 단순하게 짜맞출 수 있는 레고블록과 같이 생긴 코딩 블록들이 제공되어 초보자도 쉽게 프로그래밍을 해 볼 수 있다. 배경화면이 되는 이미지 위에 스프라이트(Sprite)라고 하는 움직이는 캐릭터들을 배치할 수 있고, 이 스프라이트들은 스스로 움직이거나 대화창으로 사용자와 상호작용할 수 있다. 프로그래밍 결과는 스크래치 웹사이트 혹은 오프라인 에디터(offline editor)에서 확인할 수 있으며 단독으로 실행은 불가능하다. 스크래치 에디터는 개발자가 즉석에서 사용해볼 수 있는 이미지, 사운드 파일들을 제공한다.

16 MIT 미디어랩에서 개발한 교육용 안드로이드 앱 프로그램 개발 언어. 스크래치와 마찬가지로 직관적인 블록 코딩 인터페이스를 갖추고 있다. 웹 기반 온라인 에디터를 사용하여 코딩을 할 수 있다. 완성된 앱은 안드로이드 스마트폰에 다운로드 받아 실행할 수 있으며 구글 플레이에 공개(publish)할 수도 있다.

방금 언급한 파이썬을 예로 든다면, 파이썬 공식 홈페이지(https://www.python.org/)에서 파이썬 패키지Python package를 다운로드 하면 기본적으로 IDLEIntegrated Development Environment가 제공된다. 하지만 이 IDLE는 사용이 굉장히 제한적이다. 말 그대로 가장 기본적인 명령어 타입type에 따른 색깔 표시와 파이썬 소스코드 실행 후 결과를 별도의 자체 커맨드라인command line 창에서 보여주는 정도이다. 반면 주피터 노트북Jupyter Notebook이나 파이참PyCharm을 사용[17]하면 소스코드 수정과 실행 결과 확인을 한 화면에서 할 수 있고, 다양한 패키지들을 관리하는 것도 훨씬 손쉽게 할 수 있다. 코드 자동완성 기능 및 도움말을 바로 확인할 수 있는 편리 기능도 물론이다.

장인은 도구를 탓하지 않는다고 했다. 바꾸어 말하면 초보자일수록 좋은 도구를 사용해야 한다. 비단 코딩과 디버깅의 효율 측면에서뿐 아니라, 프로그래밍을 처음 시작하는 사람들이 부수적인 환경설정에 지쳐 코딩을 시작하기도 전에 어렵다는 선입견부터 가지게 되는 것을 미연에 방지하기 위해서이다. 또한 좋은 도구는 개발자들의 필요를 꼼꼼히 반영하여 프로젝트 관리를 위한 여러 가지 다양한 기능을 탑재하고 있다. 버그 예측, 소스코드 변경 관리, 각종

---

17 Jupyter Notebook은 웹으로 파이썬 개발환경을 제공하며, 파이썬의 interpreter 언어적 특성을 가장 잘 활용할 수 있다. 소스코드를 작성하면서 필요한 부분만큼 끊어서 실행해 볼 수 있고, 실행한 결과 아래에 연이어 다음 줄의 코드를 작성하여 그 다음 진행을 이어갈 수 있다. PyCharm은 C/C++나 Java와 같은 컴파일러 언어가 익숙한 개발자들이 사용하기 친숙한 인터페이스를 제공한다.

백업 및 협업 툴과 같은 것들이다. 초보 프로그래머들이 간과하기 쉬운 부분들이고, 아마 프로그래밍 범위가 어느 정도 확장될 때까지는 사용하지 않을 기능일 수 있다. 하지만 일반적인 개발자들이 사용하고 필요로 하는 표준 개발환경을 제공해주는 툴 안에서 본인의 프로그램 소스코드를 관리하고 있으면, 필요 시 쉽게 확장할 수 있다. 다른 프로그래머와의 협업은 교양 프로그래머에게 필수임을 기억한다면 이 또한 무시할 수 없는 기능이다.

얼마나 배울 것인가

얼마나 배울 것인가 하는 문제는 사실 마스터 스킬이 아닌 교양 스킬에서 굉장히 중요한 문제이다. 우리는 다 한계가 있는 인간이고, 노력한다고 해서 모든 것을 이룰 수 있는 것이 아니기 때문이다. 우리의 24시간은 정해져 있고, 교양 프로그래밍을 하려고 하는 사람들은 이 24시간을 프로그래밍 공부로 모두 채울 수 없다. 집중해서 공부를 하는 일정 기간이 있을 테지만, 대개의 경우는 본인의 원래 전공 공부 혹은 본업과 병행하여 프로그래밍을 공부하는 경우가 많을 것이다. 학교에서 수업으로 듣는 경우라면 한 학기 정해진 커리큘럼이 있어서 수업을 진도에 맞춰 잘 따라가는 것으로 이 부분을 대신할 수 있다. 그러나 혼자 취미로 프로그래밍을 공부하거나, 혹은 수업을 들은 후에도 내가 이 정도면 프로그래밍을 할 줄 안다고 말할 수 있는가 궁금한 경우가 있다. 앞에서도 말했지만, 프로그래밍의 경우 아직 공인된 수치로 나타난 실력의 기준이라고 할 만한 것이 마땅치 않다. 그렇다고 해서 일반 프로그래머들을 테스트하는 것처럼 주어진 시간 안에 코딩을 완성하는 코딩 테스트가 모든 프로그래밍을 공부하는 사람들에게 적합한 것도 아니다. 코딩을 이해하고 있고, 활용할 준비가 되었는지 다음의 기준들을 통해 생각해보면 좋겠다.

첫째로, 프로그래밍 활용 실력을 가늠해 볼 수 있는 가장 좋은 방법은 팀 프로젝트로 연습하는 것이 아닐까 생각한다. 팀 안에서 내가 어떤 역할을 맡고 있든지 간에 하나의 프로그램을 만들기 위해 팀원들과 같이 소통하고 협력할 수 있다면 앞으로의 프로그래밍 활용에 크게 무리가 없다고 말할 수 있다. 소프트웨어 개발 과정의 한 부분으로써 참여하였고, 개발 과정을 이해하고 있으며, UML과 같은 표준 다이어그램으로 내용을 그리고 읽을 수 있다면, 그 부분이 기획이든 자료조사이든 디자인이든 상관없이 개발에 참여한 것이다. 함께 프로젝트를 수행할 만한 다른 사람이 없다면 앞 장에서 언급한 외부 라이브러리를 사용하여 가상의 팀 프로젝트를 수행해보자. 대개의 표준 라이브러리들은 라이브러리를 활용할 때 참고할 수 있는 문서들을 함께 제공한다. 문서를 읽고 내용을 이해할 수 있으며, 그 라이브러리를 이용하여 간단한 예제 프로그램을 만들어볼 수 있다면 충분하다.

두번째로는 코드를 읽을 줄 알아야 한다. 다른 사람이 작성한 코드를 읽고 논리 흐름을 따라가며 프로그램의 실행을 예측해 볼 수 있을 정도의 실력은 갖추어야 한다. 우리가 다른 사람의 소스코드를 보게 되는 경우는 크게 두 가지다. 첫번째는 이미 여러 번 언급된 외부 라이브러리를 참조하는 경우이다. 다른 사람이 만든 코드를 내 프로그램으로 가져와서 사용하게 되기 때문에, 그 코드가 하는 일과 위험성에 대해 충분히 숙지하고 있어야 한다. 클래스의 이름, 함수 이름, 함수의 파라미터와 리턴값을 보고 이 클래스와 함수가 하는 일을 유추해내기도 하지만, 대개의 경우 참조 문서 혹은 소스코드 안에 남아있는 주석을 읽음으로써 정확한 기능을 파악할 수 있다. 또 다른 경우는 팀 안에서 서로 분업해서 하던 코딩 작업을 한꺼번에 통합할 때이다. 물론 이 때도 다른 팀원들이 작성한 주석을 참조할 수 있으나, 이미 많은 사람들에 의해 테스트가 끝나고 공개된 라이브러리를 사용할 때와는 또 다른 위험이 존재한다. 기계적인 통합 작업은 GIT과 같은 소스코드 관리 프로그램을 통해서 자동으로 할 수 있지만, 정성적인 부분 즉, 다 언급되지 못한 입력값의 유효성 검사라든지, 비효율적인 코드 진행, 출력값의 표현 방식과 같은 부분의 개선은 코드가 통합되고 난 후 다시 검토하는 작업을 거쳐 수동으로 이루어져야 한다. 이 때 본인이 최소한의 코드 리뷰는 진행할 수 있는지 확인해보면 좋다.

다음으로 언급할 부분은 '쓰기' 부분이다. 4차 산업혁명 사회에 꼭 필요한 기본 소양이라고 하는 디지털 문해력(Digital Literacy)은 읽고 쓰기를 의미한다. 필자는 여기서 '쓰기'를 프로그래밍을 능숙하게 잘 하는 상태로 보지 않는다. 대신, 프로그램의 개선 사항을 말이 아닌 UML로 전달할 수 있는가?라는 관점에서 본다. 코드 '읽기' 과정에서 우리는 다른 사람의 코드를 읽고 개선사항을 파악할 수 있을 정도의 수준을 갖추고 있음을 확인했다. 그렇다면 이 개선사항을 어떻게 다시 피드백을 줄 것인가 하는 문제가 남아 있다. 부족한 부분을 메울 수 있는 완벽한 코드를 제시해 줄 수 있다면 다행이지만, 내가 상대방보다 해당 프로그래밍 언어에 대한 스킬이 부족하거나 혹은 문제되는 코드가 프로그램의 다른 부분과도 연관되어 있어, 작성자 본인이 직접 코드를 다시 쓰면 훨씬 짧은 시간에 효율적으로 할 수 있다고 판단된다면 개선의 내용만을 전달할 수 있다. 개선의 내용을 말이나 글로 장황하게 서술형으로 설명할 수도 있지만, UML을 사용하는 편이 훨씬 간결하고 명료한 의사소통을 위해 도움이 될 것이다. 이렇게 읽고 쓰는 능력이 갖추어져 있다면 언제고 프로그래밍이 필요할 때 스스로 배운 내용을 복기하여 코드를 작성해 볼 수 있다. 혹은 코드를 작성해 줄 전문가에게 충분히 요구사항을 전달할 능력, 그 결과로 자신에게 최적화한 완성된 프로그램을 받아보는 데 문제가 없을 정도의 능력은 된다고 할 것이다.

마지막으로 '얼마나 배울 것인가'를 스스로 점검해볼 수 있는 예를 하나 들어보려고 한다. 파이썬의 자연어 처리 모듈인 NLTK Natural Language Toolkit 라이브러리를 이용하여 빅데이터 분석을 하려고 한다. 그러면 일단 NLTK 홈페이지 https://www.nltk.org/ 에 접속하여 NLTK 라이브러리의 전반적인 내용을 읽어볼 것이다. 이때 중요하게 참조할 내용이 바로 https://www.nltk.org/api/nltk.html에 있는 API 설명 문서이다. NLTK 패키지 안에 들어있는 각종 모듈의 클래스 종류와 각 클래스에서 클래스 함수, 클래스 변수들에 대한 자세한 설명과 함께 사용법, 간단한 예제 코드들이 있다. 이제 NLTK 모듈이 대강 어떻게 수행되는지 테스트해 보기 위해 NLTK 홈페이지 첫 화면에 있는 "tokenize and tag" 예제(그림 3)를 실행해본다고 가정하자. Python IDLE를 사용하여 간단히 테스트하는 과정을 생각해본다.

Tokenize and tag some text:

```
>>> import nltk
>>> sentence = """At eight o'clock on Thursday morning
... Arthur didn't feel very good."""
>>> tokens = nltk.word_tokenize(sentence)
>>> tokens
['At', 'eight', "o'clock", 'on', 'Thursday', 'morning',
'Arthur', 'did', "n't", 'feel', 'very', 'good', '.']
>>> tagged = nltk.pos_tag(tokens)
>>> tagged[0:6]
[('At', 'IN'), ('eight', 'CD'), ("o'clock", 'JJ'), ('on', 'IN'),
('Thursday', 'NNP'), ('morning', 'NN')]
```

Identify named entities:

```
>>> entities = nltk.chunk.ne_chunk(tagged)
>>> entities
Tree('S', [('At', 'IN'), ('eight', 'CD'), ("o'clock", 'JJ'),
        ('on', 'IN'), ('Thursday', 'NNP'), ('morning', 'NN'),
    Tree('PERSON', [('Arthur', 'NNP')]),
        ('did', 'VBD'), ("n't", 'RB'), ('feel', 'VB'),
        ('very', 'RB'), ('good', 'JJ'), ('.', '.')])
```

Display a parse tree:

```
>>> from nltk.corpus import treebank
>>> t = treebank.parsed_sents('wsj_0001.mrg')[0]
>>> t.draw()
```

▶ Python NLTK 사용 예제 https://www.nltk.org/index.html (그림 3)

Python IDLE를 열어 첫 줄 import nltk를 입력하자마자 그림 4와 같은 에러가 떴다. NLTK가 컴퓨터에 설치되지 않아서 발생한 에러이다. 이 에러 코드를 읽고 에러의 원인을 파악하고, NLTK 홈페이지에서 NLTK 설치를 하려면 어떻게 하면 되는지 찾은 후 적절한 조치를 취할 수 있으면 된다. NLTK 홈페이지에서는 윈도우 시스템인 경우 명령어 pip −install nltk을 사용하여 NLTK를 설치할 수 있다고 안내하고 있다. 커맨드 라인Command Line 프로그램을 열어 그림 5와 같이 문제를 해결한다.

▶ 첫번째 에러 (그림 4)

▶ 첫번째 에러 수정 (그림 5)

이제 import nltk는 무사히 실행되었다. 그리고 예제에 있는 sentence 문장을 그대로 따라서 입력하고, nltk.word_tokenize 함수를 실행했더니 그림 6과 같이 두번째 에러가 발생하였다. 이때도 역시 에러 코드를 꼼꼼히 읽고, 에러의 원인이 NLTK 모듈에서 자연어 분석을 위해 반드시 필요한 punkt라는 자연어 처리기가 없어서 발생한 것임을 파악한다. 그리고 그림 7에서처럼 punkt를 다운로드 해주면 nltk_data 폴더에 punkt tokenizer가 자동 저장됨을 볼 수 있다. 이제 다시 nltk.word_tokenize 함수를 실행하면 이번에는 에러 없이 무사히 sentence의 내용을 word 단위로 분해하여 리스트로 저장한 결과를 볼 수 있다.

참고로 punkt가 무엇인지 궁금하면 구글에서 punkt in nltk 라고 검색해보면 바로 관련된 내용을 찾을 수 있다. punkt는 전체 글을 문장 단위로 끊어주는 자연어 처리기이다. 문장 단위로 끊기 위해 보통 마침표와 같은 문장 부호를 기준으로 삼거나, 영어의 경우 문장의 처음이 대문자로 시작하는지를 많이 보는데, Mr. Smith와 같이 사람 이름 앞에 붙는 존칭이 문장 가운데에 있을 경우 문장을 잘못 끊을 수 있다. punkt 문장 처리기는 미리 기계 학습을 통해 많은 영어 문장을 학습하여 잘못된 문장 부호로 문장을 끊는 법이 없이 영어 문장을 바로 구분할 수 있도록 개발된 알고리즘을 탑재하고 있다.

```
*Python 3.6.1 Shell*                                        —  □  ×
File  Edit  Shell  Debug  Options  Window  Help
>>> import nltk
>>> sentence = """At eight o'clock on Thursday morning Arthur didn't feel very g
ood."""
>>> tokens = nltk.word_tokenize(sentence)
Traceback (most recent call last):
  File "<pyshell#5>", line 1, in <module>
    tokens = nltk.word_tokenize(sentence)
  File "C:\Users\april\AppData\Local\Programs\Python\Python36\lib\site-packages\
nltk\tokenize\__init__.py", line 128, in word_tokenize
    sentences = [text] if preserve_line else sent_tokenize(text, language)
  File "C:\Users\april\AppData\Local\Programs\Python\Python36\lib\site-packages\
nltk\tokenize\__init__.py", line 94, in sent_tokenize
    tokenizer = load('tokenizers/punkt/{0}.pickle'.format(language))
  File "C:\Users\april\AppData\Local\Programs\Python\Python36\lib\site-packages\
nltk\data.py", line 836, in load
    opened_resource = _open(resource_url)
  File "C:\Users\april\AppData\Local\Programs\Python\Python36\lib\site-packages\
nltk\data.py", line 954, in _open
    return find(path_, path + ['']).open()
  File "C:\Users\april\AppData\Local\Programs\Python\Python36\lib\site-packages\
nltk\data.py", line 675, in find
    raise LookupError(resource_not_found)
LookupError:
**********************************************************************
  Resource ←[93mpunkt←[0m not found.
  Please use the NLTK Downloader to obtain the resource:

  ←[31m>>> import nltk
  >>> nltk.download('punkt')
  ←[0m
  Searched in:
    - 'C:\\Users\\april/nltk_data'
    - 'C:\\nltk_data'
    - 'D:\\nltk_data'
    - 'E:\\nltk_data'
    - 'C:\\Users\\april\\AppData\\Local\\Programs\\Python\\Python36\\nltk_data'
    - 'C:\\Users\\april\\AppData\\Local\\Programs\\Python\\Python36\\share\\nltk
_data'
    - 'C:\\Users\\april\\AppData\\Local\\Programs\\Python\\Python36\\lib\\nltk_d
ata'
    - 'C:\\Users\\april\\AppData\\Roaming\\nltk_data'
    - ''
**********************************************************************
```

▶ 두번째 에러 (그림 6)

```
*Python 3.6.1 Shell*                                        —  □  ×
File  Edit  Shell  Debug  Options  Window  Help
>>> nltk.download('punkt')
[nltk_data] Downloading package punkt to
[nltk_data]     C:\Users\april\AppData\Roaming\nltk_data...
[nltk_data]   Unzipping tokenizers\punkt.zip.
True
>>> tokens = nltk.word_tokenize(sentence)
>>> tokens
['At', 'eight', "o'clock", 'on', 'Thursday', 'morning', 'Arthur', 'did', "n't",
'feel', 'very', 'good', '.']
```

▶ 두번째 에러 수정 (그림 7)

이후로도 nltk resource를 다운로드 받아야 하는 에러가 네 번 더 발생한다. 그림 8번과 같이 마지막 예제 코드 문장까지 실행하고 나니 그림 9번의 트리 그래프를 실행할 수 있었다. 이 트리 그래프는 문장 구조를 주어부와 서술어부, 주어부에서는 다시 명사구와 형용사구 등으로 순차적으로 분석한 후 그 내용을 계층적으로 보여준다. 트리의 최종 노드에는 분석 대상이 된 각 단어가 품사와 함께 배치된다. 빅데이터 분석을 위해 필요한 자연어 문장 분석이 완료되어 그래프로 시각화까지 이루어진 것이다.

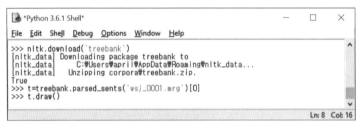

▶ 마지막 예제 코드 (그림 8)

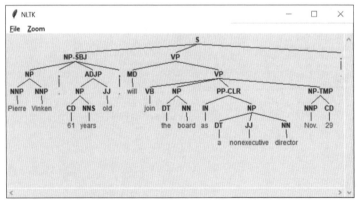

▶ 뜻하지 않은 결과 (그림 9)

그런데 내용을 자세히 보니 원래 처음에 예제로 사용했던 문장인 'At eight o'clock on Thursday morning Arthur didn't feel very good.' 이 아닌 다른 내용으로 자연어 분석 트리가 만들어져 있다. 연속된 예제 코드처럼 보여서 무심코 사용했는데, 다른 내용이었던 것이다. NLTK 라이브러리에는 자연어 처리 분석의 기계 학습을 위한 기본 데이터 소스로 월스트리트 저널의 'the Penn Treebank'이라는 섹션의 데이터를 사용한다. 'wsj_0001.mrg'는 이 'the Penn Treebank' 데이터를 담고 있는 첫번째 파일이다. 따라서 그림 8의 예제 코드는 'treebank' 데이터를 다운로드 받은 후, treebank의 첫번째 문장을 파싱parsing한 결과를 트리 형태로 화면에 보여주라는 명령인 것이다.

다시 원래 예제 문장으로 돌아가서 이를 그래프로 시각화할 수 있는 방법을 찾아보았다. 구글 검색을 통해 NLTK 공식 문서와 StackOverflow 등의 웹사이트를 통해 ne_chunk로 분석된 문장이 이미 트리Tree 구조를 가지고 있으므로(그림 10) 이를 그대로 그리면 된다는 것을 알았다(그림 11). 그러나 Chunk는 섈로우 파싱shallow parsing 방법이라 문장 전체 구조나 각 단어의 문장 내에서의 역할들을 면밀히 파악하지는 못하고, 그저 크게 주어부와 서술어부, 그리고 사람, 조직, 국가 정도의 네임드 엔티티named entity만 파악할 수 있다. 따라서 이를 토대로 그린 문장 분석 트리는 그림 12와 같이 밋밋하게 표현될 수밖에 없다. 이를 그림 9와 같이 다층적 분석 구조를 가지게끔 하려면 문장을 분석하는 규칙을 스스로 정한 다음 파서Parser를 만들거나 혹은 공개된 파서(주로 Stanford Parser)를 사용하여 pospart of speech(품사)가 tagging된 문장을 다시 분석해야 한다. Python의 NLTK 라이브러리가 기본적으로 문장을 분석하여 정보를 획득하는 과정이 어떻게 이루어지는지는 NLTK 홈페이지에 공개된 Natural Language Processing with Python(http://www.nltk.org/book/) 이라는 책을 통해 상세히 공부할 수 있었다.

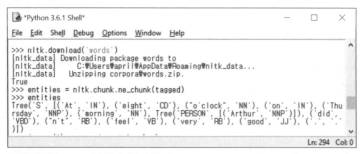

▶ 원 문장의 Chunk 분석 결과 (그림 10)

▶ Chunk 분석 결과를 그래프로 표시 (그림 11)

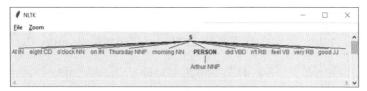

▶ ne_chunk 분석을 바탕으로 그린 문장 분석 트리 (그림 12)

지금까지 얼마나 배우면 될 것인가에 대해 예제를 통해 생각해 보았다. 위와 같이 예제를 실행해보는 과정에서 발생하는 에러를 분석하고 적절한 조치를 취할 줄 알며, 스스로 코드를 읽고 해석하고, 관련 자료를 찾아 정보를 조합하여 내가 원하는 프로그램 기능을 구성할 수 있도록 응용할 수 있다면 충분히 배웠다고 생각해도 좋을 것이다. 파이썬 자연어 처리 라이브러리 활용 예제에서는 조금 더 욕심을 내어 스탠포드 파서Stanford Parser를 컴퓨터에 설치하고, 제대로 된 문장 구조 분석까지 진행하면 더 좋을 것이다. 하지만, 교양 프로그래머인 당신이 예제 코드를 완벽하게 실행할 줄 알 뿐 아니라, 분석 내용에서 이상한 점을 깨닫고 라이브러리의 관련 문서들을 읽고 고칠 수 있는 정도라면 이미 훌륭하다. 더 구체적인 변경 사항은 문서로 잘 정리해서 전문가와 상의하든가, 프로그래밍 공부의 다음 목표로 정하고 진행하면 될 것이다.

맺으며

디지털 시대를 살아가고 있는 우리는 어쩌면 갑자기 너도나도 외쳐대는 코딩이라는 말에 강박관념 혹은 위협을 느끼고 있는지도 모르겠다. 어떤 직업을 가지든 기본적인 코딩에 대한 이해는 어떤 모양으로든 필요하게 될거라는 사실은 부인하기 어렵다. 그렇기에 이번에 부는 코딩 열풍은 20년 전 그 때와는 또 다르게 실리콘밸리로 진출할 소프트웨어 전문가를 배출하는 것이 아닌, 우리 모두가 필수로 익혀야 할 기본 툴 정도로 많이 내려와 있는 것이다.

코딩을 배워야 한다고 생각한다면, 완벽주의자가 되려고 하지 말라는 말을 하고 싶다. 프로그래밍 언어의 가장 기본이 되는 C 언어, GUI 프로그래밍을 가능하게 해주는 C++ 혹은 C#, 플랫폼에 상관없이 범용적으로 쓰일 수 있는 Java 언어, 확장성이 높은 Python, 기왕이면 AppStore나 Google Play에 올려서 판매도 할 수 있는 iOS 혹은 Android 프로그래밍, 홈페이지를 구축할 수 있는 HTML5, AJAX, PHP 등 기왕 배우는 것 욕심내서 시작해 볼 수도 있다. 하지만 어려운 프로그래밍 언어를 붙잡고 외계어 같은 기호와 씨름하다가 나가 떨어지면, 프로그래밍을 공부함으로써 얻을 수 있는 컴퓨터와의 협업이라는 신세계가 그만 닫히고 만다.

간단한 블록 코딩 언어로 지금 당장 시작해보자. 처음 PC가 보급되던 시기에 사람들을 낯선 새로운 기계 앞에 앉게 만들었던 주요한 계기가 되어 주었던 것은 다름 아닌 고스톱 같은 친근한 게임이었음을 기억하자. 스마트폰이 새로 나왔을 때 터치 폰 사용이 익숙지 않아 주저하던 어른들 사이에서 스마트폰이 폭발적으로 보급된 계기는 카톡이었다. 먼저 가벼운 툴로 프로그래밍에 도전해보고, 할 만하다고 생각될 때 조금 더 복잡한 언어로 옮겨가도 그리 많은 시간이 걸리지 않는다. 그리고 무엇보다 팀을 통한 프로그래밍을 할 수 있도록 본인을 훈련시켜야 한다. 교양 프로그래머가 퀄리티 있는 프로그램을 만들기 위해서는 다른 전문가들과의 협력이 필수이다.

모두가 프로그래밍을 알아야 하는 시대라고 해도, 모두가 프로그래머가 될 필요는 없다. 현 시대를 살아가는 데 필요한 디지털 문해력digital literacy은 갖추되, 이 도구로 무엇을 담을 것인가가 사실은 더 중요하다. 무엇을 어떻게 효과적으로 전달할 것인가 하는 내용이 있다면 그것을 구현하는 것은 언제든 사람들을 모아서 할 수 있는 미래가 올 것이다. 과거에는 생각하지도 못했던 크라우드 펀딩과 같은 플랫폼처럼 크라우드 프로그래밍 프로젝트 같은 플랫폼을 얼마든지 상상해 볼 수 있다. 프로그래밍 자체보다 프로그래밍으로 꿈꾸는 세상을 그릴 때, 교양 프로그래머의 가능성은 더욱 크게 펼쳐질 수 있을 것이다.

사족처럼 하나 덧붙이고 싶은 것이 있다. 학생들에게 코딩을 가르치다 보면 의외의 벽이 영어라는 사실을 발견한다. 에러 메시지가 영어로 뜨기 때문에 간단한 수정 사항임에도 어쩔 줄을 모른다거나, 웹에서 조금만 검색하면 참조할 수 있는 풍부한 코딩 관련 자원들, 특별히 해당 언어의 매뉴얼과 같은 오리지널 자료들이 영어로 되어 있기 때문에 전혀 손 댈 생각도 하지 않고 오로지 한국어로 된

2차 자료에만 의지하여 중요 업데이트들을 놓친다든지 하는 일이 발생한다. 심지어 변수와 함수 이름을 영어로 만들어야 하는 것이 편하지 않아 코딩에 시간이 많이 걸리는 경우도 있다. 그래서 영어를 공부하라는 말을 꼭 덧붙이고 싶다. 코딩도 벅찬데 거기에 영어까지 공부하라니! 하고 생각할 수도 있다. 다행인 것은, 코딩에서 필요한 영어는 외국인과 능숙하게 대화하기 위해 익혀야 하는 영어와는 종류가 조금 다르다는 것이다. 코딩은 정해진 틀에 맞추어 논리를 전개해 나가는 글쓰기이다. 내가 짠 코드가 그 틀에서 벗어나 있다면 컴파일러가 각종 에러 메시지를 내보낼 텐데, 이 메시지들 역시 정해진 틀에 맞춰져 있다. 몇 가지 패턴만 익힌다면, 나중에는 우리가 택시와 엘리베이터를 굳이 한국말로 번역하지 않는 것처럼 syntax error라는 말을 굳이 문법 오류라고 번역하지 않고 글자 그대로 이해할 수 있을 것이다. 영문으로 된 매뉴얼을 읽을 때는 예제 코드를 중심으로 먼저 이해하고, 즉 예제코드를 직접 실행해 봄으로써 코드의 내용 자체를 먼저 파악한 후, 그 코드를 설명하는 텍스트를 읽으면 영어가 좀 더 읽힐 것이다. 스택오버플로우StackOverflow 같은 개발자 커뮤니티를 이용할 때도 마찬가지다. 코딩에서 발생하는 에러를 해결하는 방법을 검색하기 위해서 영작을 할 필요는 없다. 컴파일러의 에러 메시지를 그대로 구글 검색창에 복사─붙여넣기를 하면, 이 에러 메시지를 두고 치열하게 고민했던 다른 개발자들의 토론 내용과 가장 많은 지지를 얻은 해법을 볼 수 있다. 영어로 된 그들의 대화 내용을 다 이해하지 못한다고 하더라도, 가장 많은 사람들의 추천을 받은 해답에는 샘플 코드가 거의 대부분 제시되기 마련이니, 코드를 통해서 먼저 이해하고 다시 설명을 읽는 접근방식을 통해 점점 영어로 된 자료에 대한 막연한 벽을 허물기를 바란다.

잠깐씩 멈추긴 했으나 끝까지 포기하지 않았다

김성박(서비스 개발자/교육자)

Q. 간단한 자기 소개 부탁드려요.

A. 안녕하세요. 제 이름은 김성박입니다. 이름이 성으로만 되어 있어서 외우기 쉬울거에요. 현재 패스트 캠퍼스에서 자바 과정을 교육하고 있습니다. 그 전에는 NHN엔터테인먼트에서 메신저를 개발했고요. 두번 회사를 창업했었던 경험도 있습니다. 스타트업 창업 전에는 삼성SDS멀티캠퍼스에서 자바, 분석/설계 등 다양한 과정을 교육하기도 했습니다.

Q. 요즘 리얼리티 프로그램이 대세잖아요. 하루 일과를 그냥 가감없이 보여줌으로써 시청자도 같은 감성을 공유하거나 삶을 간접적으로 체험한다거나. 이런 관점에서 하루 일과를 공유해주신다면?

A. 낮에는 교육 일을 하고, 퇴근하면서는 스마트폰으로 책을 읽습니다. 집에 와서는 아내와 동네를 한바퀴 돕니다. 그리고 밤에는 주로 개발하거나 게임을 하거나 합니다. 요즘은 교육과 관련된 사이트와 교육 과정에 대해서 틈나는 대로 고민하고 있습니다.

Q. 프로그래밍 공부를 시작하게 만든 강력한 동기가 무엇이었나요?

A. 어릴 때 우연히 갔던 컴퓨터 학원에서 처음 프로그래밍을 접했습니다. 이 글을 읽는 분들이 태어나기도 전일지도 모르겠어요. 1995년도에 컴퓨터 학원이 유행했는데, 동네에 학원이 2개가 있었거든요. 친구가 사람 없는 학원에 가야 게임을 많이 한다고 해서 갔는데 그 학원은 게임보다는 프로그래밍만 가르치던 학원이었죠. 약 2년간 애플컴퓨터에서 베이직 프로그래밍을 배웠습니다. 그렇게 자연스럽게 프로그래밍에 관심이 가지게 되었고, 고등학교 때 고모님이 286 컴퓨터를 선물하셨는데, 왠지 컴퓨터가 있으면 프로그래밍을 해야 할 것 같더라고요. 그때 C언어를 자연스럽게 하게 되었습니다.

Q. 맨처음 누구나 프로그래밍 공부는 막막할 것 같습니다. 혼란스러웠던 시기의 에피소드를 얘기해주실 수 있는지요?

A. C언어를 처음 공부할 때 주변에 가르쳐주는 사람이 없었어요. 포인터 같은 데서 막히면 때려쳤다가 몇일 뒤에 다시 처음부터 보고 그걸 반복했어요. 잠깐씩 멈추기는 했지만, 끝까지 포기하지 않고 공부하니 이해를 하게 되더라고요.

Q. 자신만의 프로그래밍 공부법이 있으셨을 것 같습니다. 초창기, 성장기, 그리고 현재 왕성하게 활동하고 있는 기간, 이 세 기간으로 나누어서 소개해주실 수 있나요?

A. 초창기에는 인터넷도 없던 시기였고, 좋은 책도 많지 않았어요. 몇권 안 되는 책을 가지고 이해할 때까지 반복해서 봤던 거 같아요. 어느 정도 이해가 가니깐 만들고 싶은 프로그램이 생기더라고요. 만들고 싶은 프로그램을 만들려면 어떤 것이 필요한지도 잘 모르는 상황이었죠. 그때 그 갈증을 어느 정도 풀어줬던 것이 월간 마이크로소프트라는 잡지책이었던 것 같아요. 잡지책의 내용이 잘 이해가 안가도 반복하면서 읽었던 것 같아요.

성장기는 PC통신과 인터넷이 있었기 때문에 가능했다고 봅니다. 궁금한 내용을 물어보고, 혹은 답변해줄 수 있는 공간이 굉장히 도움이 되었습니다. 이때가 20살에서 26살 사이었던 것 같은데, 전산관련 학과를 다녔지만 학교보다 PC통신과 인터넷을 통해서 배웠던 것 같습니다. 이때 가장 관심 있었던 것이 리눅스였는데, 밤새도록 리눅스를 좋아하는 사람들과 IRCInternet Relay Chat에서 이야기를 나누면서 OS와 프로그래밍에 대해 공부를 했습니다.

운이 좋은 건지 나쁜 건지 모르겠는데, 대학을 졸업하고 IMF가 터집니다. IMF때 직장을 구하게 되었는데, 첫 직장에 개발자가 거의 없었어요. IMF 때문에 개발자가 잘렸다고 하더군요. 그 덕분에 회사에 들어가자마자 실무에 투입해서 열심히 개발했습니다. 거의 최초의 인터텟 서비스를 하는 회사였는데 서버들을 내 마음대로 가지고 놀면서 개발을 했죠. 삽질을 마음대로 할 수 있는 환경이야말로 주니어에게 최고가 아닐까 하는 생각을 합니다.

현재는 공부하고 싶은 게 있다면, 자료가 너무나 많은 것 같아요. 필요한 공부가 있다면 일단 관련된 정보를 모은 후에 읽기 시작합니다. 오고가는 지하철과 집에서 계속 읽어요. 중요 키워드가 있으면 구글 킵keep 같은 곳에다가 적어놓습니다. 어느 정도 관련된 내용을 읽고 이해가 가면, 깃헙github 같은 곳에서 관련된 오픈 소스를 찾아봅니다. 오픈 소스를 찾아본 후 대충 코드를 살펴봐요. 코드도 대충 이해가 가면, 해당 기술을 이용해서 만들고 싶은 프로그램을 노트 등에 UML로 그려서 설계 스케치를 한 후 예제 코드를 작성합니다. 예제 코드를 작성하다 보면 읽어본 내용들이 좀 더 확실히 이해가 갑니다. 예제 코드가 만들어지면 되도록이면 누군가에게 설명을 하려고 합니다. 이러한 특징이 저를 강사를 하게 만드는 것 같습니다. (⌢⌢)

Q. 프로그래밍 공부에서 알고리즘이나 수학이 중요하다고 하는데요. 꼭 그런가요?

A. 어떤 프로그래밍을 하느냐에 따라서 알고리즘, 수학 등의 중요도가 달라지는 것 같습니다. 그런데, 다다익선이라고 분명히 알고리즘과 수학을 잘 알면 도움이 될 때가 분명히 있을 거라 생각합니다.

요즘 딥러닝, AI 등이 인기가 많은데요. 해당 내용을 공부해보면 수학이 굉장히 중요하다는 것을 쉽게 알 수 있습니다. AI를 공부하고 싶어하는 개발자 중에서 왜 수학을 열심히 공부하지 않았을까? 하고 후회하는 분들도 많이 봤습니다.

그리고, 전산관련 회사를 들어가고 싶다면 기술 면접을 보게 되는데, 보통 알고리즘 문제를 많이 냅니다. 원하는 회사에 들어가고 싶다면 알고리즘 공부는 당연히 해야 할 공부입니다.

Q. 프로그래밍에서 중요한 것 세 가지만 꼽는다면 무엇이 있을까요? 세 가지 넘어도 됩니다.

A. - 만들고자 하는 프로그래밍의 요구사항 파악

    - 요구사항(비기능)을 만족하는 아키텍처

    - 요구사항(기능)과 아키텍처를 이용한 설계 스케치

Q. 닮고 싶은 프로그래머가 있나요? 동료도 좋고 유명한 프로그래머도 좋습니다. 그리고 그 이유는?

A. 우아한 형제들에서 근무하고 있는 박성철님입니다. 박성철님이 올린 글들을 보면, 너무 풍부한 지식으로 멋진 글을 쓰시거든요. 개발자라면 개발만 잘해서는 안 되는 것 같다는 것을 이분 글을 보면 느끼는데요. 인문, 철학, 문학 등 다양한 지식이 개발뿐만 아니라 삶에 있어서 중요하다는 생각을 하게 만듭니다.

Q. 처음 프로그램다운 프로그램을 만든 경험담이 있으신지요? 어떤 프로그램이었나요? 그리고 지금 생각해보면 그 프로그램은 프로그래머 인생에서 어떤 역할을 했다고 생각하나요?

A. 처음 프로그램다운 프로그램을 만든 것은, 첫 회사에서 만든 부동산 정보 제공 시스템입니다. C언어로 웹을 개발했는데요. C로 개발하기가 너무 불편했습니다. 그런데, 처음부터 끝까지 내 스스로 만들어서 누군가가 사용하도록 한다는 것은 굉장히 훌륭한 경험 같습니다. 그 이후로 인터넷 서비스에 대해 항상 관심을 가지게 되었습니다.

Q. 책을 쓰신 저자시잖아요. 어떤 책을 쓰셨으며 책을 쓴 이전과 이후에 달라진 점이 있나요? 책 집필을 통해 얻은 것은 무엇이었나요?

A. 『자바 IO & NIO』라는 책과 『웹로직과 EJB』라는 책을 썼습니다. 누군가를 만나면, "그 책 저도 있어요" 하면서 반갑게 맞이해주는 경우가 많았습니다. 제가 생각할 때 책은 돈을 버는 목적이 아니라 개발자의 "명함"같은 거라고 생각합니다. 책을 쓰기 전보다 쓴 이후에 확실히 알아봐주는 사람도 많아졌고, 긍정적으로 작용하는 경우가 많았던 거 같아요. 일단 누군가가 만나고 싶었다고 말해주는 것 자체가 기분이 좋은 일이죠.

Q. 프로그래머라서 행복할 때는 그리고 불행하다고 생각할 때는?

A. 프로그래머라서 불행하다고 생각한 적은 거의 없다고 생각합니다. 거의 천직같다고 생각해서요. 행복할 때는 일단 버그 없이 잘 만들어져서 누군가에게 서비스 될 때가 아닐까 싶습니다.

불행이라기보다는 굉장한 스트레스를 받을 때가 있긴 하네요. 기간 안에 개발이 안 되고 있을 때나, 개발 이후에 버그가 생겨서 장애가 발생할 때입니다.

Q. 지나온 과거를 돌이켜볼 때, "아~ 그때로 돌아가면 이런 공부를 좀 하고 싶다"라는 게 있는지요?

A. 만약, 고등학교 때로 돌아간다면 영어와 수학을 열심히 공부하고 싶어요. 어릴 적에 프로그래밍을 공부할 때는 프로그래머로서 외국에 나가서 개발을 한다는 생각을 하지 못했던 것 같습니다. 요즘 주변을 보면 외국계 회사에 다니는 사람들도 많죠. 과거로 돌아간다면 영어, 수학 그리고 프로그래밍을 좀 더 열심히 공부해서 처음부터 외국으로 나가서 개발해보고 싶답니다.

공부 시간보다 무엇을 어떻게 배우느냐가 중요하다

이재근(시스템 프로그래머)

Q. 간단한 자기 소개 부탁드려요.

A. 안녕하세요. 저는 삼성전자에 근무하고 있는 이재근입니다.

Q. 요즘 리얼리티 프로그램이 대세잖아요. 하루 일과를 그냥 가감없이 보여줌으로써 시청자도 같은 감성을 공유하거나 삶을 간접적으로 체험한다거나. 이런 관점에서 하루 일과를 공유해주신다면?

A. 사실 별다를 게 없는 일과인데요. 10시 출근해서 7시에 퇴근하는 평범한 직장생활을 하고 있습니다. 퇴근하면 집에서 휴식을 취한답니다.

Q. 프로그래밍 공부를 시작하게 만든 강력한 동기가 무엇이었나요?

A. 어렸을 때부터 게임을 굉장히 좋아하다 보니, 늘 컴퓨터와 함께였습니다. 그러다 보니 자연스레 관심이 생겼고 고등학교도 관련된 학교로 진학하게 되었습니다. 인생을 살다 보면 "내가 이것을 해야겠다"라고 해서 되는 게 아닌 것 같더라고요. 내가 어떤 환경에 노출되어 있고 어떤 관심을 갖고 살았는지가 그 사람 인생의 궤적을 결정하는 것 같아요. 제가 개발자가 된 것도 어찌 보면 자연스런 길이었던 것 같습니다. 개발자가 되고 싶은 분들은 컴퓨터와 친해질 수 있는지부터 한번 테스트해보는 게 좋겠네요. ^^

Q. 맨처음 누구나 프로그래밍 공부는 막막할 것 같습니다. 혼란스러웠던 시기의 에피소드를 얘기해주실 수 있는지요?

A. 사실 고등학교 때는 뭐가 뭔지 잘 몰랐어요. 깊이도 너무 얕아서 3년동안 배웠던 지식을 대학에 와서는 2주만에 나갈 수 있는 커리큘럼이었던 사실에 놀랐던 기억이 있습니다. 공부한 기간이 중요한 건 아니라는 걸 깨닫는 순간이었죠. 기간보다는 무엇을 어떻게 배우느냐가 중요한 것 같아요. 특히 IT 분야는 워낙 범위가 넓다 보니 선택과 집중이 자신의 진로에 상당한 영향을 끼치는 것 같습니다.

Q. 자신만의 프로그래밍 공부법이 있으셨을 것 같습니다. 초창기, 성장기, 그리고 현재 왕성하게 활동하고 있는 기간, 이 세 기간으로 나누어서 소개해주실 수 있나요?

A. 초창기에는 학교 수업 위주로 모르는 지식을 막연하게 머릿속에 넣기 바빴던 것 같습니다. 하지만, 진짜 나의 지식이 되지는 않았던 것 같아요. 꼭 시험 준비용 지식을 쌓았던 느낌, 시험만 보면 잊어버리는 느낌 정도랄까. 그러다 프로젝트 동아리에 가입하면서 방학마다 공모전 준비로 프로젝트 하나씩을 수행하면서 흥미도 느끼고 실력도 많이 늘었죠.

어느 정도 기본기가 갖추어지고 나면, 그 다음부터 지식을 쌓기 위해 필요한 시간이 현격하게 줄어든다는 사실을 이때 알게 되었습니다. 지금도 새로운 기술이 나오면 해외 블로그나 기술자료 들을 검색해보면서 꾸준히 사용해 보는 편인데, 예전보다 훨씬 빠르게 기술을 이해할 수 있습니다. 결국 지식으로 쌓아두는 게 아니라 쌓아둔 지식을 어떻게 많이 써보느냐가 중요한 것 같습니다.

Q. 프로그래밍 공부에서 알고리즘이나 수학이 중요하다고 하는데요. 꼭 그런 가요?

A. 소프트웨어는 분야가 굉장히 다양합니다. 알고리즘이나 수학이 중요한 분야도 있고 그렇지 않은 분야도 있습니다. 저한테도 약한 부분이 알고리즘과 수학인데, 잘 헤쳐나가고 있답니다.(^^) 기본적인 것은 배워두되, 나머지는 필요할 때 빠르게 습득할 수 있는 능력 정도만 갖춰두면 될 것 같습니다.

Q. 프로그래밍에서 중요한 것 세 가지만 꼽는다면 무엇이 있을까요? 세 가지 넘어도 됩니다.

A. 배우려는 의지, 실력에 대한 욕심, 새로운 기술에 대한 호기심

Q. 닮고 싶은 프로그래머가 있나요? 동료도 좋고 유명한 프로그래머도 좋습니다. 그리고 그 이유는?

A. 제 첫번째 책을 같이 썼던 친구들입니다. 끊임 없이 스스로를 발전시키면서 지금은 각자의 분야에서 엄청나게 인정을 받고 있습니다. 항상 그 친구들을 보면서 자극을 받습니다.

Q. 처음 프로그램다운 프로그램을 만든 경험담이 있으신지요? 어떤 프로그램이었나요? 그리고 지금 생각해보면 그 프로그램은 프로그래머 인생에서 어떤 역할을 했다고 생각하나요?

A. 대학시절 피쳐폰용 단어 학습 프로그램을 만들었었는데, 공모전에서 최우수상을 수상했습니다. 그때 이후로 진짜 자신감이 많이 생겼습니다. 나는 뭐든지 개발할 수 있다는 자신감을 갖게 된 데 가장 큰 역할을 한 것 같습니다. 자신의 실력을 테스트할 수도 있고 입상을 통해 자신감을 높일 수 있는 최고의 방법이 공모전인 것 같습니다.

Q. 책을 쓰신 저자시잖아요. 어떤 책을 쓰셨으며 책을 쓴 이전과 이후에 달라진 점이 있나요? 책 집필을 통해 얻은 것은 무엇이었나요?

A. 총 세권을 공동저자로 참여했습니다. 『Fast webservice build up』, 『개발자가 되고 싶으세요?』, 『실습하며 배우는 IoT』입니다. 집필은 그 분야에서 열심히 해왔다는 걸 증명해주는 인증과도 같다고 생각합니다. 몇 백 페이지의 내용을 설계하고 채워 넣는 작업을 하다 보면, 정말 한층 더 성장한 느낌이 듭니다.

Q. 프로그래머라서 행복할 때는 그리고 불행하다고 생각할 때는?

A. 불행할 때는 정말 없습니다. 저는 지금 제 삶에 너무 만족스럽고 이 일도 너무 재미있습니다. 제 손으로 무언가를 만들어내고 사용자가 피드백을 줄 때의 뿌듯함은 이루 말할 수 없습니다.

Q. 지나온 과거를 돌이켜볼 때, "아~ 그때로 돌아가면 이런 공부를 좀 하고 싶다"라는 게 있는지요?

A. 고민할 필요 없이 영어입니다. 의외라고 생각하실 수도 있는데, 모든 기술은 영어만 잘해도 그 이해 시간이 굉장히 줄어듭니다. 영어 공부를 부지런히 하고 싶습니다.

사람마다 프로그래밍을 공부해야 할 다양한 이유가 있을 것이다. 어린 시절 게임에 빠져 나도 저런 게임을 만들어야겠다는 꿈을 꾼 사람, 빌게이츠나 스티브 잡스를 보며 IT 기술을 이용해 세상을 변화시켜 보겠다는 사람, 4차 산업혁명을 표방하는 대기업에 가려면 인공지능이나 블록체인을 해야 한다며 프로그래밍을 공부하는 학생들도 있을 것이다. 알파고와 이세돌 9단의 격돌로 딥러닝 시대의 주류로 살아가고 싶어 컴퓨터와 프로그래밍에 관심을 가진 이도 있을 것이다. 문과 출신 학생들도 필수로 컴퓨터 수업을 들어야 하는 대학에서 우연히 프로그래밍을 접한 후 알 수 없는 희열에 전공을 바꾸고 프로그래밍을 업으로 삼고 살아가야겠다며 진지하게 고민하는 친구들도 있을 것이다. 이제는 프로그래밍도, 국어, 영어, 수학처럼 교육 과정에서 반드시 배워야 하는 과목이 되어 학원을 다니거나 억지로라도 공부를 해야 되는 상황이 된 것 같기도 하다.

미래에는 프로그래머라는 직업이 사라지거나 자리가 줄어들 가능성이 높다. 인공지능 기술이 발달하면서 아이언맨의 자비스처럼 인간의 언어로 쉽게 컴퓨터에게 명령을 내리거나 소통할 수 있는 시대가 올 것이기 때문이다. 초기 단계이긴 하지만 애플의 쉬리나 구글 어시스턴트를 통해 컴퓨터와 의사소통을 한다는 것이 어떤 모습일지는 조금 맛볼 수 있기는 하다.

하지만, 우리가 살고 있는 지금의 시대에는 프로그래밍을 할 줄 알아야 컴퓨터와 소통할 수 있고, 컴퓨터가 가지고 있는 잠재력을 마음껏 활용할 수 있다.

〈성공하는 프로그래밍 공부법〉은 이런 시대적인 흐름 안에서 도움이 필요한 사람들을 위해 소프트웨어 개발자, 프로그래밍 연구자 및 교육자 등 다양한 경험을 가진 4명의 저자가 저자들만의 다양한 프로그래밍 공부법에 대해 나누어 보았다. 고작 4명의 이야기이기 때문에, 이것이 최고의 공부법이라고 내세울 만한 것은 없을 수도 있다. 하지만, 이 책이 전하고자 하는 진짜 알맹이는 저자들의 다양한 공부법을 고민해 보고 시도해 보면서 자신에게 적합한 공부법에 대한 힌트를 발견하는 데 있다. 물론 어떤 방법은 잘 안 되어 실패를 경험하여 스스로에 대해 실망하게 될 수도 있다. 그렇다면 이 공부법은 나랑 맞지 않네 하며 본인에게 잘 맞는 방식을 찾아가면 그만이다.

이 에필로그를 읽고 있는 중이라면 대부분 두 가지 경우일 것이다. 프롤로그와 목차를 본 후 대충의 책의 결론을 보기 위해 에필로그로 넘어온 경우이거나, 책을 본 후 마지막으로 에필로그를 읽는 경우일 것이다. 어떤 경우이든 간에, 프로그래밍을 하고 싶거나 해야 하는 나름의 이유가 있는 사람일 것이다. 이 책을 통해 알게 된 것들이 프로그래밍을 사랑하고 더 잘 배울 수 있는 동기가 됐으면 더할 나위 없이 좋겠다.

저자를 대표하여, 남재창
2018년 9월